기독교문서선교회(Christian Literature Center: 약칭 CLC)는 1941년 영국 콜체스터에서 켄 아담스에 의해 시작되었으며 국제 본부는 미국 필라델피아에 있습니다. 국제 CLC는 59개 나라에서 180개의 본부를 두고, 약 650여 명의 선교사들이 이동 도서차량 40대를 이용하여 문서 보급에 힘쓰고 있으며 이메일 주문을 통해 130여 국으로 책을 공급하고 있습니다. 한국 CLC는 청교도적 복음주의 신학과 신앙서적을 출판하는 문서선교기관으로서, 한 영혼이라도 구원되길 소망하면서 주님이 오시는 그날까지 최선을 다할 것입니다.

추천사 1

김 판 호 박사
Bethesda University 총장

제임스 헨리 해리스(James Henry Harris) 박사가 쓴 『본문의 압제 너머로』(Beyond of the Tyranny of the Text)는 설교 준비 과정에서 성경 말씀 읽기의 방법을 소개하고, 프랑스 철학자 폴 리쾨르(Paul Ricoeur)의 해석학 이론을 가져와 설교 준비 과정에서 방법(How to)뿐만 아니라, 본질적 접근, 즉, 성경 자체가 주는 지혜와 통찰력에 집중합니다.

이 책은 본문을 통해 교훈적 적용을 얻는 본문의 문자적 접근보다는, 설교에 대한 새로운 패러다임을 제안하고 있습니다. 그것은 바로 본문이 열어 주는 세계에 설교자가 참여하는 것이고, 독자로서 설교자는 본문에 의해 열려진 그 새로운 세계 안에서 말씀에 대한 새로운 이해를 얻게 됩니다. 이는 폴 리쾨르의 설명대로, 본문의 일차적 의미를 지나 이차적 의미의 전유가 일어나는 것이며, 넘쳐나는 본문의 의미로서 가능해지게 되는 것입니다.

이 책은 설교학과 철학적 해석학의 대화와 협력의 장을 잘 제시해 주고 있습니다. 그런 면에서 본문이 가리키는 새로운 세계를 향해 나아가는 설교신학의 전문성에 훌륭한 보탬이 된다고 여겨집니다. 본문이 열어 주는 세계에로의 탐험을 원하는 모든 분에게 일독을 권합니다.

추천사 2

이 승 현 박사
LA International Theological Seminary 총장

이 책은 한국 교회에는 다소 생소한 미국 흑인 교회의 설교 전통을 소개하는 중요한 책입니다. 이 책에서 저자인 해리스 박사는 우리가 익숙해 있는 성경 본문 석의를 통한 강해 설교나 내러티브 설교를 초월해 모든 사람을 위한 하나님의 사랑과 정의를 드러나게 하는 본문의 의미를 찾고 실행하게 하는 설교가 어떤 설교인지 음악, 철학, 신학, 역사, 개인 경험 등 다양한 학제적 연구를 통해 소개합니다.

이 "본문 앞에 서는" 설교는 오랜 시간 수많은 노예제도와 인종차별의 압박을 체험한 미국 흑인 교회가 전 세계 교회에 주는 귀한 믿음의 선물입니다. 이 책을 통해 한국 교회도 우리에게 진정한 자유를 주는 복음의 의미를 새롭게 듣고 체험할 수 있는 귀한 기회가 되기를 기대합니다.

추천사 3

이 영 훈 박사
여의도순복음교회 담임목사

　목회자에게 있어서 가장 중요한 사역은 설교를 통해 회중에게 하나님의 말씀을 전하는 것입니다. 그래서 많은 목회자가 일과 중 대부분의 시간을 성경을 묵상하고 어떻게 성도들에게 잘 전할 수 있을지 연구하는 데 보내곤 합니다.
　제임스 헨리 해리스 박사의 『본문의 압제 너머로』는 성경을 현대인의 언어로 전하기 위해 고민하고 노력하는 이들에게 큰 도움이 될 것입니다. 21세기 새로운 부흥을 위해 힘써 달려가는 모든 목회자에게 이 책을 적극 추천합니다.

추천사 4

최 진 봉 박사
장로회신학대학교 예배설교학 교수

이 책은 만물을 해방하시는 하나님의 세계를 말하려는 자들을 위한 책입니다. 저자 제임스 헨리 해리스는 미국에서 억압과 차별의 역사를 안고 살아가는 아프리카계 공동체의 종교-사회적 상황 속에서 이 책을 썼습니다. 비록 배경과 상황은 다르지만, 한국 교회의 설교자와 신학자, 신학생들은 이 책을 통해 새로운 차원의 성서적 설교로의 길에 눈을 뜨게 될 것입니다. 그것은 한국 교회에는 다소 낯설지만 성서가 비추는 하나님의 세계로 끌어들이는 설교를 위한 성서 독법입니다.

독자들은 이 책을 읽어 가면서 설교가 교회의 세계관이나 사회의 기존 가치체계에 도전하는 위험한 일이 될 수 있음을 느끼게 될 텐데, 다행스럽게도 그렇기 때문에 그들은 설교만큼 인간 사회의 죄성을 넘어서는 창조적이며 변혁적인 일도 없음을 재차 깨닫게 될 것입니다.

설교에 대한 저자의 관심은 '성서'라는 설교의 본문을 새롭게 읽는 것과 그것을 통해 성서의 현실까지도 넘어서는 하나님의 미래적 세계에 들어서는 것입니다. 이러한 저자의 관심은 폴 리꾀르의 본문 해석학에 뿌리내리고 있는데, 리꾀르에게 성서는 해석자의 세계를 허물어뜨리면서 하나님의 질서가 다스리는 대안세계를 여는 은유 본문입니다.

따라서 저자는 설교자의 궁극적 과제가 교회와 설교 회중을 "본문 이면의 세계"(the world behind the text)나, "본문 자체의 세계"(the world of the text)가 아닌, 본문이 내보이는 "본문 앞의 세계"(the world in front of the text)로 진입시키는 것임을 일관되게 강조합니다. 이를 위해 저자가 전개하는 세 가지 유형의 본문 읽기(읽기, 다시 읽기, 읽지 않기)와 설교 실행을 위한 두 가지 과제(쓰기, 다시 쓰기)는 하나님의 대안세계에 목마른 설교자들에게 매우 유익할 것입니다.

비록 저자의 사회문화적 지평은 다르지만, 이 책은 만물을 자유케 하시는 하나님의 세계를 소망하면서 보다 성서에 충실한 존재 발견적이고 사회변혁적인 설교를 준비하는 자들에게 탁월한 지적 자원이 될 것입니다.

추천사 5

허 도 화 박사
계명대학교 설교학 교수

이 책은 설교학과 해석학을 다루는 뛰어난 간학문적 연구입니다. 저자 제임스 헨리 해리스는 본 저서를 통해 폴 리쾨르의 본문에 대한 새로운 접근 방식(Beyond the Tyranny of the Text; 본문의 압제 너머로)을 설교를 위한 성서해석학(Preaching in Front of the Bible to Create a New World; 새로운 세계를 열기 위한 성경 앞에서의 설교)으로 기술하고, 그에 기초한 설교학적 적용 가능성을 소개합니다. 이 책의 특징은 다음과 같습니다.

첫째, 리쾨르의 해석학 적용을 통해 흑인 설교 전통에 실제화될 수 있는 해방적 설교(liberative preaching)의 비전을 제공합니다. 그가 말하는 해방적 설교는 청중을 변화시키고 해방시키는 하나님의 말씀의 능력에 관해 말하는 것입니다. 해리스는 아프리카 출신 미국인 전통의 설교를 연구하고 어떻게 해방에 관한 생각이 그런 전통에 깊게 뿌리를 내리고 있는지를 연구합니다.

둘째, 경험과 숙련됨을 갖춘 설교자요 학자로서 해리스가 리쾨르의 해석학적 이론의 주된 면들을 설교자들에게 접근할 수 있는 것으로 만들면서 이론과 실제 사이에서 든든한 대화를 제안합니다. 그는 어떻게 리쾨르의 중심적 변증법(이해[전형상화, prefiguration]에서부터 시작해서 설명[형상화, configuration]을 거쳐, 결국 새로운 이해[재형상화, refiguration]에 이르는)이, 특별히 설명과 이해가 '본문 앞에 있는 세계'에서 본문으로 해방 설교의 새로운 모델을 제공할 수 있는지를 제시하는 본보기입니다.

그래서 해리스는 무엇보다 먼저 설교가 청중의 삶에 변화를 일으키는 해방에 참여하려 한다면, 본문 앞에 있는 세계와 맞붙어 싸워야 한다고 주장합니다. 이렇게 본문 앞에 있는 세계를 우선 취급하는 것은 그 본문의 세계에 대한 주석을 부정하는 것이 아니라, 오히려 현재에서 변화시키는 자유를 상상하기 위해 본문에 대해 새롭게 듣도록 하려는 것입니다.

셋째, 해리스가 흑인 문화로부터 설교를 하나의 해석으로 이해하고 어떻게 설교가 해방적 해석이 될 수 있는지를 설명하기 위해 제시하는 방법과 이론은 변화를 일으키는 설교의 힘든 임무와 씨름하고 있는 모든 설교자에 의해서도 활용될 수 있습니다.

그가 본문 앞에 있는 세계를 품는 설교 패러다임으로 제시한 5중 모델은 읽기(reading), 다시 읽기(re-reading), 읽지 않기(un-reading), 쓰기(writing) 그리고 다시 쓰기(repwriting) 또는 실제적 설교를 전하는 행위입니다. 다섯 장으로 구성된 이 책의 각 부분은 해리스의 방법론의 각 단계를 중심으로 다루어집니다. 그리고 해리스는 부록을 통해 5중 모델에 의해 설명된 방법들의 실제 예들을 제공하기 위해 인종에 대한 탐구를 통해 해방에 대한 개념적 영역을 구체화한 요나서 설교로부터 발췌된 내용들을 소개합니다.

넷째, 역자인 한우리 교수가 미국의 GTU(Graduate Theological Union)에서 인정받은 설교학 박사 논문은 해리스가 폴 리쾨르의 해석학을 자신의 흑인 전통 설교에 적용한 것과 매우 비슷합니다. 한 교수는 리쾨르의 해석학과 신학으로부터 얻은 통찰력으로 어떻게 한국의 순복음 전통의 설교가 변화를 일으키는 설교가 될 수 있는지를 연구했습니다. 이런 점에서 해리스는 한국 설교자들을 위한 가장 적절한 번역자를 만났다고 말할 수 있습니다.

추천사 6

클레오퍼스 J. 라루 박사
Princeton Theological Seminary 설교학 교수

제임스 헨리 해리스의 설교에 관한 최근 작품은 설교 준비 과정에서 성경 말씀을 우선시하는 모든 설교자에게 선물입니다. 설교를 어떻게 해야 한다는 것을 부각시키는 책은 많이 있지만, 해리스가 해석학적 작업에 가져오는 지혜, 통찰력 그리고 기술에 필적할 만한 책은 거의 없습니다.

해리스는 본문이 열어 주는 세계에 들어가는 것은 설교에 대한 새로운 패러다임, 즉 말씀에 대한 새로운 이해의 길을 열어 줄 것이라고 주장합니다.

이 책은 아프리카계 미국인 설교의 위대한 전문성에 훌륭한 보탬이 됩니다. 이 책은 많은 사랑을 받는 설교 전통에 대한 훌륭한 작품의 대열에 합류할 것입니다.

데이비드 S. 제이콥슨 박사
Boston University School of Theology 설교학 교수

제임스 헨리 해리스가 또 해냈습니다. 그의 책, 『본문의 압제 너머로』(Beyond the Tyranny of the Text)는 미국 흑인 성경 해석의 역사적 실천들에 깊이 기반을 두면서 리쾨르의 해석학에 대한 풍부한 이해를 제공합니다. 해리스의 깊은 통찰력을 감안할 때 설교는 더 나아질 것입니다.

루이스 볼드윈 박사
Vanderbilt University 종교학 교수

해리스 박사는 설교를 인지적, 정서적 모두를 수반하는 창조적 예술이자 과정으로 여기고 "본문 앞에서 선포하기"(proclaiming in front of the text)라고 부르는 새롭고 더 효과적인 해석학적 도구를 제공합니다. 성경 본문의 읽기, 다시 읽기 그리고 읽지 않기를 진지하게 고려하는 선포의 유형에 대한 그의 강조는 설교를 계획하는 것은 물론 설교 구성 및 전달에도 도움이 됩니다. 이 책은 설교의 기본과 복잡성 모두를 통해 자신만의 길을 찾는 데 관심이 있는 사람들을 위해 꼭 필요한 책입니다.

본문의 압제 너머로

새로운 세계를 열기 위한 성경 앞에서의 설교

Beyond the Tyranny of the Text: Preaching in front of the Bible to Create a New World
Written by James Henry Harris
Translated by Woori Han

Copyright © 2019 by James Henry Harris
Originally published in English under the title
Beyond the Tyranny of the Text: Preaching in front of the Bible to create a New World
by Abingdon Press,
2222 Rosa L. Parks Boulevard, Nashville, TN 37228-1306, U.S.A.
All rights reserved.

Translated and printed by permission of Abingdon Press
Korean Edition Copyright ⓒ 2023 by Christian Literature Center, Seoul, Korea.

본문의 압제 너머로
새로운 세계를 열기 위한 성경 앞에서의 설교

2023년 8월 30일 초판 발행

지 은 이	|	제임스 헨리 해리스
옮 긴 이	|	한우리

편 집	|	전희정
디 자 인	|	서민정
펴 낸 곳	|	(사)기독교문서선교회
등 록	|	제16-25호(1980. 1. 18.)
주 소	|	서울특별시 동대문구 천호대로71길 39
전 화	|	02-586-8761~3(본사) 031-942-8761(영업부)
팩 스	|	02-523-0131(본사) 031-942-8763(영업부)
이 메 일	|	clckor@gmail.com
홈페이지	|	www.clcbook.com
송금계좌	|	기업은행 073-000308-04-020 (사)기독교문서선교회
일련번호	|	2023-81

ISBN 978-89-341-2585-3 (93230)

이 책의 한국어판 저작권은 Abingdon Press와 독점 계약한 (사)기독교문서선교회가 소유합니다.
신저작권법에 의하여 한국 내에서 보호를 받는 저작물이므로 무단 전재와 무단 복제를 금합니다.

Beyond the Tyranny of the Text
Preaching in front of the Bible to Create a New World

새로운 세계를 열기 위한
성경 앞에서의 설교

본문의 압제 너머로

제임스 헨리 해리스 지음
한 우 리 옮김

CLC

목차

추천사 1 김판호 박사 | Bethesda University 총장	1
추천사 2 이승현 박사 | LA International Theological Seminary 총장	2
추천사 3 이영훈 박사 | 여의도순복음교회 담임목사	3
추천사 4 최진봉 박사 | 장로회신학대학교 예배설교학 교수	4
추천사 5 허도화 박사 | 계명대학교 설교학 교수	6
추천사 6 클레오퍼스 J. 라루 박사 외 2인	8
서문 레리 D. 부차드 박사 | University of Virginia 종교학 교수	17
머리말 샬롯 맥스와인 목사 | Samuel DeWitt Proctor School of Theology 겸임 조교수	27
감사의 글	33
역자 서문	37
서론	40

제1장 읽기: 변혁을 위한 설교   57

1. 본문 앞에 서기: 은유와 환유	57
2. 요나 I: "달갑지 않은 말씀"	61
3. 본문 앞에 서기	63
4. 본문 앞에 서기: 가능한 세계들	69
5. 본문 읽기	73
6. 성결의 행위로서 읽고 연구하기: 본문 앞에 서기 위한 필수조건	84
7. 요나 II: "위대함에 의한 쫓김"	94

제2장 다시 읽기: 말씀의 작가이자 시인으로서의 설교자   99

1. 요나 III: "두 번째 기회들"	99
2. 본문 앞에 서기	105
3. 굴욕과 찬미의 시	108
4. 흑인 교회 회중의 삶에 있어서의 시와 미학	112
5. 신적 말씀: 시와 예언	118
6. 말씀을 보고 선포하는 시적 감각	123
7. 요나 IV: "반항에서 구원으로"	131

제3장 읽지 않기: 설교로부터 사회적 행동으로　　　**136**

1. 요나 V: "잘못된 분노"　　　136
2. 본문 앞에 서기　　　141
3. 본문 앞에 서기에서 변혁을 일으키는 행동으로　　　143
4. 설교 요점 전개: 설교 본문　　　145
5. 하나님의 말씀: 좌우에 날선 어떤 검보다도 더 예리한　　　151
6. 설교하는 자아와 타자를 본문으로 읽지 않기　　　154
7. 본문 앞에 서기　　　158
8. 사랑은 쌓이고, 지식은 부풀어 오른다　　　166
9. 억압받는 자들에게 복음을 선포하라　　　171
10. 구두로 쓰여진 설교　　　177
11. 요나서 VI: "신비와 기적"　　　178

제4장 첫 번째 글쓰기/설교: 악마에게 대답하기　　　**182**

1. 요나서 VII: "더 큰 염려"　　　182
2. 마귀에게 대답하기: 예수 그리스도를 설교하라　　　184
3. 요나서 VIII: "하나님께서 기도에 응답하실 때"　　　188
4. 요나서 IX: "하나님께서 돌이키실 때"　　　191

제5장 다시 쓰기/설교: 새로운 해석 방법　　　**196**

1. 설교와 내러티브　　　196
2. 자기 서사적 해석학　　　199
3. 본문 읽기와 읽지 않기　　　209
4. 성경 본문을 읽지 않는 방법　　　213
5. 예수님: 땅에 쓰기와 읽지 않기　　　218

부록 A 다의적 의미를 가능하게 하는 '읽지 않기'에 대한 구약성경 본문　　　227

부록 B 다의적 의미를 가능하게 하는 '읽지 않기'에 대한 신약성경 본문　　　237

참고 문헌　　　241

본문 뒤에 있기	본문 앞에 있기
우리/지금	우리/지금

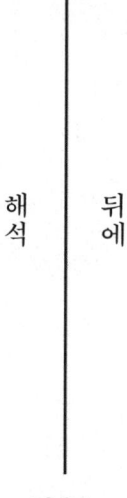

"그들과"/그때   "그들과"/그때

서문

레리 D. 부차드(Larry D. Bouchard) 박사
University of Virginia 종교학 교수

   당신이 지금 읽고 있는 책은 요나와 예수, 실천과 이론, 설교 기술에 대한 매우 어려운 묵상과 현대 삶에 대한 긴급한 묵상 사이를 오고 갑니다. 이 책의 제목은 두 장의 사진을 상상하게 만듭니다. 둘 다 제임스 헨리 해리스(James Henry Harris)가 추구하는 주제를 제안하는 것입니다. 즉, 우리는 본문 뒤에서가 아니라 본문 앞에서 의미를 발견하게 된다는 것입니다.
   그것은 무슨 의미입니까?

   첫 번째 이미지는 성직자 예복을 입은 목회자가 자신의 강단이나 성서대 뒤에 서 있습니다. 장면을 포착하는 광각 렌즈는 바로 그 설교자 위에 그리고 그의 어깨 뒤에 위치하고 있습니다. 우리는 본문(열린 성경, 설교 노트 또는 둘 다)을 보고, 들으며 응답하는 회중석에 있는 청중을 봅니다.
   이 이미지에서 말 그대로 본문의 의미는 어디에 있습니까?
   두 번째 이미지는 지금 설교자는 셔츠의 소매를 걷은 채 연구하다가 창밖 너머를 주시하고 있습니다. 그 설교자의 바로 뒤에는 그가 방금 전까지 앉아 있던 책상이 있습니다. 그 책상 위에는 참고 도서, 어휘집, 신문 그리고 노트북이 놓여 있습니다. 그 가운데에는 모두 같은 구절을 보여 주는 다양한 성경 번역본이 펼쳐져 있고, 컴퓨터 화면에는 그 구절들이 그리스어로 나타나 있습니다.

이 이미지에서 본문의 의미는 어디에 있습니까?

몇 가지 대답이 떠올랐지만, 이 책을 읽으면서 해리스가 제 대답만으로는 만족할 수 없다는 것을 알게 되었습니다.

첫 번째 이미지에서는 본문 혹은 회중에 초점을 맞추며, 본문의 의미는 그 둘 중 하나 "안에" 있다고 대답할 것입니다. 본문의 의미는 성경 혹은 설교의 본문, 본문 그 자체 "안에" 있을 수 있습니다. 본문과 의미는 동일시 될 수 있습니다. 본문의 "앞"도 "뒤"도 아닙니다. 본문은 본문 그 자체가 말하는 것을 의미합니다.

> 주의 성령이 내게 임하셨으니 이는 가난한 자에게 복음을 전하게 하시려고 내게 기름을 부으시고 (눅 4:18a).

반면에 의미를 받아들이거나 만드는 실제 인간의 마음 외에는 아무 의미도 없다고 말할 수도 있습니다. 첫 번째 이미지에서 우리는 설교를 듣고 있는 사람들을 볼 수 있습니다. 설교는 그 청중을 위한 것이고, 그것의 의미는 그들이 설교를 듣고 반응할 때 그들의 마음 "안에" 있어야 합니다.

> 이 글이 오늘 **너희 귀에** 응하였느니라 하시니 (눅 4:21b, 강조 추가).

두 번째 이미지는 "어디에" 의미가 있는지에 대한 또 다른 가능성을 제공합니다. 수 세기 동안 역사가들과 신학자들은 성경 본문의 불투명성과 말씀을 듣는 사람들과 말씀을 읽는 사람들의 둔감함에 대해서 걱정해 왔습니다.

누가복음 4장에 보면, 구약성경에 나오는 이사야의 말씀이 인용되어 있는데, 이런 경우에는 이사야의 말씀과 누가의 말씀 중 어느 성경 말씀이 성취되고 있는 것입니까?

그리고 말씀은 고대 회당에 있는 사람들의 귀에 응하고 있는 것입니까? 아니면 현시대 설교자의 교회에 있는 사람들의 귀에 응하고 있는 것입니까?

예수님이 더 많은 구약성경 구절을 인용하여 자신이 누구신지 설명하시기 전에 사람들은 모두 감탄했습니다(눅 4:22). 그러나 나중에 회당에 모인 사람들은 모두 분노하여(눅 4:28), 그를 산 벼랑 끝에서 떨어뜨리려고 했습니다.

왜 그런 것입니까?

이런 종류의 문제들에 대해, 우리는 본문의 맥락, 역사, 언어, 지리, 사회 그리고 문화뿐만 아니라, 본문에 대한 유대교, 기독교 그리고 이슬람의 해석 전통 등과 같은 본문 뒤에 있는 세계들을 파악해야 한다고 들었습니다. 그러므로 제가 상상하는 이미지 속에 펼쳐진 성경 본문들 뒤에는 참고 도서, 번역 보조 도서 그리고 본문의 시대와 그 시대의 표지(설교자가 창 밖 너머의 세계를 주시하는 표지)를 연구하기 위한 지침서들이 있습니다.

그러나 본문의 의미는 실제로 어디에 있습니까?

본문 뒤에 있습니까, 아니면(설교자가 바라보고 있는) 창문 너머에 있습니까?

이 질문에 대해, 해리스는 프랑스의 해석학적 철학자이자 성경해석가인 폴 리쾨르(Paul Ricoeur)에게서 실마리를 얻습니다. 본문의 의미는 언어학적 구조와 같지 않습니다. 의미는 원래 저자나 청중이 완전히 알 수 없는 마음속에 숨어 있는 것도 아닙니다.

리쾨르는 다음과 같이 말합니다.

본문의 의미는 본문 뒤가 아니라 본문 앞에 있습니다. 그것은 숨겨진 것이 아니라 드러나 있는 것입니다.[1]

우리가 본문의 문장을 들을 때, 그것은 우리 앞에 의미의 새로운 관계를 투영하고, 그 세계를 가리키며, 우리를 새로운 방향으로 생각하도록 초대합니다.

첫 번째 이미지에서 이 본문의 의미의 새로운 관계는 설교단에 있는 설교자와 회중석에 있는 청중 모두를 둘러싸고 있습니다.

두 번째 이미지에서는 성경 본문이 목회자의 시선을 본문으로부터 세상으로 향하게 하는데, 이는 마치 성경의 페이지들과 주석들이 창밖의 집들과 거리들을 향해 설교자의 고개를 돌리고 마음을 기울이게 하는 것과 같습니다.

본문의 의미가 설교자를 그의 연구로부터, 심지어 그의 강단으로부터 그리고 그의 청중으로부터 해방되고 있다는 것을 제안하는 것은 너무 지나치게 과한 의견입니까?

해리스는 본문이 우리를 해방시키기 전에, 우리는 우리의 마음과 몸을 본문 앞에 둬야 한다고 말합니다. 우리는 본문이 우리에게 삶과 가치를 위한 새롭고 자유로운 방향을 드러내면서 영향을 미치고 움직이게 하는 곳으로 나아가야 합니다.

제 상상력은 여전히 두 번째 이미지 안에 자리 잡고 있습니다. 주석과 사전 그리고 주해가 달린 번역서들은 저를 멈춰 세웁니다. 만일 우리가

---

1 Paul Ricoeur, *Interpretation Theory: Discourse and the Surplus of Meaning* (Fort Worth: Texas Christian University Press, 1973), 87.

설교를 해야 한다면, 적어도 우리 모두는 그것들을 연구해야 합니다. 저는 제 자신에게 기여를 한 것이고, 목회자들이 제가 쓴 글을 읽는다는 것을 저는 알고 있습니다(그중 한 명은 제 여동생입니다).

저는 해리스가 잘못 읽혀지지 않기를 바랍니다. 그는 성서학을 배제하지 않으며, 설교 준비를 더 쉽게 만들지 않습니다. 오히려 그는 설교를 두 종류의 축소에서 벗어나게 합니다.

한 가지 종류는 성경 구절들을 하나의 의미만을 가지고 있는 자료처럼 다루는, 성경주의 또는 근본주의와 관련이 있습니다. 사실 이 책이나 주해가 달린 성경을 읽을 가능성이 있는 독자들은 이런 종류의 환원주의에 민감하지 않을 수도 있지만, 우리 중 넓은 견해를 가진 사람들조차도 본문에 대한 편협한 견해에 의해서 오도될 수도 있습니다.

회당에서 예수님에 대한 사도 누가의 설명을 곰곰이 생각하고 있다고 상상해 보십시오.

> 주의 성령이 … 나를 보내사 포로 된 자에게 자유를, 눈 먼 자에게 다시 보게 함을 전파하며 눌린 자를 자유롭게 하고, 주의 은혜의 해를 전파하게 하려 하심이라 하였더라 (눅 4:18b-19).

그리고 당신이 이 본문의 "성령"이 오순절에 보내질 성령을 가리키는지(행 2:1-4), 아니면 물 위에 운행하시는 하나님의 영(창 1:2)을 가리키는지에 대한 흥미로운 설교를 작성해야겠다는 감동을 받습니다.

한편, 억압을 당하고 있는 이들은 여전히 자유롭게 하시는 주님의 은혜의 말씀을 들으려고 귀를 기울입니다.

다른 한 가지 종류는 해리스를 더 걱정하게 만드는데, 다른 종류의 환원주의, 즉 성경 본문을 본문에 대한 설명으로 축소하는 것입니다. 달리 말하면, 살아 있는 말씀을 주해로 축소하는 것입니다. 그는 여기서 리쾨르가 도움이 된다는 것을 알게 됩니다.

리쾨르에게 있어서, 기록된 담론은 생동적입니다. 실제로 그것은 살아 있는 것처럼 보입니다. 본문을 주의 깊게 읽는 것은 심지어 처음 읽을 때에도 본문이 말하는 바를 듣는 것입니다.

누가복음 4장을 펼쳤을 때, "성경을 읽으려고 서시매 선지자 이사야의 글을 드리거늘 책을 펴서 이렇게 기록된 데를 찾으시니 곧 주의 성령이 내게 임하셨으니 …"라는 말씀을 즉시 이해하거나 그렇지 못할 수도 있지만, 아마 어느 정도는 본문이 내게 말하고 있음을 느낄 수 있을 것입니다.

언어 철학자인 리쾨르에게 최소한 이 정도는 모든 본문에 해당됩니다. 우리가 읽을 수 있는 모든 것은 좋든 나쁘든 우리에게 말을 건넬 수 있는 잠재력을 가지고 있습니다. 누가복음 4장은 읽고, 해석하고, 응답하는 장면을 묘사하고 있기 때문에 그 예로 특히 적절합니다.

리쾨르는 이 본문이 어떻게 경전이나 계시로서 우리를 참여시키는지에 관해 더 이야기하기 위해, 상징, 은유, 내러티브 그리고 특히 계시나 선포 사이의 관계에 대한 다른 고려 사항들을 포함할 것입니다.[2] 그러나 지금 해리스는 우리가 본문을 처음 읽을 때에도, "의미"가 실제로 본문 "앞에" 있어서, 우리를 향해 움직여 오는 방법에 주의를 기울이기를 원합니다. 본문에 의해 투영된 의미는 최소한의 것일지라도 이미 우리의 감정과 이해를 끌어들입니다.

우리가 본문을 읽거나 듣는 이런 초기 단계에서 (본문에 대한) 우리의 이해는 비교적 정확하거나, 매우 모호하거나 오해를 불러일으킬 수도 있습니다. 그럼에도 이 모든 것은 우리가 본문에 참여하는 방법입니다.

---

2 참조. "Manifestation and Proclamation" in Paul Ricoeur, *Figuring the Sacred*: *Religion, Narrative, and Imagination* (Minneapolis: Fortress, 1995).

"나는 이해가 되지 않아"라고 말하는 것은 질문을 하고 질문을 받는 것이므로, 이미 이해의 과정 중에 있는 것입니다. 답을 알 수 없어서 질문을 던지는 것은 좋습니다. 이는 우리가 본문 안에 갇혀 있다는 신호입니다.

이제 사전들과 주석들을 참조할 때입니다. 그러나 지금은 의미를 파악하고자 하는 일이 잘못될 수 있으며, 올바르게 진행되더라도 그릇될 수 있는 시기라고 해리스는 생각합니다. 왜냐하면, 매우 중요한 방법으로, "본문 뒤에 감추어지는 것이" 학문의 임무이기 때문입니다.

리쾨르는 본문 뒤에 감추어져 있는 것을 "설명"이라고 부르는데, 이는 "이해"에 대한 대응어입니다. 리쾨르에게 있어서 해석은 주관적 인식으로 얻어진 이해와 객관적 정보에 입각한 설명 사이를 오가는 상호 작용인 변증법적 움직임입니다.

예를 들어, 어떤 좋은 주해가 달린 성경 속의 메모들은 예수님이 인용하신 이사야서 구절(사 61:1-2; 58:6)로 당신을 안내할 것이며, 그 메모들은 또한 누가가 1세기 회당에서 경전을 읽고 가르치는 유대인들의 관습을 어떻게 반영하는지를 언급할 수도 있습니다.

마태와 마가도 예수님의 나사렛 방문과 뒤따르는 논쟁에 대해 언급하지만 오직 누가만이 여기에서 예수님이 이사야서를 인용하셨다고 기록했습니다. 따라서 누가와 그의 청중은 아마도 이사야 말씀에 대한 특별한 관심을 가졌을 것입니다.

역사적 주석들은 또한 누가복음서가 기록되기 얼마 전인 CE 70년, 즉 로마가 예루살렘 성전을 파괴할 즈음에 로마가 점령한 팔레스타인에서 아마도 전복적인 회당 예배의 중요성이 커지고 있음을 논의할 수 있을 것입니다. 수많은 도서관과 웹사이트의 클라우드에 있는 자료들이 성경에 대한 통찰력을 계속해서 제공하고 있기 때문에, 사람들은 계속해서 연구를 진행할 수 있습니다.

일반적으로 그런 참고 자료들을 참조하는 해석자들에게는 두 가지 좋은 일이 생깁니다. 불확실성이 설명되고 새로운 이해가 제안됩니다. 설명은 더 풍부한 이해를 위한 기회가 되지만, 리쾨르와 해리스에게 있어서는 설명이 보다 더 신비로운 이해를 항상 주는 것은 아닙니다.

최상의 경우 이해는 우리를 시작하게 하고, 설명은 우리를 명확하게 하고 수정하며 방향을 바꾸고, 본문은 우리를 본문의 세상에 대한 새롭고 더 풍부한 이해로 향하게 합니다.

최악의 경우 우리는 주석에 지대한 관심을 갖게 되거나 학자들의 학술적 권위에 의해 편향되어, 심지어 본문을 완전히 놓치거나 그 의미의 범위를 제한하는 지경에 이르기도 합니다. 이것이 해리스가 염려하는 부분입니다.

설교에서 이해와 설명의 신비하고 변증법적인 움직임에 대해 제가 생각하는 가장 좋은 비유는 음악입니다. 저는 음악을 읽지 않습니다. 제가 좀처럼 그 음들을 해독할 수 없을 때, 그것들은 쓰여진 단어들이 하는 것처럼 내 머릿속에서 들리지 않습니다. 그러나 제가 기억하는 한, 바흐와 베토벤의 악절들은 육체적으로나 지적으로 저를 감동시켰고, 저는 구스파프 말러(Gustav Mahler)와 존 콜트레인(John Coltrane)에게서 순간들을 사랑하는 법을 배워 왔습니다.

어떤 의미에서 그들의 음악을 '이해'하지만 '어째서'인지는 모릅니다. 그래서 저는 "왜 단조로 작곡된 음악을 좋아하지?" 그리고 "단조는 무엇을 하지?"와 같은 질문들로 음악을 하는 친구들을 계속해서 귀찮게 하기도 합니다. 종종 그들의 답변은 정말 도움이 됩니다.

이 비유를 확장해서, 결국 충분할 정도로 악보를 잘 듣고, 즉흥 연주를 하고, 심지어 말러의 지휘를 꿈꿀 수 있는 정도가 되어 학식 있는 선생님들과 함께 음악을 공부한다고 상상해 보십시오. 저는 말러의 1896년 〈교향곡 3번〉의 마지막 악장이 새미 파인(Sammy Fain)의 1938년 곡인 〈나는 당신을 만날 거예요〉(I'll Be Seeing You)에 영감을 불어넣는 방식을 좋아합니다. 저는 지금보다 더 깊고 넓은 방식으로 말러의 교향곡 3번을 사랑하고 지적 해석을 할 수 있기를 희망합니다.

저는 새로운 이해로 이 작품에 대한 아마추어적이고 흥미로운 초기 이해를 발전시킬 것이라고 생각합니다.

최상의 경우 제가 배우게 된 음악적 설명들이 명확해지면서, 말러에 대해 더욱 새롭고 기술적인 이해를 가지게 될 것입니다. 또한, 저의 초기적 영감과도 어느 정도 연속성을 가질 것입니다.

최악의 경우 말러에 대한 저의 해석은 환원적이고, 지루하며, 음들에 대한 감정은 놓치게 되어 영감을 주지 못하게 될 것입니다.

하지만 어느 경우이든, 말러의 〈교향곡 3번〉에 대한 저의 새로운 이해는 그 곡에 대한 이론이 아니라 소리일 것입니다.

음악적 설명을 하나 더 추가하면, 의미, 감정 그리고 감각은 말 그대로 오케스트라와 악보 뒤에서가 아니라 앞에서 나타나기 때문에, 음악이 우리를 매료시키고 춤을 추게 하기 위해서는 우리가 그것들 앞에 자리하고 있어야 합니다. 본문, 설교자 그리고 회중도 마찬가지입니다.

누가복음 4장에서, 회당 안에 있던 사람들은 이사야 말씀을 인용하신 예수님의 말씀을 듣고 처음에는 이해하는 듯했지만, 상황은 그릇되게 전개됩니다. 그들은 처음 이해를 불신하듯, 설명을 요청합니다. 그들은 서로에게 묻습니다.

> 이 사람은 요셉의 아들이 아니냐(눅 4:22b).

이 경우 그 질문은 이사야의 메시지나 예수님의 메시지에 관한 것이 아니라, "요셉의 아들"임을 암시하는 모든 모호성을 지닌 예수님의 조상과 관련된 것입니다.

그들에게 선포된 신적 해방의 메시지가 사라지게 된 것입니까?

아닙니다. 그들은 이사야서를 잘 알고 있었을 것이기에 사실 그들은 놀라움을 감추지 못했을 겁니다. 그러나 그들은 잘못된 질문으로 인해서, 즉 환원적 질문과 같이 메시지의 본질에 집중하지 못했고, 바로 그 지점에서부터 이해의 과정이 꼬이게 된 것입니다.

하지만 그 나사렛 사람들의 놀라워했던 그 공로를 인정해 주십시오. 그들의 시작은 괜찮은 듯 보입니다.

그러므로 제임스 헨리 해리스에게 설교 준비와 설교 임무는 해방의 음악과 의미를 결코 잃지 않으면서 자신의 처음 놀라움과 불확실성을 보완하는 것입니다. 해리스는 설교자와 회중이 함께 하나님의 구원의 성경적 그리고 현대적 서사를 내적으로 외적으로 따르고, 은혜로운 의미가 세상을 목회적으로 예언적으로 변혁시키는 곳까지 따라갈 것을 촉구합니다.

불의에 대한 연민 어린 분노와 함께 그리고 회중의 인간적 연약함을 위해 기도하면서, 해리스는 명백하게 대립되는 것들을 능숙하게 조합합니다. 즉, 설교학적 실제와 해석학 이론, 요나와 제임스 볼드윈(James Baldwin), 흑인 해방신학과 (예수님이 냉정한 공의의 억압적 본문으로 읽지 않으시는) 요한복음 8장에 등장하는 예수님이 몸을 굽혀 땅에 뭔가를 쓰시는 행동을 조합합니다.

탈진실주의 정치인들이 현실을 매일 뒤집고 소셜 미디어가 진실한 힘의 언어를 비워 내는 위협을 가하는 시대에, 해리스는 선포된 말씀과 마주하는 것이 어떻게 모든 '힘 있는 자들에게' 위험스러울 수 있는지를 훌륭하게 보여 줍니다.

머리말

샬롯 맥스와인(Charlotte McSwine) 목사
Samuel DeWitt Proctor School of Theology at Virginia Union University 겸임 조교수

제가 신학교 첫 해부터 가장 먼저 들었던 메시지는 성경을 해석하는 사람은 본문이 스스로 말할 수 있게 해야 한다는 것이었습니다. 제임스 헨리 해리스는 설교학적 탁월성을 드러낸 그의 최근 저술에서 본문의 신뢰성에 대한 걸작을 만들어 냈습니다.

그는 실제로 본문이 스스로 말할 수 있고, 말할 것이며, 말해야 한다는 생각을 수용합니다. 이런 방식으로 본문은 하나의 규정된 해석에 제한되지 않고 자유롭게 설정되어 계속해서 새로운 의미를 제공합니다. 그리고 본문의 독자는 본문이 드러내는 것을 더 많이 발견할 수 있게 됩니다.

20년 이상 설교학을 가르친 후, 학생, 동료 그리고 본문을 연구하는 사람들에게서 본문이 말하고자 하는 것을 더 많이 발견할 수 있게 되어 기쁘다는 말을 듣는 것은 드문 일이 아닙니다. 해리스는 많은 것을 말할 수 있는 성경의 능력은 자신의 시선을 변환하거나 조정할 수 있는 개인의 능력, 즉 이해력에 근거한다고 제안합니다. 해리스의 작품에서 탐구하고 있는 것은 바로 이런 시선의 이동 또는 조정입니다.

해리스는 우리에게 시선을 이동할 수 있는 능력을 개발하는 방법을 가르쳐 줍니다. 이것을 가능하게 하기 위해서는 해리스가 "본문 앞에 서기"라고 부르는 설교학적 기법이 필요합니다. 독자가 의미의 새로움을 탐닉

하는 데 도움이 되는 것이 바로 이 과정입니다. 그러므로 하나의 본문을 가지고 스무 번 이상 설교하는 것은 처음 설교를 하는 것처럼 신선할 수 있습니다. 이런 이유로, 설교를 처음 시작하게 된 설교자, 신학생, 오랫동안 설교를 고민하는 자리를 지킨 설교자들은 이 책을 읽고 유익을 얻고자 할 것입니다.

종교 공동체가 관심의 대상이 된 이후로, 저는 아프리카계 미국인 설교 공동체의 구성원들에게 역사적으로 받아들여져 온 실천을 명명하는 것은 약탈이 아니라는 해리스의 생각을 치하합니다. 그가 "본문 앞에 서기"라는 명칭을 공식화했지만, 그는 이 실천이 자신에게서 기원했다거나 그것으로 자신이 학자, 실천가, 교사 그리고 설교가로서 신뢰받는다고 주장하지 않습니다.

해리스는 이런 실천을 명명할 수 있는 통찰력에 박수를 받아야 할 뿐만 아니라, 이런 모델의 특수성을 밝혀 내는 고된 작업을 수행한 공로를 인정받아야 합니다. 저는 반복적으로 연습할 수 있는 과정을 개발한 그의 능력을 높이 평가합니다.

해리스가 자신의 모델을 구성하는 방법은 추측하는 단계를 없애고 모든 사람이 본문 앞에 서기가 무엇을 의미하는지를 보고 유익을 얻을 수 있게 합니다. 이 모델의 적용은 이 작품 전반에 걸쳐서 입증되었으며, 새로운 통찰력을 성공적으로 찾기 위한 실천적 접근법임을 입증합니다. "본문 앞에 서기"라는 아이디어가 현미경 아래에 놓이게 되면 독자는 그 모델이 제공하는 내용과 그것이 본문 구절을 탐구하는 데 어떻게 사용될 수 있는지 완전히 이해할 수 있게 됩니다.

이런 견해는 다음과 같은 사람들에 의해 제시될 수도 있었을 것입니다.

- 케이트 제네바 캐논(Kate Geneva Cannon)의 『설교 가르치기』(*Teaching Preaching*)

- 클레오푸스 제임스 라루(Cleophus James LaRue)의 『흑인 설교의 심장』 (*The Heart of Black Preaching*)
- 제니퍼 브룩스(Gennifer Brooks)의 『복음 설교하기』(*Good News Preaching*)
- 프랭크 A. 토머스(Frank A. Thomas)의 『멈추지 않는 하나님을 향한 노래: 설교에서의 경축의 역할』(*They Like to Never Quit Praisin' God*)

그러나 그렇지 않았습니다.

그러므로 해리스가 그 모델을 처음으로 명명한 사람이며, 이런 점은 설교의 실천에 대한 그의 높은 기여를 강조하고, 의심의 여지 없이 그를 최고의 설교학자로 인정하게 됩니다.

『본문의 압제 너머로』는 해리스가 설교자들을 돕는 일에 관심을 갖고 있음을 분명히 합니다. 전 세계의 신학교와 종교학부에서 공부한 사람들뿐만 아니라 그런 경험이 없는 사람들도 설교의 권위를 되찾는 데 도움이 되는 정보에 접근할 수 있습니다.

이 작품에서 해리스 교수가 최상의 설교는 학문적으로 구성되어야 한다는 주장, 즉 각계각층의 설교자들이 개인적 차원에서 참여할 수 있는 일종의 학습이라는 주장에서 벗어나 있지 않다는 것을 보는 것은 반가운 일입니다. 해리스는 설교자들이 본질적으로 모든 설교 본문의 일부인 복음적 메시지를 찾아내는 것을 방해할 수 있는 시스템에 볼모로 잡히지 않고 성경 본문으로부터 얻어 내는 과정에 참여할 수 있는 토대를 마련합니다.

제가 생각하기에 사무엘 드윗 프록터(Samuel DeWitt Proctor), 가드너 테일러(Gardner Taylor), 마일스 제롬 존스(Miles Jerome Jones), 엘라 미첼(Ella Mitchell), 프라시아 홀 윈(Prathia Hall Wynn) 등과 같은 설교자들과 설교학자들은 저처럼 흑인 설교의 최전선에서 설교학을 충실하게 유지하고 있는 해리스에게 박수를 보낼 것이라고 생각합니다.

따라서 이 책은 설교 메시지를 향상시키는 데 중요한 자원이 됩니다. 해리스의 모델은 그 자체에 대한 증거물 역할을 하며, 그것은 본문 앞에 서기에 있어서 독자의 투자를 요구합니다. 이 책을 읽는 사람들도 본문 앞에 서기를 필요로 합니다.

본문 앞에 서기는 익숙한 본문들을 탐구하는 동안, 반복되는 기시감(déjàvu)으로부터 독자를 해방시키는 해리스의 모델/방법입니다. 이런 해리스 모델은 성경 본문을 "다시"가 아니라, 새롭게 볼 수 있도록 설정합니다. "다시"는 독자의 마음과 관점에서 낡고 정체된 뭔가를 암시합니다. "다시"는 문학/독서에서 새로운 것이 출현되지 못하는 방식으로 독자를 고정하는 데 사용되는 오래된 생각들과 권위 체계를 연상시킵니다.

해리스는 본문 해석자들에게 형식이나 역사 비평적 논의, 주석 참고 또는 다른 성서 연구 자료 검토를 배제하지 않고, 본문 그 자체가 말을 하게 하라고 합니다. 해리스 모델을 사용하는 것은 해석에 있어서 새롭게 혁신적 가능성들을 파헤치는 것입니다. 무한한 본문의 의미를 누릴 수 있는 능력을 제한하는 명확한 규칙의 틀에 갇히지 않을 것입니다.

해리스에게 본문 앞에 서기는 성경 속 인물들을 둘러싼 맥락, 문화 그리고 세계를 아는 것 이상입니다. 이런 읽기 방법에 도달하기 전에 성경 본문을 해석하는 자는 해리스가 본문 앞에 서기의 구성 요소로 제시한 사항들, 즉 본문 읽기, 다시 읽기, 읽지 않기 그리고 다시 쓰기를 통해 알고 있는 바를 더욱 이해하게 됩니다.

설교학 분야에서 활동하는 사람들에 대한 해리스의 친절함은 모든 설교자를 초대하여 청중에게 다가가고 영향을 미치는 설교를 하는 영감을 받을 수 있게 합니다. 이 책 『본문의 압제 너머로』는 확실히 새로운 지평을 열고 있습니다. 설교의 장이 평준화되어 있습니다. 모든 설교자에게 동등한 지위가 주어집니다. 과거에는 설교가 흑인과 백인, 또는 여성과 남성 그룹의 두 진영으로 나뉘어 있었습니다.

본문 앞에 서기의 연습은 위대한 균형 감각을 가진 사람이 되는 데 도움이 됩니다. 이런 연습을 받아들이는 개인은 설교에 관련된 과거의 부정적인 것들에 영향을 받지 않습니다. 본문 앞에 서기는 의미의 계층 구조를 만들지 않습니다.

또한, 인종, 민족 그리고 성별은 더 이상 부정적인 것이 아닙니다. 본문 해석자가 책상에 가져오는 내용은 무엇이든 간에 본문 안에 있는 추가적 의미를 보는 데 있어 유리하게 작용합니다. 이것이 설교학 분야에서 흥미로운 일입니다. 자신의 진정한 자아와 존재의 조건이 본문의 의미를 탐구하는 데 영향을 미치도록 허용하는 것은 본문의 해석 방식을 바꾸게 합니다. 설교는 개인적이고, 공동체적이며, 설교자와 청중을 연결합니다.

설교는 이제 모든 사람에게 개방되었습니다. 본문의 의미의 수문이 열리면서, 청중은 생명을 주는 설교의 힘을 경험할 수 있게 됩니다. 이제 본문 앞에 서기는 설교에 동시에 침투하고 영향을 미칩니다.

해리스는 본문 앞에 서기가 예수님이 복음서에서 하신 일이라고 선언합니다. 예를 들어, 예수님이 간음하다 현장에서 잡힌 여인과 대화하실 때, 처음에 그녀는 돌을 쥔 자들의 손에 죽임을 당할 운명인 것처럼 보였지만, 예수님은 이 증오의 대상이 된 여인이 다시 삶의 자리로 돌아가게 하는 방식으로 율법을 재해석 하십니다.

예수님이 '본문 앞에 서시기' 때문입니다. 예수님이 율법을 다시 읽으신 것은 본문이 "간음을 하다가 현장에서 잡혔다고"(요 8:4) 가리키는 그 여인에게 사형 선고를 내리지 않으시는 통찰력에 있었습니다. 예수님은 자신의 시선을 이동시킴으로써 이해를 위한 단 하나의 초점인 오래된 해석으로부터 경전을 구출할 수 있었습니다.

예수님이 자신의 시선을 돌리실 때(재해석), 예수님을 함정에 빠뜨리거나 반대할 명분을 찾기 위해 인용된 경전은 이제 그 여인을 자유롭게 하는 데 사용됩니다. 예수님은 이제 다른 것을 볼 수 있으시며, 기존의 이해에서 새로운 혁신적 이해로 옮겨 가십니다.

그러므로 해리스가 본문에서 새로운 것을 보기 위해 경계를 지정하는 방법을 의도적으로 포기하는 것에 대해 이야기할 때, 독자는 지금까지 발견되지 않은 의미에 접근하게 됩니다. 한때 하나의 미스터리로 여겨졌던 것이 이제 밝혀질 수 있다는 것을 아는 것은 흥미로운 일입니다.

『본문의 압제 너머로』는 독자를 "본문이 의미하는 것은 이것이다"라는 독단적 의미에서 "본문은 또한 이것을 의미하기도 합니다"라는 다른 의미로 인도할 것입니다. 우리의 눈(마음)은 자유롭게 본문을 보고, 이동하고, 조정하고, 변혁과 해방이 존재하는 '본문 앞에 설' 수 있습니다.

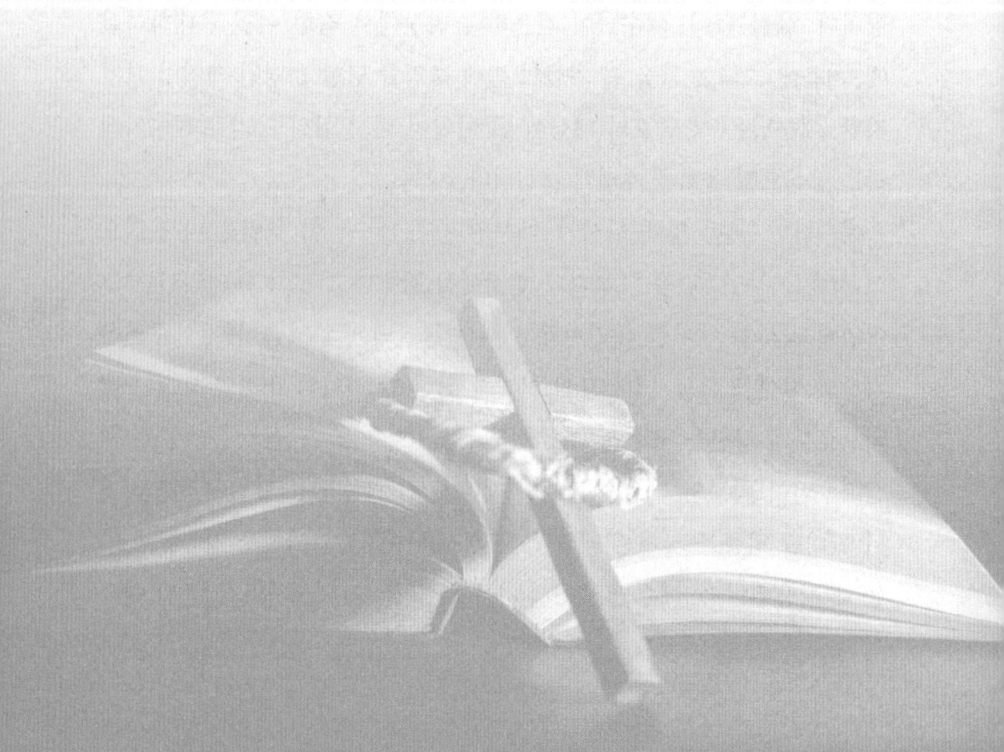

감사의 글

제임스 헨리 해리스(James Henry Harris) 박사
Virginia Union University 설교학 교수
SBC West End Second Baptist Church 담임목사

설교는 무엇보다도 사랑의 행위이며, 전 세계 교회는 여전히 매주 토요일, 수요일 그리고 일요일 아침마다 설교를 특권으로 삼고 있습니다. 수십 년 동안 목회를 할 수 있도록 도움을 주신 분들께 더욱 감사드립니다. 저의 두 목회, 즉 버지니아 노퍽 소재의 마운트플레전트침례교회(Mt. Pleasant Baptist Church)에서의 첫 번째 목회와 버지니아 리치먼드 소재 제이침례교회(Second Baptist Church)에서의 현재 목회는 축복이자 도전입니다.

또한, 매년 저의 수업에 등록해 제 아이디어들을 다듬을 수 있도록 도움을 준 많은 대학원생에게 감사합니다. 그들은 제가 저의 교수법에 더 정확하고 애정을 갖도록 종종 도전을 주기도 했습니다.

그러나 설교와 설교를 가르치는 것 그리고 설교에 관한 글을 작성하는 것 사이에는 큰 차이가 있습니다. 독자와 거리가 있기 때문에, 저는 제가 쓴 글의 맛, 어조 그리고 취지가 저의 구어체에 상응하는지를 확인하기 위해 열심히 노력해야 합니다. 설교는 기본적으로 구술이기에 최종 분석에서는 글쓰기가 요구하는 것 이상의 것을 필요로 합니다. 그럼에도 설교가 삶을 변혁시키는 것이라면, 그 둘은 병합되어야 합니다.

이 원고의 초안을 읽고 귀중한 검토를 해 준 래리 부샤드(Larry Bouchard)와 피터 옥스(Peter Ochs)에게 감사를 전합니다. 이 두 분의 열정적인 교수님은 현상학, 신학, 해석학, 윤리, 문화 그리고 학문의 삶에 대한 저의 이해를 증진시켜 주었습니다. 저는 이 모든 것을 학제간 학문으로서 설교에 적용합니다.

이 책의 발전 과정 내내 비평과 도움을 준 샬럿 맥스와인-해리스(Charlotte McSwine-Harris), 로버트 와파와나카(Robert Wafawanaka), 김용석(Yung Suk Kim), 바네사 잭슨(Vanessa Jackson) 그리고 보이킨 샌더스(Boykin Sanders)에게 감사드립니다. 또한, 최근에는 성경과 해석학이라는 분과에서 저의 이런 많은 아이디어를 공유해 온 설교학회(Academy of Homiletics)의 회원들에게도 감사드립니다.

설교에 관한 강의를 할 수 있도록 저를 초대해 주신 햄프턴선교사회의(Hampton Minister's Conference)에 감사드리며, 매우 도전적이지만 고무적인 주제인 "앞으로 나아가는 설교, 앞에 위치한 설교: 변혁을 위한 설교"를 선택하신 총장님과 임원들에게 찬사를 보냅니다. 우리에게 설교라는 매우 중요한 임무를 위한 새로운 지평을 구축하고 창조할 수 있는 기회를 제공하는 세 가지 핵심 단어는 **설교**, **전진** 그리고 **변혁**입니다.

드와이트 리딕(Dwight Riddick), 햄프턴대학교(Hampton University)의 교목이자 또한 햄프턴선교사회의의 재무와 전무 이사인 데보라 해긴스(Deborah Haggins), 햄프턴대학교의 총장 윌리엄 하비(William Harvey) 그리고 성령의 증거로서의 설교를 사랑하고 존중하는 수많은 목회자에게 감사를 전합니다.

저의 두 아들, 제임스(James)와 카메론(Cameron)은 모두 이 찬사를 받는 대학을 졸업했습니다. 제 아내 데메트리우스(Demetrius)와 저는 2000년부터 2008년까지 햄프턴대학교 졸업생 두 명의 부모로서 8년을 보냈습니다.

존 W. 키니(John W. Kinney), 코리 D.B. 워커(Corey D. B. Walker) 그리고 2016년 엘리슨-존스학회 기간 동안에 설교학 석좌교수로 승진하게 되면서 이 책의 일부 내용을 개회 강의로 할 수 있게 해 준 버지니아유니언대학교 신학부 교수진에게 감사드립니다. 내 사랑스러운 아내 데메트리우스에게 항상 감사합니다.

저의 헌신적인 제이침례교회(Second Baptist Church) 리더들, 그레고리 터너 시니어(Gregory Turner Sr), 메리 힉스(Mary Hicks), 에블린 프라이스(Evelyn Price), 제랄딘 레몬(Geraldine Lemon), 존(John), 바바라(Barbara), 김 앨런(Kim Allen), 헨리와 조안 터커(Henry and Joan Tucker), 에디와 아만다 모블리(Eddie and Amanda Mobley), 마가렛 로버트슨(Margaret Robertson), 앨런 로빈슨(Allen Robinson), 제니스 리브론(Janith Libron), 알톤 하트(Alton Hart), 제임스 존스(James Jones), 버니와 맥다니엘 앤더슨(Bernie and MacDaniel Anderson)에게 감사합니다.

그리고 클리포드와 셜리 해리스(Clifford and Shirley Harris), 플로이드 브래드비(Floyd Bradby), 안토니오와 에리카 레드(Antonio and Erica Redd), 마일스 러셀(Myles Russell), 제이론 매티스(JaRon Mathis), 마리온 블랙웰(Marion Blackwell), 글로리아 루카스(Gloria Lucas), 루시와 해리 존스(Lucy and Harry Jones), 세콴 크렌쇼(Sequan Crenshaw), 베네사와 다니엘 본드(Venessa and Daniel Bond), 제임스와 알라나 자일즈(James and Alana Giles), 베벌리 워커(Beverley Walker), 크리스 스티븐스(Chris Stevens), 아론과 브리트니 도빈스(Aaron and Brittney Dobynes), 베벌리 엡스(Beverley Epps), 팜 브라운(Pam Brown), 실바니우스 브라운(Sylvanius Brown), 카리스 해리스(Charis Harris), 신시아 콜스(Cynthia Coles)에게 감사드립니다.

그리고 제가 도서관에서 무수한 시간을 보내고, 설교하고, 전국에서 강의하는 동안 그 틈을 메워 준 많은 사람에게 감사드립니다. 이 책이 결실을 맺도록 도와 주신 모든 분께 항상 감사드립니다.

이 책의 편집 과정에 창의적이고 세심하며 통찰력 있는 제안과 편집 및 격려를 해 준 찰스 길레스피(Charles Gillespie)에게 감사를 전합니다. 이 책의 앞표지에 있는 다이어그램을 예술적으로 표현한 제롬(Jerome)과 제로미아 존스(Jeromyah Jones)와 다이어그램을 알맞게 조정해 준 더글러스 해리스(Douglas Harris)에게 감사드립니다.

또한, 이 프로젝트에 대한 지지와 격려 그리고 신학, 윤리학, 설교학, 목회자 그리고 교회의 가르치는 자가 된다는 것이 무엇을 의미하는지 알 수 있게 해 준 리사 로렌스 윌슨(Lisa Lawrence Wilson), 드웨인 화이트헤드 시니어(Dwayne Whitehead Sr), 아키엠 워커(Akeem Walker), 조슈아 미쉘(Joshua Mitchell), 에릭 길(Eric Gill), 멜빈 코튼(Melvin Cotton), 스티브 파커(Steve Parker) 그리고 데이비드 존스(David Jones)에게 감사드립니다.

제 연구 조교로 일하며 탁월함을 추구해 준 요한스 D. 휘태커(Yohance D. Whitaker), 토니 보우(Tony Baugh), 리사 로렌스(Lisa Lawrence), 랜스 왓슨 주니어(Lance Watson Jr.)에게 감사드립니다.

마지막으로 어빙돈출판사(Abingdon Press)와 편집자들, 특별히 코니 스텔라(Connie Stella)와 로리 보헨(Laurie Vaughen)에게 감사드립니다.

블랙침례교회(Black Baptist Church)는 저의 기반이며 저의 신학과 설교 실천의 배경입니다. 교회를 사랑하고 지지하는 모든 분께 이렇게 고백하고 싶습니다.

"하나님을 찬양합니다. 예수님, 감사합니다."

역자 서문

한 우 리 박사
International Theological Seminary 외래 교수

저자 제임스 헨리 해리스(James Henry Harris) 박사는 프랑스 철학자 폴 리쾨르(Paul Ricoeur)의 해석학적 방법에 기초를 두고, 성경이 열어 주는 세계에 참여하는 단계를 다섯 가지로 제안합니다.

제1장은 첫 번째 단계인 "읽기"(변혁을 위한 설교학적 담론)를 소개합니다. 이 단계에서 독자로서의 설교자는 본문을 주의 깊게 읽어야 한다고 말합니다. 이는 설교자가 성경 본문을 이해하기 위해 다양한 수단을 사용할 수 있다는 것을 의미합니다.

실제로 그는 주의 깊은 성경 읽기를 역사, 철학, 신학 그리고 시학 등을 포함한 다양한 학제 간 교류의 과정으로 인식합니다. 이것은 마치 음악의 모든 장르(재즈, 알앤비, 컨트리, 클래식, 힙합)를 듣는 것과 같다고 합니다. 왜냐하면, 설교는 하나님의 영광을 노래하는 것이기 때문입니다.

이런 두 가지 방법에 대한 사전적 이해를 거친 후, 설교자는 선택된 본문의 정밀한 읽기에 돌입합니다. 이는 마치 축제처럼 본문의 의미를 파악하기 위해서 즐기는 것입니다. 그러나 이런 과정을 통해 얻어진 의미는 아직 보다 풍성한 본문의 "다시 읽기" 과정을 필요로 하는 처음 이해에 해당됩니다. 해리스 박사는 "다시 읽기는 본문의 풍성한 의미 파악을 위

해 반드시 보완되어야 할 지속적 과정"이라고 간주합니다.

제2장에서 해리스 박사의 관심은 두 번째 단계인 "다시 읽기"의 과정을 발전시키는 데 있습니다. 그에게 있어서 다시 읽기는 궁극적 읽기의 요점에 완전하게 도달할 수 없기 때문에 결코 끝나지 않는 과정이 됩니다. 그는 이미 쓰여진 글의 약점은 독자와의 대화를 억제하고 질문에 응답해 줄 수 없는 은폐성이라고 보며, 이는 본문의 침묵이라는 결과를 초래한다고 주장합니다.

그래서 해리스 박사는 다시 읽기란 말씀과 설교자의 의식이 통합되기를 추구하는 방법으로서 매일 반복되어야 하는 지속적 과정으로 봅니다. 그로 인해, 본문을 이해하고 해석하는 독자로서의 설교자는 이 과정을 통해 본문의 세계에 참여하게 됩니다.

제3장에서 해리스 박사는 주의 깊은 본문 읽기와 다시 읽기 과정을 거친 후, 본문의 해석자는 세 번째 단계인 "읽지 않기" 과정에 돌입한다고 말합니다. 그에 따르면, 읽지 않기 과정은 문맥상 적절하고 실용적인 방식으로 본문을 재구성하는 행위입니다. 이는 신앙공동체의 현재 삶의 상황에 말씀을 재맥락화하고 적용화하려는 노력입니다.

해리스 박사는 독자로서 설교자가 해석 과정에서 본문에 대한 의해와 실천의 진보를 이루기 위해서는, 본문의 의미가 설교자와 회중을 변혁시킬 수 있는 능력을 발휘할 수 있는 노력의 일환으로 읽지 않기 과정을 시작해야 한다고 강조합니다. 이제 설교자는 다른 사람들이 그동안 해석하고 설교해 왔던 본문의 의미에 기대는 것이 아니라, 본문의 의미에 대한 자신의 깊은 이해를 표현할 수 있게 됩니다. 이는 새롭고 변혁적인 생각을 불러일으키는 역할을 하게 됩니다.

제4장에서 이제 네 번째 단계인 "쓰기" 과정으로 이어집니다. 해리스 박사는 앞서 예비적인 세 단계(읽기, 다시 읽기, 읽지 않기)를 거쳐야만, 설교자는 비로소 설교문을 작성하는 단계에 들어갈 수 있다고 주장합니다. 그

에 따르면, 이 쓰기 과정은 본문에 대한 의미의 풍성한 이해를 포함하지 않는 초안적 글쓰기에 해당됩니다. 그럼으로써 이런 사전적 글쓰기 과정은 설교문의 대략적 형태를 갖추지 못하며, 본문의 의미론적 과잉에 이르기까지는 보완적 과정이 요구됩니다.

제5장에서 마지막 단계인 다시 쓰기 과정에 대한 자신의 설교문 작성에 대한 방법을 적극적으로 전개합니다. 설교자는 이제 마지막 단계인 "다시 쓰기" 과정에서 지난 네 단계를 거쳐 오면서 얻은 것들을 변증법적, 강해적 혹은 내러티브 유형으로 설교 구성에 적용하는 방법을 결정할 수 있다고 주장합니다. 이런 유형은 설교적 담론의 구도와 방향을 발전시키는 역할을 하게 됩니다.

또한, 이 다시 쓰기 과정은 설교문을 적절하고 간결하게 작성하기 위해 불필요한 말과 보풀들을 제거하는, 바로 전 단계인 쓰기 단계의 능률적 개요라고 말합니다. 해리스 박사에게 있어서 이런 소거의 과정은 미국 흑인 종교에서 흔히 성령이 설교 혹은 인간의 역사 안으로의 입장을 위한 여지를 남겨 두는 것이며, 이는 설교를 가능하게 하는 성령의 사랑의 행위입니다.

한국의 여러 목회자와 설교학자가 이 책을 통해, 본문이 열어 주는 세계에 대한 설교학적 담론에 대한 이해를 확장하여 자유롭게 본문을 탐색하고, 변혁과 해방이 존재하는 본문이 열어 주는 그 세계에 들어갈 수 있는 용기와 희망을 품기를 바랍니다. 더 나아가 본문에 의해 열려진 그 세계로 말미암아 독자로서의 설교자의 영성이 형성되어, 개인적 차원뿐만 아니라 교회 공동체가 말씀으로 하나 되어 복음을 삶으로 연주할 수 있기를 소망합니다.

# 서론

> 너는 진리의 말씀을 옳게 분별하며 부끄러울 것이 없는 일꾼으로 인정된 자로 자신을 하나님 앞에 드리기를 힘쓰라(딤후 2:15).

설교자는 다른 리더들과 마찬가지로 타고나는 것이지 만들어지는 것이 아니라고 믿는 사람들이 있습니다. 로버트 J. 맥크래켄(Robert J. McCracken)은 제가 태어날 무렵에 프린스턴대학교에서 열린 로렌스 스톤 강의(Lawrence Stone Lectures)에서 설교자는 타고나는 것이지 만들어지는 것이 아니라고 말했습니다.[1]

하지만 저는 설교자는 타고나는 것이 아니라, 만들어지는 것이라고 생각합니다. 설교자는 학제간 독서와 설교를 계속해서 작성하는 기본적 연습인 연구와 실천이라는 어렵고 고된 작업을 통해서 만들어집니다. 그들은 마음과 성령에 의해서 만들어지고 형성됩니다.

키, 안색, 피부색, 아름다움, 외모, 목소리(베이스, 바리톤, 알토, 소프라노 등)와 같이 종종 "천부적 선물"이라고 불리는 것을 소유한 사람들이 있습니다. 이 선물은 DNA, 선조 그리고 지형을 통해 하나님과 하늘에서 내려온 것입니다. 그렇습니다. 특정한 선물이나 특성을 가지고 태어난 사람들

---

1 Robert J. McCracken, *The Making of a Sermon* (New York: Harper and Bros., 1956).

이 있습니다.

이런 미적 자질은 축복이고 자산이지만 저주나 책임이 될 수도 있습니다. 이렇게 말하는 이유는 이런 속성과 자질을 가지고 태어난 사람은 그것들을 얻기 위해 아무것도 할 필요가 없었고 그것들을 발전시키기 위해 많은 것을 하지 않았기 때문입니다. 그것이 은사의 죄인데, 왜냐하면 그것은 은사를 받은 설교자를 축복하시는 하나님으로부터 분리시키는 경향이 있기 때문입니다.

특정 피부색과 머릿결은 자연적 속성인데, 지적 능력, 학식, 영성, 헌신 또는 어떤 경건함과도 상관없이 어떤 특정한 신체적 이점과 특성에 감정적으로 매료되기 때문에, 이를 소유한 설교자는 그렇지 않은 이들보다 우위에 서게 됩니다. 그것은 단지 지각된 미학, 인간의 주변적이고 부수적인 속성들과 관련이 있습니다. 그러나 부수적으로 보이는 것은 사실 필수적일 수 있으며, 반대로 필수적으로 보이는 것은 사실 부수적인 것일 수 있습니다.

저는 제 멘토 가운데 사무엘 드윗 프록터(Samuel DeWitt Proctor), 마일스 제롬 존스(Miles Jerome Jones) 그리고 다른 분들과 어깨를 나란히 할 수 있게 되어서 영광입니다. 제 학생들 중 일부는 제가 버지니아유니언대학교와 버지니아침례교총회가 후원하는 에반스-스미스연구소의 확장 조직인 노퍽(Norfolk)에서 24세 때부터 여러 그룹에게 설교학을 강의하는 동안 저에게 힘이 되어 주었습니다.

이 설교자들과 교사들 중 일부는 흑인 설교자들이 자주 인용하는 알프레드 로드 테니슨(Alfred Lord Tennyson)의 언어로 약속된 땅의 석양 속으로 "경계를 넘어서기"전에 나와 다른 사람들을 위해서 기준을 높였습니다.

설교는 참신함과 창조성으로 정교하게 설명되어야 하는 영성적, 본문적 그리고 문맥적 과업입니다. 설교자는 디모데후서 4:2 말씀과 같은 정신으로 영감과 격려를 더해 줄 언어와 영적 지혜를 찾고, 칭찬하고, 교정해 주며,

필요한 곳에 힘을 북돋아 주고, 함께 기뻐하기 위해서 항상 노력합니다.

> 너는 말씀을 전파하라 때를 얻든지 못 얻든지 항상 힘쓰라 범사에 오래 참음과 가르침으로 경책하며 경계하며 권하라 (딤후 4:2).

설교자로서 헌신은 우리가 더 부지런하고 영감을 받아 하나님의 위대한 땅에서 가장 중요한 부르심이라고 생각하는 일, 즉 하나님의 말씀을 전파하는 일에 항상 최선을 다하도록 돕는 것입니다.

저는 설교와 설교의 발전을 위한 새로운 패러다임으로서 '본문 앞에 서기'라는 주제와 틀 아래에서 이 주제를 탐구할 것입니다. 이 언어는 소수의 성서학자, 주석가 그리고 철학자에 의해 사용되어 왔습니다. 설교자로서 우리는 (본문) 뒤에서 많은 변혁을 이뤄 낼 수 없습니다. 변혁을 위한 설교와 앞으로 나아가는 설교를 하기를 원한다면 우리는 본문 앞으로 가야 합니다.

어떤 사람들은 질문할 것입니다.

"왜 이 책이 필요한가요?"

"설교와 해석에 관한 또 다른 책을 저술하게 된 동기는 무엇입니까?"

저는 전통적인 속박적(straitjacket) 주해를 넘어 철학자인 폴 리쾨르가 우리에게 도움을 주는 방법인 행동으로 옮겨 가고 싶었기 때문에 이 책을 쓰기로 결심했습니다. 리쾨르는 본문 앞에 서기 위해 어떻게 (본문을) 해석해야 하며 선회해야 하는지를 설명합니다. 하지만 그는 제가 이 책을 통해서 하고자 노력하는 중요한 부분인 실제 방법은 직접 보여 주지 않습니다.

그래서 저는 본문 앞에 서기 위한 다섯 부분, 즉 **읽기, 다시 읽기, 읽지 않기, 쓰기** 그리고 **다시 쓰기**(혹은 실제로 설교를 하는 행위) 방법과 이론을 제시합니다.

저는 15년간의 연구 끝에 설교는 해석에 대한 리쾨르의 이론적 또는 현상적 접근 그리고 변증법의 본질, 특별히 사건과 의미, 거리와 전유 그리고 이해와 설명들로부터 유익을 얻을 수 있다고 설득하는 그의 해석 이론에 매료되었습니다. 하지만 보다 구체적으로, 저는 모든 설교가 성경 본문에 대한 해석이며, 그 자체가 해석이기 때문에, 해석 이론이 설교의 실천에 적용될 수 있다고 믿습니다.

설교적 담론의 발전과 전달에 있어서 해석의 과정을 피할 수 있는 방법은 없습니다. 그리고 설교자의 입에서 믿음을 쏟아 내는 모든 선언은 성경 본문, 자아, 사회적 그리고 회중적 맥락 그리고 보다 넓은 문화적 배경을 해석한 결과입니다.

이 책은 또한 설교의 전개 과정에서 성경 본문에 접근하는 새로운 방법을 제시함으로써, 이론과 실천 사이에 존재하는 넓은 간극을 메우고자 합니다. 리쾨르가 옳고, 그가 옳다는 내 생각이 맞다면, 성경 본문은 설교자에게 그 자신 특유의 독서와 상상력에 따라 완전히 새로운 세대의 학생, 설교자, 목회자, 교사 그리고 회중에게 자유와 해방을 말할 수 있는 기회를 제공합니다.

성경 본문을 자신의 것으로 만들고 본문이 새로운 세상을 창조하도록 허용하는 능력은 변혁적이고, 격변적이며, 잠재적으로 혁명적입니다. 사랑이 키에르케고르(Kierkegaard)에게 혁명인 것처럼, 설교는 흑인 교회와 저에게 혁명입니다.

실천적으로, 본문 앞에 서는 것은 지난 실천들의 침체로부터 설교를 구출하는 데 도움이 될 수 있으며, 설교자 마음속 깊은 동굴과 틈새 안에 숨어 있거나 꺼질 수 없는 설교의 불을 붙일 수 있습니다. 그가 얼마나 날카로우냐 진보적이냐 상관없습니다.

설교가 창조적이고 계시적인 힘으로 회복과 변혁을 추구하는 것은 현재와 미래입니다. 설교자는 이런 창조적이고 촉매적인 과업에 목소리를 내는데, 이것은 이전에 설교 강단이나 공공 광장에서 들어본 적 없는 새로운 목소리입니다.

다시 말하지만, 이 책은 이론이 실천과 아무런 관련이 없는 고립된 상징적 구조가 아니라는 것을 설교자가 이해함으로써, 왜 그리고 어떻게 유익을 얻을 수 있는지를 보여 주기 위해서 쓰였습니다. 이론은 실천이고 실천은 행동의 이론입니다. 해석 이론은 리쾨르와 같은 이론가들이 매우 유창하게 쓴 것을(비록 글이 밀도가 있지만) 어떻게 설교적 형식으로 구체화하는지를 알게 하려는 노력과 실천으로 저를 이끌어 갑니다.

미국에서 인종 문제는 합리성, 계몽, 세례, 그리스도에 대한 고백, 공정성, 정의, 교육, 윤리, 신학 등 거의 모든 것을 대체합니다. 그리고 도널드 트럼프가 우리 나라의 최고 공직에 당선된 것에 대한 혼란에 비추어 볼 때, 저는 리쾨르의 저서 『악의 상징』(The Symbolism of Evil)에서 "상징은 생각을 불러일으킨다"(Symbol gives rise to thought)라는 그의 심오한 관용적 표현을 이렇게 수정했습니다.

"상징은 생각을 사장한다"(Symbol gives rise to thoughtlessness).

저는 분노, 불안, 마비 그리고 절망의 소용돌이에 휘말려 있습니다. 그럼에도 저는 제가 희망이 없거나 앞으로 계속 나아갈 추진력이 없다고 해서 화가 나지는 않습니다. 저는 늘 인종차별이 주는 따가움을 느껴 왔으며, 저의 연구, 저술 및 설교에서 그 부분을 짚기 위해 노력해 왔습니다.

제 기도는 미국과 세계의 복음주의 교회에 만연한 인종차별주의와 백인우월주의 이데올로기를 끊임없이 부정한다고 말하는 사람들이, 자유 세계(미국)의 최고위직에 여성을 혐오하는 억만장자이며 저속한 자본가를 선출해 올려 놓은 것이 여성과 가난한 사람과 민주주의에 대한 모욕이라는 것을 인식하게 되는 것입니다.

그것은 민주주의 원칙, 미국의 백인 교회 그리고 증오와 불의의 악이, 민권과 소수자 권리 그리고 흑인 대통령 당선 이후 "미국을 다시 위대하게" 만들기 위해, "가족 가치"와 백인 복음주의를 융합함으로써 거룩하지 않은 연합으로 함께 모였다는 것을 증명합니다. 정치적 슬로건에서 "다시"라는 말은 백인우월주의의 상징이자 민권과 인권에 대한 저항과 반전을 촉구하는 것입니다.

1. 방법: 이야기로 설교하는 법

이론과 실천에 기초를 두고 예언적 담론과 설교학적 방법론을 모두 발전시키기 위한 노력의 일환으로, 저는 각 장의 틀을 구성하는 짧은 설교학적 담론을 발전시키기 위해 특별한 내러티브인 요나서를 사용합니다.

요나서는 전형적인 예언서들과는 달리 단편입니다. 기독교 정경에서 요나서는 열두 권의 예언서 중에 하나입니다. 열두 권의 예언서는 히브리 성경과 쿰란 사본의 한 두루마리에 있는 작은 책들을 편집하거나 선집한 책입니다.

이 책들은 "주님의 날"과 "그날에"라는 미래적 구절들에서 드러나는 종말론적 주제들로 묶여 있습니다. 이 책들의 종말론적 초점은 기독교 정경인 신약성경 끝에 자리 잡는 데 기여했습니다. 즉, 모든 예언자의 예언들은 예수님의 오심으로 성취된다고 믿었습니다. 그래서 마태와 같은 신약성경의 저자들은 예언의 성취를 보여 주기 위해 구약성경을 인용합니다(참조. 마 1:22-23).

그러나 히브리어 성경에서 요나는 예언서(네비임)가 아닌 성문서(케투빔) 중 하나로 간주됩니다. 히브리 성경에서 예언서는 율법서(토라)와 성문서 사이의 중간 말모둠을 차지합니다. 따라서 예언서들은 율법서(토라)와 그

법적 명령에 대한 주석을 추가했습니다.[2]

요약하면, 예언자적 설교자인 요나는 설교를 하기 위해 니느웨로 보냄 받지만, 그의 외국인에 대한 혐오와 편견은 그를 반대 방향인 다시스로 향하는 배에 오르도록 이끕니다. 배에 타고 있는 동안 폭풍이 찾아옵니다. 선원들은 점을 쳐서 요나가 폭풍의 원인이라는 것을 알아내고는 그를 잡아서 바다에 던집니다. 그는 "큰 물고기"에게 삼켜지고 사흘 동안 배 속에 있다가 회개 기도를 하고 난 뒤 해안가에 다시 뱉어집니다.

그(요나) 이야기는 아이러니, 과장 그리고 유머의 문학적 요소로 가득 차 있습니다. 예를 들어, 민속주의적 방식으로, 니느웨의 동물들까지 금식하고 굵은 베옷을 입습니다. 니느웨 시는 횡단하는 데 사흘(아마도 3마일)이 필요한 것으로 묘사되어 있습니다. 요나는 니느웨 사람들보다 마른 떨기나무에 대해서 염려했고, 그는 니느웨 사람들이 회개할 때 상처를 받습니다(자신의 동정심이 부족하다는 것을 보여 줍니다).

요나서는 문맥적이고 보편주의적인 관점과 포괄적인 호소력을 모두 가지고 있습니다. 여호와는 이스라엘에만 관심이 있으신 것이 아니라, 니느웨 사람들과 그들의 안위에도 관심을 갖고 계십니다. 니느웨 사람들과 그들의 동물들은, 비록 이스라엘 예언자가 불순종적이며, 완고하고, 외국인을 혐오한다 할지라도, 구원받고 여호와를 예배할 수 있습니다.

요나서의 보편적 메시지는 포로기 이후 시대에 에스라와 느헤미야의 배타적 접근법과는 대조적입니다. 그 두 예언자는 문화 혼합과 타 민족 간 결혼(솔로몬의 것과 같은)의 결과와 씨름하고 있었습니다.

---

2 참조. John J. Collins, *Introduction to the Hebrew Bible*, 2nd ed. (Minneapolis: Fortress, 2014), 437-41; and Michael D. Coogan, *The Old Testament: A Historical and Literary Introduction to the Hebrew Scriptures*, 2nd ed. (New York: Oxford University Press, 2011), 516-17. 저는 또한 구약성서 교수인 로버트 와파와나카(Robert Wafawanaka)의 2015년 가을 학기 버지니아주 리치먼드에 있는 버지니아유니언대학교 신학대학원에 성서학 개론 수업의 강의안에서 통찰력을 얻게 되어 감사합니다.

2. 스타일과 함께 내용을 추구하라

설교자는 설교가 지루해서는 안 된다는 것을 깨닫는 것이 중요합니다. 어떤 대가를 치르더라도, 흑인 설교자는 설교의 지루함은 근본적인 죄이거나(cardinal sin, 심각한 실수, 해서는 안 되는 짓) 프레드 크레독(Fred Craddock)이 명명했다는 "악마"(the demon)라는 것을 알아야 합니다. 이는 내용과 스타일이 설교를 이끌고 계속 전진하게 하는 쌍둥이 엔진이라는 것을 의미합니다.

내용과 스타일은 서로 배척하지 않습니다. 그 둘은 '무엇'과 '어떻게'와 같이 서로를 돕습니다. 저는 이것을 의학을 공부하는 데 여러 해를 보내고, 인턴과 레지던트와 펠로우로 의료 시술 방법을 익히는 데 오랜 세월을 보낸 의사와 관련 지을 수 있습니다. 무엇을 혹은 어떻게 해야 하는지를 알지 못하면서 의사 면허를 지닌 사람은 없습니다. 이 재능들 중 어느 한 가지가 없다면 나머지 재능은 거의 쓸모가 없습니다.

그리고 이것은 제가 설교를 가르치는 사람들과 일요일마다 설교를 듣는 저의 회중의 기대입니다. 강의실과 강단 모두에서, 무엇을 그리고 어떻게 설교를 해야 하는지, 어떻게 설교를 짜임새 있게 구성하는지 그리고 교인들이 설교를 지루하게 여기지 않게 하려면 어떻게 해야 하는지 알아야 할 필요성이 있습니다.

내용과 스타일, 주제와 방식이 궁극적으로 설교와 교회의 종말로 이어지는 심각하고 파괴적인 결과를 내지 않고도 분리될 수 있다고 생각하는 것은 오류입니다. 스타일은 내용이고, 내용이 스타일입니다. 바꿔 말하면, 한편으로는 프리드리히 니체(Friedrich Nietzsche)이고, 다른 한편으로는 역사적인 흑인 설교가입니다.[3] 흑인 설교자의 종종 과장된 문체는 내용에

---

3   예시 참조. Friedrich Nietzsche, *The Birth of Tragedy* (Cambridge: Cambridge University

대해 잠재적으로 중재할 수 있습니다.

그럼에도 저는 문체가 흑인 교회의 예술 형식이며 효과적 설교에 절대적으로 필수적이라는 것을 잘 알고 있습니다. 그러나 흑인들이 하는 모든 것은 백인들에 의해서 승인을 받아야 독창성이 있는 것으로 인정된다는 것은 종종 눈살을 찌푸리게 합니다. 이것은 W.E.B. 두 보이스(W.E.B. Du Bois)에 따르면, 흑인 교회 "열정"의 절정이 된 이런 유형의 설교적 퍼포먼스의 "보스"이자 대가였던 흑인 설교자에 의해 발전되고 실행된 예술 양식을 훔치거나 가로채는 형태입니다.

오늘날 점점 더 많은 백인 설교자가 강단과 회중에 대한 그들의 '속박적'(straitjacket) 접근이 백인 주류 개신교 교회의 종말을 앞당기고 있음을 깨닫기 시작하고 있습니다. 이런 현실과 인식을 전면에 내세우고 스타일과 내용의 불필요한 이분법을 만들어 냄으로써, 그들은 감정에 대한 증오의 임박한 불행한 운명에 맞서기 위해 흑인 설교자와 흑인 교회의 직관적이고 리드미컬한 어조, 가르침, 실천을 마지못해 받아들이기 시작했습니다. 우리는 흑인 아프리카와 아메리카의 음악이 백인들에 의해 장악된 모습을 미국 전역의 재즈 프로그램에서 볼 수 있습니다.

이런 현상은 음악에만 국한된 것이 아니며 다른 많은 분야에서도 보게 됩니다. 아프리카계 미국인들은 어떻게 이런 은밀한 탈취 행위가 일어나고 있는지를 알아차리고 있습니다.

제시 윌리엄스(Jesse Williams)는 다음과 같이 말했습니다.

> 우리는 '백인다움'(whiteness)이라고 불리는 이런 발명품이 우리를 이용하고 학대하고, 흑인의 눈과 마음을 덮은 채, 우리의 문화, 우리의 돈, 우리

Press, 1999), and Martha Nussbaum, *Love's Knowledge* (New York: Oxford University Press, 1990).

의 기름(검은 금)과 같은 문화사업을 게토화(ghetto)하고, 우리의 창조물을 비하하고 탈취하고, 우리의 천재성을 차지하고 그리고 난 뒤 이상한 과일의 껍질처럼 우리의 몸을 버리기 전에 우리를 구미에 맞게 재단하는 것을 지켜보고 기다리는 것은 끝이 났습니다. … 우리가 마술과 같다고 해서 우리가 진짜가 아니라는 뜻은 아닙니다.⁴

따라서 백인 설교자들과 교사들은 교단에 관계없이, 사실 꽤 오순절적인 흑인 설교자와 흑인 교회에게서 무엇을 배우고, 차용하고, 훔칠 수 있는지에 대해 더 진지하게 살펴보고 있습니다. 이것은 표현적이고, 경축적이며, 영적인 그리고 우뇌에 의해 제한되지 않는 설교와 예배에 대한 균형적이고 전체론적인 접근을 만드는 것을 의미합니다. 설교는 특히 흑인 교회 전통에서 인지적이며 정서적인 행위입니다.

3. 방법: 실천의 변증법에서 사랑의 행위로서 읽기

'읽기'(Reading)는 이 과정의 첫 번째 단계로 본문에 대한 '면밀한 읽기'입니다. 이는 설교자가 성경을 이해하는 데 자신이 동원할 수 있는 능력을 가지고 본문을 읽는다는 것을 의미합니다. 완벽한 독자는 없습니다. 어떤 몇몇 사람에게 그 능력은 다양한 기원을 가진 언어 능력일 수 있는가 하면, 다른 어떤 사람들에게는 모국어를 완벽하게 이해하고자 하는 그들의 노력이 될 것입니다.

4　Megan Lasher, "Read the Full Transcript of Jesse Williams' Powerful Speech on Race at the BET Awards," *Time*, June 27, 2016, http://time.com/4383516/jesse-williams-bet-speech -transcript/.

어느 쪽이든, 저는 면밀한 읽기를, 역사, 철학, 신학, 시학 그리고 설교문(출판 및 미출판, 쓰여진 것 그리고 구전으로 전해져 내려오는 것)뿐만 아니라, 다양한 의견을 개진하는 소설들을 정기적으로 제공하는 확장된 독서 프로그램을 통해서 본문의 의미에 도달하는 거시적 이해를 요구하는, 학제 간의 과정으로 인식합니다.

여기에는 재즈, R&B, 컨트리, 클래식, 힙합, 랩 등 모든 장르의 음악을 듣는 것도 포함됩니다. 음악은 사랑과 영혼의 언어이며, 단어의 용법을 넘어 우리 이해의 기초를 다지고 집중하는 데 도움이 됩니다. 설교의 실제 행위에는 음악과 음악성이 필요하며, 설교는 낮음표와 올림표, 높고 낮음, 멜로디와 조화의 범위를 넘나드는 악보입니다. 설교는 올바르게 행해지면 하나님의 영광을 노래합니다.

이 광범위한 읽기 및 듣기 기술을 개발한 후에, 선택된 본문의 세부 사항을 마치 사자가 먹이를 집어삼키거나 또는 그 이상으로 마치 축제를 즐기는 것처럼 연마하는, 본문에 대한 미시적 접근 방식을 취할 필요가 있습니다.

이 '말씀 축제'는 읽기와 연구 프로젝트에 중심을 둡니다. 선택한 본문을 최소한의 이해 또는 첫 번째 이해의 지점까지 읽으십시오. 이는 곧 본문에 대한 면밀한 읽기가 요구될 것이며, 본문을 다시 읽는 행위는 반드시 개발되어야 하는 지속적 과정입니다.

4. 실천의 변증법에서 믿음의 행위로서 다시 읽기

우리는 '궁극적 읽기'(ultimate reading)의 경지에 완전히 도달하는 경우는 거의 없기 때문에 본문에 대한 '다시 읽기'(Re-reading)는 결코 끝나지 않습니다. 기록된 글의 약점은 대화를 진압하고 그 글의 주장에 대한 질문을 차단하고, 권위적인 척하며 패권적 오만과 폭력을 숨기려고 하는 능력에 있습니다.

따라서 본문에 대한 궁극적 읽기라는 것은 본문에 침묵과 죽음을 가져오고 내가 기피하고 개탄하는 폭력을 (본문에) 실천하게 됩니다. 그러므로 다시 읽기는 기억하고 성찰하는 방법으로서 본문을 설교자의 마음과 의식 속에 통합할 수 있는, 매일 행해질 수 있는 지속적 노력 또는 과정입니다. 다시 읽기는 본문을 이해하고 해석하기 위해 본문 앞에 서는 방법과 과정의 핵심입니다.

5. 재이해와 전유의 행위로서 읽지 않기

'읽지 않기'(Un-reading)는 설교를 위한 다섯 가지 방법 중 세 번째이자 중요한 단계입니다. 읽지 않기는 해석의 시작이자, 조금 더 정확하게 말하면, 갱신입니다. 읽지 않기는 문맥적으로 적절하고 실용적인 방식으로 본문을 재구성하는 행위입니다. 이것은 자유롭고 억압받는 공동체의 현재 삶의 상황에 본문을 재맥락화하고 적용하려는 헌신입니다.

설교자가 해석 과정에서 이해와 자유 실천의 진보를 가져오기 위해서는, 본문의 의미가 설교자와 회중을 변혁시키고 자유롭게 하는 능력을 수행하도록 하기 위한 노력의 일환으로 반드시 본문을 읽지 않기로 시작해야 합니다.

읽지 않기는 광범위하고 면밀한 읽기와 다시 읽기 이후에야 이루어질 수 있습니다. 우리는 설교자로서 읽지 않기를 위해 읽습니다. 다시 말해서, 그것은 우리가 읽지 않기를 나 자신의 말로 옮기기 위해, 즉 우리의 깊은 이해를 표현하고, 다른 사람들이 쓰거나 말한 것이 우리를 과거나 현재에 묶어 두고 속박하는 것을 허용하지 않기 위해서 읽는다는 것을 말합니다.

오히려 우리는 우리가 해석에 있어서 중요한 요소인 새롭고 변혁적인 생각을 할 수 있도록 하기 위해 읽지 않기를 읽는데, 그것이 해석의 일입니다. 읽지 않기는 독창적이고 예언적인 실천이며, 기존 본문에 대한 예기적 통찰력이자 본문을 읽고 다시 읽기의 새로운 표현입니다.

읽지 않기는 이 다섯 가지 단계의 지주인 읽지 않기의 실제 실천에 대한 서곡이자 서문으로서의 과정 또는 방법의 처음 두 단계를 포함합니다. 도전과 대립을 요구하는 억압적이고 패권적인 영향을 암시하는 본문적 단서를 읽고 다시 읽는 것은, 예를 들어, 노예제도 또는 다른 사람의 비인간화에 대해 어떤 미덕이나 윤리적 가치가 있음을 인정하거나 심지어 제안하는 성경 본문은 어떤 형태의 노예제도와 불의의 악을 인정하는 읽지 않기를 요구한다는 것을 의미합니다. 여기에는 노예제도뿐만 아니라 억압과 부도덕이라는 다른 죄악된 행위도 포함됩니다.

유럽의 주해자들과 수혜자들이 어떤 방식을 취하든 상관없이 모든 노예제도는 악입니다. "종들아, 상전들에게 순종하라 …"(골 3:22; 참조. 엡 6:5과 벧전 2:18-20)와 같은 구절들은 식민주의적, 가부장적 그리고 악으로 인정되어져야 합니다. 그리고 이것은 이런 구절들뿐만 아니라, 언어가 더 미묘하고 뉘앙스가 있는 본문은 흑인, 백인 설교자들 그리고 교사들의 읽지 않기를 요구한다는 것을 의미합니다.

그리스어와 히브리어를 다루고 언어학 이면의 역사와 신학을 설명하는 것은 감탄스러운 목적을 제공합니다. 그러나 **노예**라는 단어는 공격적이고 억압적이며, 성경에서 그것의 어원이나 현대적 의미에 대한 설명을 아무리 많이 해도 **노예**라는 단어나 그 파생어를 접할 때 저는 비애감과 공포스러운 느낌을 지울 수 없습니다. 그것들은 모두 악마에 필적하는 유형의 악를 가리킵니다.

읽지 않기는 소수의 설교자들이 주장하고 명명할 수 있는 수준의 의식과 대담함을 요구합니다. 그것은 성경, 신학 그리고 사회 이론의 상호 본문성에 내재된 수세기에 걸친 논쟁을 정면으로 마주하는 것인데, 모두 올바른 해석의 보편화된 형태로 가장한 국지적 패권에 불과한 '보편주의'

에 의해 가로막혀 있습니다. 이것이 교회와 사회를 집어삼키는 불공정과 악의 진부함의 미묘한 본성입니다.

개념과 실천으로서 읽지 않기는 이 방법론의 핵심입니다. 그것은 필수적 요소이며 방법이 매달리거나 회전하는 핵심적 중심점입니다. 그것은 읽기와 다시 읽기 그리고 쓰기와 다시 쓰기/설교 사이의 중간에 있습니다. 이 읽지 않기는 자유와 변혁의 중심입니다. 그 본문은 읽지 않기가 될 수 있도록 할 목적으로 읽혀집니다.

읽지 않기를 읽는 것은 우리 사회의 사회적 병폐와 경제적 불평등을 해결하고자 하는 모든 설교뿐만 아니라, 예언적이며 변혁적인 설교의 핵심입니다. 읽지 않기는 저자의 의도나 본문 자체에 의해 구속되지 않습니다. 그것은 자유를 향한 급진적 수단이며, 설교를 작성하고 다시-작성하는 데 필요한 전제 조건입니다.

영국 교수 존 기요리(John Guillory)는 이런 개념을 명확하게 하도록 도움을 줍니다. 그는 말합니다,

> 이해되었다고 생각했던 본문은 여전히 이해된 채로 남아 있습니다. 읽기가 그 스스로를 전복시키고, 마주한 본문이 갑자기 덜 익숙하고 낯설어지는 이 지점에서 비로소 해석이 시작됩니다. 오랜 시간을 그 본문에 할애한 독자가, "나는 이 본문을 어떻게 읽어야 할지 모르겠어" 또는 "나는 아직도 이 본문을 어떻게 읽어야 할지 모르겠어"라고 말할 수 있어야, 개념적 깨짐이 가능해집니다. … 해석이란 독자가 본문의 단어들을 새로운 참조 또는 명료성의 틀로 번역함으로써 본문의 단어들을 다시 이해할 수 있는 능력을 의미합니다.[5]

---

5 John Guillory, "On the Presumption of Knowing How to Read," *ADE Bulletin* 145 (Spring 2008): 9.

해석과 적용은 함께 진행됩니다. 이것은 심지어 급진적이지도 않습니다. 그것은 아우구스티누스(Augustine)로 시작하여 가다머(Gadamer)까지 이어지는 전통적 방식입니다.

우리는 그것을 가지고 있습니다!

읽지 않기는 어떤 점에서는 아직 이해되지 않았거나 혹은 이해된 본문을 다시 이해하는 것입니다. 이것은 아직 작성되지 않은 원고를 설교하기 위해 본문을 이해하는 데 필요한 전제 조건인 본문을 해석하고 재해석하는 것입니다.

그리고 제가 제 학생들에게 말하듯이, 설교를 작성하는 것은 억압을 받아 왔고 계속해서 억압을 받고 있는 사람들을 위한 자유의 행위이기 때문에 설교는 반드시 쓰여져야 합니다. 글쓰기는 전복적 독립성과 창의성의 행위입니다. 설교를 작성하는 것은 이 방법론의 다음 단계입니다.

6. 반영적, 변혁적 사고로 글쓰기

본문 앞에 서는 방법(또는 과정)의 네 번째 단계는 글쓰기입니다. 글쓰기는 설교자가 본문을 읽고, 다시 읽고, 읽지 않기를 한 이후에 진행됩니다. 이는 다음에 이어지는 요소들을 기반으로 본문을 이해하고 해석하는 데 초점이 맞춰져 있다는 점에서, 글쓰기의 과정은 이 시점에서 아직 구조화되지 않을 수 있음을 의미합니다.

- 본문의 표현, 구두점 그리고 언어에 대한 명확한 이해
- 본문은 설교자의 맥락 그리고 더 넓은 사회적 맥락과 어떻게 관련되어 있는가?

• 읽지 않기가 설교를 듣는 회중의 삶에서 해방과 변혁을 촉진한다는 것을 밝혀 낸 것은 무엇인가?

이런 글쓰기는 모든 이해 과정에서 규범적 요소인 오해와 오역을 허용하는 첫 번째 글 또는 첫 번째 초안임을 아는 것이 중요합니다. 그렇다면 이해는 오해의 부산물이며, 환상과 환멸에 사로잡히게 되는 디트리히 본회퍼(Dierich Bonhoeffer)의 공동체 개념과 유사합니다.

궁극적으로 완전한 읽기는 없기 때문에 글쓰기는 읽기의 과정이 고갈되거나 부분적으로 소진되었을 때만 시작됩니다. 고갈은 본문 자체가 아니라 본문을 읽는 독자에게 있습니다. 그러나 이런 의미에서, 읽기는 결코 끝나지 않고, 설교자는 어느 시점에서 글을 쓰기 위해서 노력해야 하며, 그것은 개인적 독자와 설교자에 의해서만 결정될 수 있습니다.

이 글쓰기는 개략적 형태나 메모를 작성하는 것이 아닌, 의미론적 과잉에 이르기까지 문장적이고 담론적입니다. 이 과정의 다섯 번째 단계인 다시 쓰기가 시작될 때, 이런 과잉은 설교자에게 도움이 될 것입니다.

7. 설교를 설교하는 것으로 다시 쓰기

'다시 쓰기'(Re-writing)는 방법론의 다섯 번째이자 거의 마지막 단계로, 보다 실질적인 구조를 포함하고 있습니다. 이 말은 설교자가 이제 자신의 모든 읽기, 다시 읽기, 읽지 않기 그리고 쓰기를 변증법적, 상관관계적, 설명적 또는 내러티브 유형으로 설교의 틀에 어떻게 적용할지를 결정할 수 있음을 의미합니다. 이 시점에서 유형론은 설교학적 담론의 방향이나 각도를 분명하게 발전시키는 방법이 됩니다. 이것은 기초가 됩니다.

다시 쓰기는 또한 설교를 적절하고 간결하게 만들기 위해서 불필요한 말과 '보풀'을 없애는 첫 번째 글쓰기의 간소화입니다. 많은 사람이 설교자들의 말은 귀중하고 그들이 쓴 것은 반드시 말해져야 한다고 생각하기 때문에 이것은 설교자에게 어려운 일입니다. 그러나 흑인 종교에서 흔히 "성령이 설교와 인간사에 임하심"이라고 일컬어지는 것을 위한 여지를 남겨 두는 것은 단어와 구절의 절제입니다. 이런 성령의 임재는 설교를 가능하게 하는 사랑의 행위입니다.

설교는 아가페적 사랑의 지식이고 실천입니다. 이것은 종종 흑인 설교의 대화적 성격과 이 과정에 대한 청중의 참여와 결합됩니다. 때때로 이 다시 쓰기는 청중의 식별과 설교에 대한 구두 지원의 결과인 현장 즉석 작업입니다.

"아멘", "선포하십시오. 목사님" 또는 "할렐루야"와 같은 표현은 설교의 공간이 설교 본문의 자연스러운 공백을 채우도록 하는 역할을 할 것입니다. 선포된 말씀이 합당하거나 심지어 부당하다고 느낄 때 설교자는 선포된 말씀에 대한 증인을 요청할 것입니다. 흑인 교회에서 설교자는 때때로 "아멘이십니까?"라고 물을 것입니다. 이것은 제5장에서 논의되고 입증될 것입니다.

제1장 읽기

변혁을 위한 설교

1. 본문 앞에 서기: 은유와 환유

'본문 앞에 서기'는 본문이 현재 우리에게 말하는 것을 보고 듣는 것에 따라서 본문을 읽는 것을 의미합니다. 이것은 맥락에 기초한 새로운 이해를 위한 탐구입니다. 이것은 설교자가 교회와 지역 사회의 사람들과의 접점을 발전시키고 유지할 수 있게 하는 하는 문화적이고 해석학적인 움직임입니다.

본문 앞에 서기는 본문과 청중 사이에 근접성을 창조하는 방식으로 본문을 이해하는 것입니다. 성경을 읽는 것에 있어서, 독자는 성경적 세계, 모던과 포스트모던 세계 그리고 설교자와 청중의 세계를 만나야 합니다. 본문 앞에 서기는 이성적이고 감정적인 일인데, 이는 그것이 은유적이면서 환유적이기도 한 '동전의 양면'이기 때문입니다. 우리가 '동전'이라고 부르는 것에 양쪽 모두 있는 것처럼 본문 앞에 서기에는 근접성과 연속성 모두 있습니다.

각 세대는 본문 앞에 서기 위한 노력으로, 즉 그것이 현재와 미래에 관련되도록 본문을 읽어야 합니다. 본문 뒤에 서는 것은 오늘날 사회적, 정치적 변화들에 대한 궁극적 의미가 없기 때문에, 본문 앞에 서지 못하는 설교는 아마도 (우리와) 무관할 것입니다. 그런 의미에서, 본문 앞에 서기는 억압과 불의가 없는 새로운 지평과 새로운 세계를 창조하기 위해 고안된 지평과 사회적, 맥락적 움직임입니다.

책 전반에 걸쳐 있는 유형학에 의해 논리적 순서로 연결된 단어들의 조합인, 본문 앞에 말 그대로 쉽게 설 수 없기 때문에, 육체적 영역이 아니라, 영적이고 인지적인 영역에 있는 본문과 관련하여 자신의 방향과 위치를 정하는 상동성에 비유적 요소가 있습니다. 이제, 말 그대로 본문 앞에 설 수 있다는 것은 사실입니다.

하지만 이것이 사람의 정신에 무슨 도움이 되겠습니까?

행동적으로 이상하게 보이는 것을 넘어서, 이런 공간의 지리적, 지형적 변화는 어떻게 사람의 감성과 이해에 영향을 미칠 수 있겠습니까?

그것은 참나무(Oak tree)를 문지르거나 껴안는 것이 우리의 취약성, 유한성 및 다른 요소들을 공간적으로나 자기 의식적으로 말하는 것과 같은 방식으로 이루어집니다.

본문 앞에 서기는 단순히 책 앞에 서서 본문의 논리와 음악 그리고 담론의 세계를 자신의 사회적 상상력에 쏟아 붓기를 기다리는 것이 아닙니다. 그것은 본문이 살아 있고, 오류가 있을 수 있고, 도움이 안 될 수 있고, 도구적이고, 구원적이며, 생산적이고, 변혁적일 수 있는 본문에 대한 이해를 키우는 것에 관한 것입니다.

자신의 역사적, 존재적 힘을 가득 채우는 이런 본문의 존재는 그것의 대화자들이 그들 스스로를 불멸의 사상으로 표현된 각 음소의 의미 뒤에 남아 있는 방식으로 그 본문과 함께 방향을 잡을 수 있게 합니다. 본문의 이런 존재는 우리가 저자의 의도에 대한 경건하지 않은 자비에 우리 자신을 위치시키거나, 본문이 하겠다고 약속한 것에 대한 아직 탐구되지 않은 항구적인 무게의 해석학에 자신을 자리 잡게 합니다. 미래성은 본문을 보는 이런 은유적 방식에 있습니다. 말 그대로 미래성은 본문 앞에서 문자적, 은유적으로 본문 앞에 설 수 있고 또 그래야 합니다.

환유와 함께 본문에 대한 이런 지향성의 문제는 실존적 명령이 되는 인지적 특성과 관련될 뿐만 아니라, 그것의 자연적 운동성은 인접성을 향한 것입니다. 이 인접성은 다른 의미의 집합을 부여할 수 있는 문자 그대로의 의미일 수 있으며(예를 들면: 본문으로 규정되고 지적으로 내재화된, 문자 그대로의 법칙을 가진 문자 그대로의 나라에 사는 것), 또는 보다 목적적이고 예언적인 해석을 위한 해석학적으로 정교한 유익을 제공하는 비유적 성격을 가질 수 있습니다.

만약 우리가 본문 앞에 서기라는 문구의 은유적 기능에서 탐색된 본문에 대해 동일한 인지적 방향을 유지한다면, 다음과 같은 질문을 제기함으로써, 우리는 지금 우리가 앞에 서 있는 환유적 기능을 추가할 수 있습니다.

우리는 본문을 어떻게 대하고 있습니까?
본문이 우리에게 닿도록 하려면 어떻게 해야 합니까?
우리의 정신적 공간성은 어떻게 특정한 본문의 문제를 만지고 다루는 방향으로 다듬어지고 있습니까?

이것이 내가 말하고 있는 근접성과 인접성의 본질입니다. 왕관은 영국의 여왕을 위한 환유인 것처럼, 자신의 머리를 만지고 있는 그녀는 한 국가와 그 식민지의 군주 통치자이기에, 본문에 대한 대화자들의 환유적 지향은 유사한 측정 기준으로 한정될 수 있습니다.

본문은 (본문의) 대화자들의 상상력에 어떻게 영향을 미칩니까?
약함을 상승시키고 권력의 위치에서 본문을 바라보는 언어학적 접촉입니까?
독자들이 소외된 그룹들과 억압받는 사람들을 향한 공감을 지향하게 하는 접촉입니까?

이것은 본문 앞에 들어서는 환유적 특성이며, 따라서 저의 격언적 진술입니다. 본문 앞에 서기는 은유적이고 환유적입니다.

보다 정확하게 말하자면, 본문 앞에 서기는 의미와 희망의 폭발을 의미하기 때문에 은유적입니다. 이 비유적 폭발은, 혹은 보다 명확하게, 본문 앞에 설 때 공개된 새로운 정보는 해석 이론의 '살아 있는' 은유적 지시체 안에서, 그 자리를 찾습니다. 폴 리쾨르가 동의하듯이, 이 중추적이고 해방적인 개념은 실제에 대한 뭔가 새로운 것을 우리에게 말하고자 합니다.[1]

리쾨르는 '살아 있는' 은유에 수사학적 처방을 내리며, 여기서 그는 그것을 의미의 새로운 확장을 제공하는 의미론적 혁신으로 이해합니다.[2] 이것은 전략적이며, 심지어 새로운 생각이나 설명을 전달하는 예상치 못한 단어들의 배열입니다. 평범한 순환 안에 우리 담론에 만연해 있는, "의자의 다리"와 같은 '죽은' 은유와 달리, '살아 있는' 은유는 세계에 대한 우리의 이해를 흔들 수 있는 잠재력을 가진 우리의 다의적 체계에 대한 새로운 항목이자 기여자입니다.

"밤의 죽음"이 밤의 고요함 또는 침묵을 전달하고 "눈물의 바다"가 심하게 울고 있는 행동을 일으키는 것처럼 모든 은유는 어휘적 코드를 넘어 실제의 발생을 해결하기 위해 수사학적 현상에 들어갑니다. 본문 앞에 서기는 성경 해석의 정적 매개변수를 넘어 오늘날과 같은 삶을 위한 성경 본문의 의미와 소망의 발산으로 이동합니다.

본문 앞에 서기는 해방의 환유이기도 합니다. 행동으로서의 그것은 억압받는 사람들에게 가까이 다가가게 됩니다. 이 상징적 표현은 나사렛 예수님이 그의 시대 당시 억압적 구조에 대항하여 말씀하신 전복적 행동을 시사합니다. 본문 앞에 서기는 성경에 대한 억압적 해석에 맞설 수 있기

---

[1] Paul Ricoeur, *Interpretation Theory: Discourse and Surplus of Meaning* (Fort Worth: Texas Christian University Press, 1976), 53.
[2] Ricoeur, *Interpretation Theory*, 52.

때문에 해방의 비유와 동일시되는 자유의 행위입니다.

본문이 쓰였을 당시 저자의 의도를 이해하기 위해 '본문 뒤에 서기'와 함께하는 유럽 중심의 역사 비평을 무시하는 것이 아니라, 오히려 새로운 세계를 가져 오는 길을 창조하기 위해 오늘날을 위한 희망의 현재 가능성을 가지고 본문 앞에 서기를 하는 것입니다.

2. 요나 I: "달갑지 않은 말씀"

> 여호와의 말씀이 아밋대의 아들 요나에게 임하니라 이르시되 너는 일어나 저 큰 성읍 니느웨로 가서 그것을 향하여 외치라 그 악독이 내 앞에 상달되었음이니라 하시니라 그러나요나가 여호와의 얼굴을 피하려고 일어나다시스로 도망하려 하여 욥바로 내려갔더니 마침 다시스로 가는 배를 만난지라 여호와의 얼굴을 피하여 그들과 함께 다시스로 가려고 배삯을 주고 배에 올랐더라(욘 1:1-3).

서로를 환영하는 것은 환대의 본질입니다. 우리는 신나고 모든 것과 모든 사람이 환영(welcoming)하는 것처럼 보입니다. 우리는 파티를 열고, 춤을 추며, 샴페인이나 버드 라이트(Bud Light, 미국 맥주의 일종-역주)를 준비하고 다른 사람을 맞이하는 것을 좋아합니다. 생일, 승진, 은퇴 또는 졸업을 축하함에 있어서 우리의 기쁨을 보여 줄 수 있습니다. 우리는 즐거운 마음으로 두 팔 벌려 이런 행사들을 환영합니다.

때로 우리는 도가 지나치는 행동을 해서 이웃 사람들이 경찰을 불러야 하며, 특별히 '퍼거슨 사건'과 같은 경찰의 잔혹 행위가 발생한 이후에는 더욱 그렇습니다.

그러나 흑인들은 경찰에 신고하는 것은 경계하고 조심해야 합니다. 흑인이기에 순진하게 당신을 도울 것이라고 생각했던 경찰에 의해 목숨을 잃을 수도 있음으로 어떤 이유에서든 그들에게 전화 연결을 시도하지 마십시오. 법과 법을 집행하는 사람들은 흑인의 편에 선 적이 없습니다.

2014년 뉴욕에서, 경찰이 에릭 가너(Eric Garner)를 질식시키고, 구타하고, 걷어차고, 콘크리트 보도에 머리를 박는 동안 그는 숨을 쉴 수 없다고 소리쳤습니다. 구급대원들은 소생시키기보다는 구경만 하고 있는 형편이었습니다. 이것은 범죄입니다. 이것은 합법화된 범죄입니다.

만약 당신이 흑인이라면, 경찰에 연루되지 않는 것이 현명한 일일 수 있습니다. 이들은 당신이 도망쳐야 하는 사람들입니다. 그리고 이것은 환영받지 말아야 할 것들 중에 일부이지만, 그뿐만이 아닙니다. 우리는 우리의 태도와 행동에 있어서 너무 경건하지 못합니다.

우리는 주님의 말씀과 현존을 제외한 모든 사람과 모든 것을 환영합니다. 요나의 정신이 우리 각자 안에 살아 있습니다. 하나님은 우리에게 한 가지 일을 하라고 말씀하시지만 우리는 다른 일을 합니다. 하나님은 이쪽으로 가라고 말씀하시는데 우리는 다른 길로 갑니다.

> 여호와의 말씀이 아밋대의 아들 요나에게 임하니라 이르시되, 너는 일어나 저 큰 성읍 니느웨로 가서 그것을 향하여 외치라 그 악독이 내 앞에 상달되었음이니라 하시니라 (욘 1:1-2).

요나는 악에 대항하여 설교하고, 모든 악과 추악함에 맞서 말하라는 요청을 받았습니다. 그런데 그는 그것을 할 수 없었습니다.

주님의 말씀은 직설적이었고 구체적이었습니다.

"니느웨로 가서 그것을 향하여 외치라."

그러나 요나는 주님의 말씀이 달갑지 않았습니다. 요나는 다른 모든 사람과 마찬가지로 니느웨의 죄와 사악함을 알고 있었지만, 하나님이 그에게 명하신 일을 그는 할 수 없었습니다. 자신이 위대하다고 생각하는 사람들에게 불편한 진리를 선포하는 것은 쉬운 일이 아닌데, 니느웨는 위대한 도시로 알려져 있었습니다.

우리는 하나님이 실수하셨고 우리에게 그렇게 하라고 요구하실 수는 없다고 생각합니다. 하지만 그것이 예언과 예언적 설교의 의미와 본질입니다. 때로는 그것이 '행해져야' 합니다.

죄와 악에 대항하여 외치십시오. 흑인 공동체에서의 모든 마약 판매 및 사용에 대항하여 소리치십시오. 억압과 증오, 거짓과 기만, 탐욕과 사리사욕에 맞서 부르짖으십시오. 인종차별과 불의, 정부의 권력 중개자들에 대항하여 외치십시오. 세상의 관행만큼이나 사악한 교회의 관행에 대항하여 부르짖으십시오.

3. 본문 앞에 서기

> 본문의 의미는 본문 뒤에 있지 않고 그 앞에 있습니다.
> 그것은 숨겨진 것이 아니라 공개된 것입니다.
> _폴 리쾨르
>
> 요한이 자라서 그의 아버지와 같은 설교자가 될 것이라고 사람들은 항상 말했습니다. 요한은 그것에 대해 전혀 생각하지 않고 그 스스로 그것을 믿게 되었다는 말이 너무나 자주 전해졌습니다.
> _제임스 볼드윈, *God Tell It on the Mountain*

설교는 구술에 기초를 두고 있는데, 저는 설교는 반복을 통해 유익을 얻을 수 있다는 말을 서둘러 덧붙입니다. 저는 "앞으로 설교하기: 변혁을 위한 설교"를 '본문 앞에 서기'로 해석하는데, 이는 프랑스 철학자 폴 리쾨르가 본문에 대한 그의 독특하고 통찰력 있는 이론적 접근 방식으로 설명한 것에 대한 해석입니다. 그러나 우리가 그 이론을 이해할 수 없을 정도로 복잡하지는 않습니다.

본문 앞에 서기를 이해하려고 할 뿐만 아니라, 우리는 무의식적으로라도 그것을 이상하고 유익한 방식으로 실행하려는 경향이 있습니다. 내가 여기서 의미하는 바는 흑인 설교가 역사적으로 그들의 살아 있는 경험과 거리가 멀고 낯선 성경 본문들을 협상하는 방법으로서 이런 방법론의 어떤 형태를 실행해 왔다는 것입니다.

다시 말해, 본문 앞에 서기는 흑인들이 가진 유일한 선택이었는데, 왜냐하면, 본문 뒤에 서는 것은 자유도 없고 소망도 거의 없었기 때문입니다. 실용주의가 흑인 종교와 흑인 교회를 지배합니다. 그래서 우리는 우리가 명명한 적이 없는 일을 '해 오고' 있습니다.

우리는 단지 그것을 명명하지 않았습니다. 그럼에도 저는 설교자가 설교를 작성하고 선포할 때마다 항상 해석을 하기 때문에 이런 지각된 밀도에 대한 일종의 해결을 제시하고 해석과 설교 과정에 대한 우리의 이해에 어느 정도 명확하고 분명한 의미를 가져오기를 희망합니다.

본문 앞에 선다는 생각은 우리가 성경의 의미와 본문의 이해에 대해 대학과 신학교에서 자주 배워 왔던 것과는 근본적으로 다른 것입니다. 역사적으로 요점은 본문 뒤에 놓여 있다는 데 있습니다.

우리는 본문의 고고학적 뼈대를 파헤치거나, 본문이 과거에는 무엇을 의미했는지, 본문이 저자와 그것의 수신자였던 고대 공동체에게 무엇을 의미했는지 이해하려고 노력함으로써 오늘날 본문이 무엇을 의미하는지 알아내려고 노력합니다. 우리는 다음과 같은 질문을 합니다.

본문의 원래 의미는 무엇이었습니까?
역사 비평은 무엇을 말합니까?

그리스어 또는 히브리어는 무엇을 의미합니까?
본문은 처음에 누구에게 쓰였고 왜 쓰였습니까?

저는 이런 추론이 어떤 의미와 가치를 가지고 있다는 것을 인정할 것이지만, 그것이, 바로 여기 그리고 바로 지금, 오늘날의 사회나 개인의 변혁과 관련해서나 어떤 것에나 중요한 것은 아닙니다.

본문 뒤에 서는 것은 부차적 작업입니다. 사실 이것을 먼저 행하는 것은 잠재적으로 당신의 (본문에 대한) 해석이 억압적이고, 제한적이며, 거추장스럽고, 절망적으로 낭만적인 것으로 만들 수 있는데, 이는 종종 건국의 아버지들이 그들의 특정한 언어의 사용으로 '의미했던 것' 또는 '의도했던 것'에 집중함으로써 미국 헌법을 해석한다고 주장하는 법조계 사람들의 추론과 유사합니다.

그러나 제 견해로는, '국가의 권리'를 촉진하는 매우 활동적인 언어와 다른 언어는 본질적으로 노예제도, 여성의 선거권 박탈 그리고 다른 형태의 불평등과 악을 보장했습니다.

저는 성경 본문이 히브리인들, 고린도 교인들, 에베소 교인들, 또는 소아시아 교회에게 무엇을 의미했는지에 대해 그다지 관심을 가지고 있거나 감명을 받지 않았습니다. 그러나 저는 오늘날(바로 여기 그리고 바로 지금) 성경 본문이 억압받고, 억눌리고, 가난한 사람들에게, 흑인들과, 젊은 사람들에게 그리고 평화와 사랑과 정의를 위해 투쟁하는 여성과 남성들에게 무엇을 의미하는지에 대해 매우 깊은 관심을 가지고 있습니다.

그래서 제가 미리 말씀드리면, 이 책은 성경적 역사와 그것을 쓴 저자의 의도에 대해 탐구하는 '본문 뒤에 서는 것'에 대해 이야기하지 않을 것입니다.

저자들이, 그들이 누구였든, 본문을 썼을 때 그들이 무엇을 의미했는지를 알고 있다고 누가 말할 수 있겠습니까?

저는 누군가 의미한 바를 혹은 의도가 너무 어렵고 본문의 저자가 죽었을 때 결정하기가 거의 불가능할 때, 그들의 의도가 무엇이었는지를 찾는 데 시간을 할애하지 않을 것입니다.

저는 "본문의 의미가 저자의 의도와 본문 자체의 의도를 뛰어넘는다"는 리쾨르의 주장이 옳다고 생각합니다. 이 책은 본문의 의미가 본문 뒤가 아니라 **앞에 있다고** 주장하는 것이 무슨 의미인지에 관한 것입니다.

리쾨르는 그가 시적이고 심지어 웅변적인 문체로 다음과 같은 주장을 할 때 우리를 격려합니다.

> 전유해야 하는 것은 본문 뒤에 감추어져 있다고 여겨지는 저자의 의도가 아닙니다. 또 저자와 그의 본래 독자들에게 공통적인 역사적 상황도, 본래의 독자들 기대나 감정도 아닙니다. … 전유해야 하는 것은 본문 자체의 의미, 곧 본문이 열어 주는 생각 방향에 따라 역동적으로 인지된 본문의 의미입니다. 다시 말하자면, 전유해야 하는 것은 하나의 세계를, 본문의 지시를 구성하는 세계를 탈은폐하는 힘 그것뿐입니다. …
>
> 만일 우리가 어떤 것과 일치될 수 있다고 한다면, 그것은 다른 자아의 내적 삶이 일치되는 것을 말하는 게 아니라, 사물을 바라보는 다양한 방식을 탈은폐하는 것을 말합니다. 이것이 바로 본문이 갖는 진정한 지시적 힘입니다.[3]

---

3 Paul Ricoeur, *Interpretation Theory: Discourse and Surplus of Meaning* (Fort Worth: Texas Christian University Press, 1976), 92. Paul Ricoeur에 대한 저의 이해는 버지니아대학교의 래리 부차드(Larry Bouchard) 교수의 수업 중 강의를 통해 가장 잘 촉진됩니다. 참조. David M. Rasmussen, *Mystic-Symbolic Language and Philosophic Anthropology* (Hague, Netherlands: Martinus Nijhoff, 1971).

이는 마치 T. S. 엘리엇(T. S. Eliot)이 『4중주』(*Four Quartets*)에서 말한 것처럼 들립니다.

> 전후로 고립된 강렬한 순간이 아니라,
> 매 순간 타오르는 일생
> 그리고 한 사람의 일생만이 아니라,
> 해독될 수 없는 낡은 돌들의 일생[4]

비록 우리가 본문의 의미를 추측하고 있더라도, 그것의 의미는 가장 중요한 것입니다. 제가 보기에, 가난한 사람들, 흑인들, 굶주린 사람들, 억압받는 사람들을 위한 본문의 의미에 대한 설교자의 신성한 문법적 추측은 오늘날 교회와 공동체를 위한 본문의 의미를 이해하는 첫걸음입니다.

의미는 본문적이고 문맥적입니다. 노예들조차도 노예 주인이 의도적으로 또는 비의도적으로 성경 본문의 의미를 잘못 해석하고, 오해하고, 잘못 전달했다는 것을 그들의 영혼 속에서 알고 있었습니다. 그들은 성경 말씀과 그 노예 주인들의 행동 사이의 괴리에 대한 응답으로, "천국에 대해 말하는 사람 모두 천국에 가지는 않는다"고 말했습니다.

본문 자체의 의미는 저자의 의도와는 무관한데, 저자의 관점 밖에 항상 의미의 과잉이 있기 때문입니다. 본문 자체의 의미는 읽기, 다시 읽기, 읽지 않기, 쓰기, 다시 쓰기 및 설교를 하는 사람을 제외하고 모든 외부 방해물로부터 독립적입니다. 본문은 저자가 의도한 바에 대한 단서를 제공합니다. 본문 자체의 의미는 본문 자체에서 발견됩니다.

철학적 해석학과 성경적 주해를 공부한 사람들에게는 본문은 항상 저자가 의도했거나 말하고자 하는 것 이상을 의미한다는 암묵적 이해가 있

---

[4] T. S. Eliot, *Four Quartets* (New York: Harcourt, 1943), 31.

습니다. 이것이 '의미의 과잉'입니다. 의미는 본문의 느낌과 정신에서 나타나고 본문 그 자체의 영혼과 마음과 중심에서 스스로 드러납니다. 본문의 외부도, 아래도, 뒤도 아니라, 본문 안에 있습니다.

본문의 공개성으로, 새로운 세계, 즉 우리가 보거나 경험한 적이 없는 세계가 존재할 가능성이 있습니다. 그것은 본문의 세계가 아니라 우리를 위해 본문이 열어 주는 세계입니다. 이 세계는 본문의 지시적 힘에 의해 창조된 새로운 실체입니다. 이것은 본문의 미래가 변혁적이라는 것을 의미하며, 저자나 이전 독자들이 전에 상상하지 못했던 방식으로 펼쳐집니다. 이것은 해방적입니다. 본문과 그것의 의미론적 자율성은 하나님 말씀의 창조력과 하나님의 지혜를 품고 있습니다.

이는 본문이 모든 외부적 지혜와 무관하게 고립된 지혜라는 것을 의미하지는 않습니다. 아니, 그것은 시인(설교자를 의미함)이 의미와 변혁적 해석을 위해 시의 언어들을 파헤치기를 애타게 기다리는 것입니다. 이로 인해, 작가는 죽은 존재로 참여하지 않게 됩니다.

그것은 설교자가 문법, 구문, 단어, 언어, 은유 및 상징 깊숙이 묻혀 있는 모든 뉘앙스에 관심을 기울이기를 기대하며 기다리는 것입니다. 그것은 마치 하늘을 향해 쭉 뻗어 있는 키가 큰 떡갈나무처럼 장엄한 침묵 속에서, 설교자의 목소리가 그 침묵을 웅장하고 변혁적인 합창, 이전에 어떤 작가나 본문의 역사적 주해가들에 의해 한 번도 들어 본 적이 없는 것과 같은, 어떤 소리로 변혁시켜 주기를 기다리는 것입니다.

성서는 설교자가 그것의 기호학, 구속과 희망의 징조를 오역하지 말라고 부르짖고 외치고 비명을 지르고 있습니다. 본문은 설교자가 본문의 언어와 정신(하나님의 구속적이고 강력한 사랑으로 주입되고 개인과 사회 모두의 격변적인 변혁과 변화를 촉구하며 증오와 악에 대항하여 사랑과 정의를 외치는 성령)을 오역하지 않고 해석하기를 기다리고 있습니다.

성경 본문은, 설교자가 허락한다면, 본문을 쉴 새 없는 의견들과 구속력 있는 헤게모니와 계속해서 속박하는 정치적 논쟁으로부터 자유롭게 함으로써, 그 자체와 더 큰 세상을 위한 자유와 해방을 말하려고 항상 노력하고 있습니다. 설교자와 교회는 모든 사람이 설교하고, 보고, 냄새 맡고, 소리 내도록 노력하는 데 있어서 다른 세상과 마찬가지로 유죄입니다. 그와 같은 설교는 앞으로 나아가는 변화가 없습니다. 이 설교들은 썩은 빵이나 고인물처럼 낡고 닳은 소리처럼 들립니다.

본문 앞에 서기는 설교자가 본문의 계시적 음성을 듣고 담대함, 참신함, 문맥적 명확성과 (그리스인들이 "신성한 광기"라고 불렀던) 비할 데 없는 이해와 믿음으로 선포하는 동안에 본문이 설교자에게 새로운 의미를 속삭이고, 소리 지르며, 외치는 것을 허락합니다.[5]

이런 신앙과 신성한 광기로, 당신의 설교가 정의와 공의를 불러일으키게 하십시오. 이런 신앙과 신성한 광기로 당신의 설교가 본문 뒤의 사슬과 족쇄에서 벗어나 본문 앞으로 나아가게 하십시오. 그것은 변화와 변혁을 두려워하고 저항하는 세상, 동일성을 창조하고 다름을 없애기 위한 노력으로 상대방을 파괴하는 세상에서 변화를 일으킬 수 있는 유일한 방법입니다.

4. 본문 앞에 서기: 가능한 세계들

설교는 대담하고 종종 위험한 행동이며, 이 행동은 그 자체가 '본문'입니다. '본문 앞에 서기'는 제가 말하는 행동 중 가장 중요한 부분입니다.

---

5   참조. Søren Kierkegaard, *Fear and Trembling and the Sickness Unto Death*, trans. Walter Lowrie (Garden City, NY: Doubleday, 1954), 10.

리쾨르의 주장대로 "가능한 세계를 투사"[6]할 뿐만 아니라, 기존의 세계를 대체하는 세계를 만들 수 있는 좋은 기회를 가지고 있습니다. 예를 들어, 1955년 앨라배마주 몽고메리에서 로사 파크(Rosa Parks)가 자리에서 일어나 버스 앞 좌석으로 가는 것을 상상할 수 있습니다. 이런 '앞에 서기' 행동은 은유적인 것이 아니라, 거의 문자 그대로 환유적인 것입니다.

제가 말하는 행동은 설교자의 어떤 특정한 움직임을 필요로 합니다. 저자의 의도는 사실 연관성이 있고 중요할 수 있지만, 결정적이지는 않습니다.[7] 본문이 "가능한 세계"를 창조한다는 생각은 인간의 가능성이 자유와 변혁의 핵심이기 때문에 여기에서 중요합니다.

충실하고 예언자적인 흑인 설교자들과 평신도들은 리쾨르와 같은 학자들이 말로 표현하기 훨씬 전에 이를 믿었던 것처럼 보입니다. 예를 들어, 노예들은 그들의 종말을 막고 자유를 위한 길을 만드는 가능성과 희망을 보았습니다. 자유는 억압받는 사람들에게 항상 가능성일 뿐이며, 마틴 루터 킹 주니어(Martin Luther King Jr.)가 상기시켜 주듯이, "자유는 항상 값비싼 것이었습니다."[8]

흑인 해방 설교와 신학은 모두 가능한 세계를 만들고 폭로하는 것에 관한 것입니다. 본문 앞에 서기는 성경 본문의 정문을 통해 본문에 접근하는 것, 즉 새로운 현대적 진입 지점을 찾는 것을 의미합니다. 본문 앞에 서는 행위 자체는 과거도 통제할 수 없고 본문 그 자체도 예측할 수 없는

---

6   Ricoeur, *Interpretation Theory*, 87-88.
7   참조. Paul Ricoeur, *Hermeneutics and the Human Sciences* (Cambridge: Cambridge University Press, 1981), 15-16. 참조. John B. Thompson, *Critical Hermeneutics: A Study in the Thought of Paul Ricoeur and Jurgen Habermas* (Cambridge: Cambridge University Press, 1981). Thompson은 지시에 대한 리쾨르의 주장 격차를 언급하고 "본문이 가능한 세계를 어떻게 드러낼지는 매우 불분명하며, 독자가 어떻게 본문이 공개하는 세상을 결정할지는 불확실한 상태로 남아 있다"고 주장합니다 (193).
8   Martin Luther King Jr., *The Essential Martin Luther King Jr.: 'I Have a Dream' and Other Great Writings* (Boston: Beacon, 2013), 33.

본문에 대한 비전과 희망을 갖는 데 바탕을 두고 있습니다.

확실히 본문은 강렬한 은유인 새로운 의미와 희망으로 폭발할 수 있지만, 본문 앞에 서기는 본문의 과거 역사에 매료되지 않고 본문의 종말론적 미래에 의해 변혁되는 것에 달려 있다는 것을 의미하는 환유이기도 합니다. 가능성과 희망으로 가득 찬 미래입니다.

가장 중요한 것은, 오늘날 당신의 맥락과 회중에서 본문이 의미하는 바입니다. 본문의 현대적 의미를 결정하는 것은 본문의 저자의 유한한 지평선이 아니라, 본문이 지금 말하는 것이 중요한 것입니다. 그것은 설교자의 지적 창의력에 달려 있습니다.

우리는 본문에 대한 실질적 권한을 더 이상 가지고 있지 않은 저자가 주장하는 권위의 엄격한 통제에서 벗어나 설교의 기초로 사용할 기회가 있을 때마다 본문 앞에 서면서 본문의 영역을 확장해야 합니다. 본문은 이제 새로운 해석, 즉 설교자가 본문 앞으로 가면서 부여한 새로운 의미를 가지고 있습니다.[9]

미국의 흑인 설교자에게 독서는 자유의 중요한 행위입니다. 예를 들어, 제게 영어로 읽는 법을 배우는 것은 금지되고 사형에 처해질 수 있었던 노예제도의 사악한 경험이자 전통의 일부입니다. 여전히 저의 잠재의식 속에서 그 영향을 느낄 수 있습니다. 내 자신의 개인적 역사와 다른 사람들의 역사도 이런 전통을 구성해 왔기 때문에 이것은 저만의 유일한 이야기가 아닙니다.

저는 과거의 역사적 경험을 피할 수 없는데, 즉 과거는 고통에 깊이 뿌리내리고 있고, 유일한 죄가 피부색이었던 사람들을 상대로 지속된 악의 과잉과 깊은 관계가 있습니다. 독서는 과거 역사와 연결되어 있기에 그로

---

9 참조. Paul Ricoeur, "The Model of the Text: Meaningful Action Considered as a Text," *Journal of Social Research* 38, no. 3 (Fall 1971): 534.

인한 부정적 영향에서 벗어나고자 할 때 필요한 열쇠입니다.

이 부정적 영향은 역사와의 거리에 비례하지 않습니다. 노예제도와 나 자신 사이에는 미적 또는 영적 거리가 없으며, 제임스강의 오솔길을 걸으며 그리고 460번 국도를 따라 프린스 조지(Prince George), 서섹스(Sussex), 와벌리(Waverly), 아이버(Ivor)를 거쳐, 노예 설교자인 냇 터너(Nat Turner)가 노예제도의 설계자들의 손에 죽은 곳인 버지니아주 프랭클린(Franklin)과 사우스햄프턴 카운티(Southampton County) 부근으로 운전해서 내려갈 때, "저는 매일 마음의 눈으로 노예제도의 멍이 든 악을 매일 봅니다."

미라바이(Mirabai, 16세기 힌두교의 신비주의 시인-역주)의 메아리, 흑인들을 쫓는 블러드하운드(bloodhounds, 흑인 노예를 쫓는 데 사용된 대표적 사역견-역주)의 메아리가 들립니다. 그리고 저는 마음의 눈으로 노예 여자들과 남자들이 사악한 노예 주인의 전제적이고 악마적인 주권적 권력에 맞닥뜨릴 때 느꼈을 그들의 두려움과 고통을 볼 수 있습니다.

이 잊혀지지 않는 기억들은 내 존재 속에서 구체화되고 피부에 와닿습니다. 이 기억은 제게 반복적 모사입니다. 여기서 제가 의미하는 것은 기억이 계속해서 반복되거나 그 자체를 계속해서 나타낸다는 것입니다. 그때와 지금 사이에는 분명히 시간과 장소의 차이가 있지만 그것은 제 안에서 죽지 않는 과거입니다. 이것은 죽음의 승화입니다. 이 고통은 죽음의 독침을 견뎌 냅니다.

윌리엄 포크너(William Faulkner)가 말했듯이, "그것은 과거가 아닙니다." 왜냐하면, 그것은 매일 나를 괴롭히고 내 정신과 영혼을 뒤흔들기 때문입니다. 이것은 흑인의 의식과 몸에서 결코 벗어날 수 없는 일종의 고문입니다. 이것은 특히 흑인 설교자 그리고 일반적으로 의식 있는 설교자의 딜레마이자 위기입니다.

5. 본문 읽기

설교자로서 당신은 다른 일을 하기 전에 성경 본문을 선택하고 결정함으로써 설교 준비 과정을 시작합니다. 만약 당신이 읽을 수 있다면, 설교를 할 수 있으나, 본문이 있어야 합니다. 성경 본문이 없다는 것은 설교가 진행될 수 없음을 의미합니다. 당신은 아마 기록된 담론의 형태를 가지고 있을지 모르지만, 그것은 심지어 설교의 방향으로 향하지도 않습니다.

본문은 설교의 주제나 제목 앞에 옵니다. 설교의 제목은 본문으로부터 나오는 것이지, 그 반대가 아닙니다.

따라서 먼저 본문을 선택하십시오!

당신은 매일 조금씩 읽고 연구함으로써 본문을 선택할 수 있습니다. 설교를 할 뭔가를 찾기 위해서가 아니라, 당신의 영혼, 마음과 영을 먹이기 위해서 해야 합니다. 이런 접근 방식은 당신이 토요일에 허둥지둥하는 것을 피하게 합니다. 하나님은 주일 아침에 함께 설교를 만들려고 시도하는 것을 금지하실 것입니다. 설교는 당신의 몸과 영혼 안에 스며들 시간이 필요합니다. 그리고 설교는 독서의 필수적 부분이어야 하는 기도를 필요로 합니다.

설교의 초석을 위한 성경 본문을 정한 후, 선택된 본문을 NRSV(New Revised Standard Version), NIV(New International Version), Good News Bible, King James 또는 New King James Version(KJV/NKJV) 그리고 조금 더 개인적 주해인 Living Bible 또는 Message Bible 등 최소 다섯 개 이상의 영어 번역본을 읽는 것을 추천합니다.

본문의 이런 서로 다른 번역본들을 통해 독자는 비교를 수행하고 번역된 본문의 사소한 또는 주요한 차이점을 감지할 수 있어야 합니다. 모든 번역본은 번역가들의 경험을 통해 축을 만들기 때문에 적어도 부분적으로 주관적이라는 점을 명심하십시오. 인간은 편견, 감정, 선호, 독특한 개성 및 선입견을 가진 주관적 존재이기 때문에 순수한 객관적 번역은 없습니다. 이런 모든 인간의 심리적 특성은 그리스어 또는 히브리어 본문의 원본 번역뿐만 아니라 현대 번역인 영어 성경에도 적용되는 경향이 있습니다.

다섯 개 또는 여섯 개의 버전으로 (또는 합리적인 것으로 간주되는 많은 버전) 본문을 읽은 후, 설교자는 본문의 **의미**를 잘 이해하려고 노력해야 합니다. 제가 이것을, 본문의 순박한 이해, 즉 "순박한 의미"[10]이며, 본문의 일차적 의미라고 부르는 것입니다. 여기서 우리는 순전하거나 순수한 "본문의 즐거움"을 경험합니다.[11]

이것은 본문에 대한 정신적, 육체적 느낌으로서 그 자체를 미학적으로 나타내는 본문의 완전한 이해의 서곡입니다. 이것은 본문과의 영적, 감정적 연결, 즉 본문의 의미를 좇는 것입니다. 이 과정은 강력한 본문적 설교의 발전으로 이어질 일종의 본문적 황홀감(ecstasy)의 한 유형으로 해석될 수 있습니다.

그러나 제가 말했듯이, 설교자는 본문을 읽고 다시 읽는 과정에서 자신을 잃어버리고 본문이 인간의 마음과 몸의 모든 섬유 조직 안으로 폭발할 수 있도록 허용해야 합니다. 이 폭발은 일종의 영적 즐거움의 한 유형으로 묘사될 수 있는 것을 제공하는데, 즉 본문의 팔을 붙잡고 더듬는 가운데 자신을 잃어버리는 것, 롤랑 바르트(Roland Barthes)에 따르면, 그것은 "본문론"입니다.[12]

10　참조. Paul Ricoeur, *The Symbolism of Evil* (Boston: Beacon, 1967) and *Interpretation Theory* (Fort Worth: Texas Christian University Press, 1976), 19–22.
11　참조. Roland Barthes, *The Pleasure of the Text* (New York: Farrar, Straus and Giroux, 1975).
12　참조. Roland Barthes, "Theory of the Text," in *Untying the Text*, ed. Robert Young (New York: Routledge, 1990), 33.

이 본문을 더듬는 힘은 구약의 예언자 이사야가 말하는 방식과 할렘 르네상스의 천재 시인이자 작가인 리처드 라이트(Richard Wright)가 그의 획기적인 자서전 『흑인 소년』(*Black Boy*)에서 말하는 방식과 유사합니다.

그러나 더 중요한 것은, **더듬다**(grope)라는 단어의 정신은, 내가 그것을 사용하는 것처럼, 욥기서의 저자에 의해 포착되었다는 것입니다. 욥은 말합니다.

> 빛없이 캄캄한 데를 더듬게 하시며 취한 사람 같이 비틀거리게 하시느니라(욥 12:25).

> 그들은 낮에도 어두움을 만나고 대낮에도 더듬기를 밤과 같이 하느니라(욥 5:14).

따라서 성경 본문을 더듬는 팔은 설교자를 붙잡고 사로잡아야 하며, 휜 참나무와 삼나무의 우뚝 솟은 힘이나 우뚝 솟은 캘리포니아 레드 우드의 매끄럽고 매혹적인 아름다움과 같이 설교를 새로운 차원으로 끌어 올려야 합니다.

이런 더듬기는 본문 앞에 서는 다면적 과정의 첫 번째 단계입니다. 본문을 혼자 조용히 읽고, 그다음에는 일종의 말하기 혹은 화행으로 소리를 내어 읽어야 합니다. 본문의 구술화는 성경 본문을 이해하기 위한 전주곡의 또 다른 요소이며, 이것은 설교의 설명의 전제 조건입니다. 이해는 설명 앞과 뒤 둘 다에 있습니다.[13]

다른 말로 하면, 설교자는 강단이나 공공 영역에서 말이나 글로 설명할 수 없는 것을 이해하기 위해 읽습니다. 이것은 설교자가 자신이 이해하지 못하는 것을 설명할 수 없다는 것을 의미합니다. 자신을 이해하는 것과는 반대로, 자신을 해석할 때, 당신은 항상 자기 인식의 부족을 보여 주는 방

---

13 참조. Ricoeur, *Interpretation Theory*, 71-89.

식으로 자아를 발전시키고 있습니다. 자기 자신을 이해하는 것은 자아를 알기 위한 여정입니다. 이것은 자기 이해를 위한 투쟁이 종종 우리의 설명을 벗어난다는 것을 의미합니다. 설명은 뒤를 보고 이해는 앞을 봅니다. 이것은 예언적이며 변혁적입니다.

요나는 완벽한 예입니다. 오해는 이해 보다 훨씬 규범적인 경향이 있기 때문에 본문 이해는 풀기 어려운 빡빡한 너트(nut)입니다. 오해는 이해의 첫 번째 단계라고 말할 수 있습니다. 성경 본문을 이해하기 위해서는 기도, 읽기 그리고 연구 노력이 요구됩니다. 특히, 해석학은 본문의 해석과 본문의 저자와 독자 사이의 거리를 극복하는 일을 다루기 때문에 "본문은 해석의 바로 그 대상이 됩니다."[14]

그리고 설교자도 본문, 즉 복잡한 본문이며 회중도 마찬가지입니다. 설교자가 선택한 성경 본문과 설교에서 설교자가 성경 본문에 대해 말해야 하는 것 사이의 거리를 좁히는 것이 해석학적 도전 혹은 설교에서의 해석의 의미입니다. 이것은 설교자는 선택된 본문을, 이전에 원고를 준비한 그대로 사용하는 것이 아니라, 신중하게 다루어야 한다는 것을 의미합니다. 이것은 그 자체가 해석되고 이해되어야 할 새로운 본문이 될 새롭게 창조된 설교적 메시지에서 의미를 해독하고 새로운 의미를 형성하기 위한 진정한 헌신임에 틀림없습니다.

불행하게도 설교자의 입장에서는 선택된 본문을 중심으로 춤을 추고, 건너뛰고, 뛰어다니며, 자발적으로 선택한 본문을 제외한 태양 아래 있는 모든 것을 다루려고 눈에 보이고 분명한 노력을 합니다. 이는 해마다 제가 한 설교를 들을 때 저를 혼란스럽게 합니다.

본문 선택에 문제가 없습니다. 설교자는 확신을 가지고 편안하고 쉽게 본문을 선택할 수 있습니다. 나에게 충격으로 다가오는 것은 설교자가 본

---

14 Barthes, "Theory of the Text," 33.

문을 선택함으로써 그 본문에 헌신하는 척하지만 설교를 시작한 지 5분도 안 되어 본문을 포기하는 설교자의 빠르고 뻔뻔한 의지입니다. 이것은 본문 유기(Textual abandonment)입니다.

이 말은 본문을 밀어내고 그 자리에 본문의 본질에서 벗어난 "음 …"과 같은 진부한 말을 대신하는 강한 경향성을 의미합니다. 심지어 선택한 본문에서 전환해 죽어 가는 설교를 살려 내고자 노래를 부르거나 증명되고 거의 예측가능한 그리고 스스로 응답하는 약탈적 권유를 함으로 너무나도 익숙하게 본문을 포기하는 것입니다.

이는 자아를 만족시키기 위해 고안된 약탈적 설교입니다. 설교에 대한 반응은 자연스러워야 하며, 가능한 반응을 요구하지 말아야 합니다. 그러나 만약 반응을 요청할 필요가 있다면, 의미 있고, 본문에 맞고, 변혁적인 것을 말하기 위해서 요청해야 합니다. 설교와 독서는 하나입니다. 독서가 없다면, 설교도 없습니다.

성경 본문 자체는 설교자가 본문의 발전과는 다른 어떤 것을 더듬음으로 본문의 존재를 무시하는 경향을 조정할 것입니다. 본문의 존재를 무시하기가 쉽습니다. 오늘날 성경 본문을 버리는 것은 일상적인 일이 되었습니다.

설교자가 선택된 본문을 발전시키거나 선택된 페리코프(pericope, 본문)와 씨름하지 않고, 선택된 본문을 설명하기 위해 "이 본문 혹은 저 본문을 펴십시오"라고 말한다면, 그는 그때마다 그 자체가 해석되기를 바라는 또 다른 본문을 위해 선택된 본문을 포기하는 것입니다. 이렇게 두서없이 말하는 것은 특정 설교를 위해 선택된 본문을 이해하는 데 거의 또는 전혀 기여하지 않습니다.

제가 여기서 말하는 바는, 선택된 본문의 해석을 고수하는 것은 신중하고 어려운 작업이라는 것입니다. 해석은 집중해서 찬찬히 살펴봐야 하는 것이며, 운율이나 반복이나 우화와 같은 과장되고 수사적인 기교를 통해서는 본문을 이해하고 설명하며 설교학적 변혁을 이루는 데 도움이 되지 않기 때문입니다.

본문은 청중을 속이려는 수사학의 경향과 악마의 술책을 포함한 설교 사역의 다른 모든 속임수에 대한 무기이자 울타리입니다.[15] 그런 속임수는 설교자가 회중에게 그들이 얻지 못하는 것을 얻고 있다고 믿도록 하는 데 아무런 소용이 없습니다. 저는 사람들이 설교자의 속임수를 인식하고 식별하는 데 능숙하다고 생각합니다.

더 중요한 것은, 설교의 발전은 모든 설교자가 성취하기 위해 노력해야 하는 일종의 진지함과 탁월함에 대한 헌신을 요구한다는 것입니다. 강력하고, 의미 있으며, 변혁적인 설교를 전달하는 오랜 투쟁과 힘든 일을 헤쳐 나가기 위한 지름길이나 쉬운 방법은 없습니다. 지름길을 가다 보면 변화도 그만큼만 일어납니다.

본문 유기는 어니스트 게인스(Ernest Gaines) 소설, 『죽음 앞의 교훈』(*A Lesson Before Dying*)에서 앰브로스 목사가 자신을 거짓말쟁이라고 말하는 것처럼 설교자를 거짓말로 만듭니다. 앰브로스 목사는 말합니다.

"나는 거짓말을 한다. 나는 거짓말을 한다. 그리고 나는 거짓말을 한다."

그의 거짓말과 우리의 거짓말은 같지 않지만, 밀접한 관련이 있습니다.

본문을 천천히, 신중하게 그리고 주의 깊게 읽어야 합니다. 모든 단어에는 의미가 있습니다. 그것은 강력하고, 변혁적이며, 심지어 예언적인 설교를 발전시키는 데 기여합니다. 설교자는 본문 그 자체와 몸과 마음으로 완전한 만남을 경험하면서, 자신을 본문에 던져 넣고, 마침내 본문의 즐거움, 즉 성경 본문의 파괴적이고 재생적인 본성의 경험 속에서 자신을 잃게 됩니다.

---

15 참조. Barthes, "Theory of the Text."

예를 들어, 흑인 설교는 일부 학자나 설교자가 생각하는 것처럼 단순히 감정적인 연극이 아닙니다. 이것은 분명히 감정적이지만 감정 그 이상입니다. 이것은 지식이고 사랑입니다. 설교는 송영적, 신학적 내용과 깊이가 없는 특정한 문체나 설교적 기법으로만 특징지어져서는 안 됩니다.

설교는 그 방법이 설명적, 변증법적, 상관관계, 서사적 또는 적용이라고 주장하더라도 특정한 방법으로 축소될 수 없습니다. 방법이 매우 중요하지만 설교는 이런 특정한 방법에 국한되지 않습니다. 방법만으로는 설교를 만들 수 없습니다.

흑인 설교는 영적 노력일 뿐만 아니라, 리듬과 가락, 성조의 미학, 아름다운 말의 열정에 근간을 둔 영으로 충만한 행동이지만, 무엇보다도 그것의 모든 유동성과 차원성에 있어서 뇌의 기능입니다.

철학자 캐서린 말리부의(Catherine Malabou) 언어를 사용해 보면, 설교는 뇌의 "가소성"(plasticity)이 작용한 결과입니다.[16] 이것은 냇 터너(Nat Turner), 존 재스퍼(John Jasper), 흑인 해리 후시어(Black Harry Hoosier) 그리고 패니 루 해머(Fannie Lou Hamer)와 같은 설교자들의 정신으로 설교하는 것은 적응력 있고 창의적이어야 한다는 것을 의미합니다.

본문이 당신의 모공을 채우고 당신 존재의 모든 조직에 스며들 때까지 본문을 '계속해서', 가능하다면, '지겹도록' 읽고 입으로 소리 내 말해야 합니다. 존 재스퍼(John Jasper)의 설교 〈태양은 움직인다〉(De Sun Do Move)와 〈지구는 네모다〉(De Earth Am Square)는 명백히 비논리적이고 과학적으로 오류가 있지만 그럼에도 흑인 설교자의 창의적이고 시적인 힘의 상징입니다. 〈태양은 움직인다〉라는 시적 제목만으로도 매우 매혹적이고 매력적입니다.

---

16 참조. Catherine Malabou, *What Should We Do with Our Brain* (New York: Fordham University Press, 2008); *Plasticity at the Dusk of Writing: Dialectic, Destruction, Deconstruction*, trans. Carolyn Shread (New York: Columbia University Press, 2009).

성경 본문을 읽고 다시 읽어야 할 뿐만 아니라, 본문을 듣고 또 듣고 다시 들어야 합니다. 또한, 본문의 읽지 않기도 필요합니다. 제5장에서 자세히 논의할 것입니다.

본문을 소리 내어 읽는 것은 본문의 목소리를 의도적으로 듣게 하므로, 그 음성이 주석가, 대중 설교가 그리고 다른 공공 광장 신학자와 설교자들의 소리에 의해 사라지거나 진압되지 않게 합니다. 이는 설교자가 항상 자신의 언어와 목소리로 자신의 설교를 개발하고 작성하고 전달해야 하며, TV에서 설교하는 유명 설교자들을 모방해서는 안 됨을 의미합니다.

당신의 관점보다 더 나은 설교를 당신이 모방할 수 있는 기회가 많기 때문에 당신만의 진정한 목소리를 찾는 것은 어렵습니다. 실제로 그 설교들이 더 나은 것처럼 들릴지 몰라도, 그것은 당신의 것이 아니기 때문에 불확실한 소리로 들립니다.

다른 사람이 쓰고 설교한 설교를 마치 자신의 것인 양 베끼거나 빌리거나 훔치거나 전달하는 것보다 성경 본문과 당신 자신이 씨름하는 것이 더 낫습니다. 그런 습관은 사실 비윤리적입니다. 그 설교자는 치유가 필요합니다. 인터넷, 스냅챗, 유튜브 시대인 요즘에도 이것은 여전히 표절입니다.

그것은 도둑질이며 설교로 부름받은 당신의 소명을 어기는 것입니다. 그것은 진짜가 아니며, 궁극적으로 그것은 경건하지도 거룩하지도 않습니다. 거듭 말씀드리면, 그것은 말씀을 전하는 당신의 소명과 헌신에 대한 중대한 위반입니다. 그것은 당신이 무엇이 되고 싶은지 그리고 어떻게 하면 당신이 하나님의 선함과 은혜를 나타내려는지와는 정반대의 모습입니다.

독일 신학자이자 목회자인 디트리히 본회퍼(Dietrich Bonhoeffer)가 말했듯이, 그것은 참으로 값비싼 하나님의 은혜에 대한 값싼 이해입니다.[17] 성경에서 명령합니다.

> 너는 진리의 말씀을 옳게 분별하며 부끄러울 것이 없는 일꾼으로 인정된 자로 자신을 하나님 앞에 드리기를 힘쓰라(딤후 2:15).

당신의 강점이나 한계가 무엇이든, 당신이 자신의 설교를 작성하고 씨름하는 것이 당신과 공동체 그리고 당신의 교회를 위해 더 좋습니다. 노예들이 그들 자신의 설교자들이 서투른 영어와 비체계적 신학으로 전하는 메시지를 듣는 것을 선호했던 것처럼, 흑인 교회는 여전히 그들 자신의 언어로 전달되는 메시지를 듣는 것을 더 선호합니다. 그들은 당신이 다른 누군가의 것을 가져오거나 그것들을 당신과 당신의 회중적 맥락 그리고 좀 더 큰 공동체에 이용하는 것을 좋아하지 않습니다.

설교는 당신 자신의 설교여야 하고, 당신 자신의 해석의 결과는 본문과의, 자신 자신과의, 공동체와의 그리고 교회와의 씨름이어야 하며, 당신의 금식과 기도, 연구 그리고 독서의 결과여야 합니다. 그리고 뉘앙스, 생각의 불일치, 본문의 공백, 본문의 상호 본문성과의 투쟁이어야 합니다.

그렇게 해야만 당신의 설교가 어떻게 선택된 본문이 당신 자신과 회중을 본문으로 포함한 다른 본문들에 의해 영향을 받았는지를 보여 줄 수 있습니다. 이 문제에 대한 저의 애정 어린 조언을 듣지 않는다면, 설교 준비를 위해 당신은 인터넷에 얽매이게 될 것입니다.

본문 설교자로서 당신은 해석학이나 해석의 예술과 과학에 필연적으로 그리고 불가피하게 관련되어 있습니다. 당신이 설교를 작성하고 설교를

---

17 참조. Dietrich Bonhoeffer, *The Cost of Discipleship* (New York: Macmilllian, 1959).

하기 위해 일어설 때마다 당신은 처음부터 마지막까지 본문을 해석하고 있습니다. 모든 해석이 동일하지 않다는 것은 모든 설교가 동일하지 않다는 것을 의미하기 때문에 당신은 설교마다 최선을 다해 노력해야 합니다.

몇몇은 공개적 담론을 위한 준비가 되어 있지 않기도 합니다. 몇몇은 결코 빛을 보지 말아야 합니다. 그리고 일부는 목표에 가깝지도 않습니다. 생김새, 소리, 느낌, 냄새 그리고 그 자신을 이질적인 것으로 제시하는 이 본문은 실행 가능하고, 강력하며, 변혁적 설교로 발전되기 전에 자신의 것으로 만들어야 합니다.

리쾨르는 이렇게 말합니다.

> '낯설었던' 것을 자기 자신의 것으로 만드는 것은 여전히 모든 해석학의 궁극적 목적입니다. 해석은 그 마지막 단계에 이르러, 비슷하게 만든다는 의미에서, 동등하게 하고 동시성을 산출하며 동화시키는 것을 필요로 합니다. 이 목적은 해석이 현재의 독자를 위해 본문의 의미를 실제화할 때 성취됩니다.[18]

설교를 자신의 것으로 만드십시오!

그것이 당신 자신이 되게 만들 것이라고 저는 강조합니다. 표절과 다른 사람의 설교를 훔치는 것은 금지되어 있다는 것을 의미합니다. 표절된 (훔쳐진) 설교는 당신 자신의 것이 아닙니다. 설교를 당신 자신의 것으로 만드는 것은 어렵고 정직한 노력이며, 당신 자신의 고된 일의 결과입니다. 당신이 설교를 당신의 것으로 만든다면, 그 설교가 당신을 주장하고 그날 이후로 당신을 설교자로 특징지어 줄 것임을 보장합니다.

---

18 Ricoeur, *Interpretation Theory*, 91.

능숙하게 전달된 잘 다듬어진 설교는 당신을 설교자로 만드는 데 도움이 됩니다. 그것은 당신의 면허증이 아니며 안수도 아닙니다. 그것은 취득된 학위 또는 평생 교육 인증서도 아닙니다. 그것은 당신의 유산이나 설교자의 가족으로서 당신의 존재가 아닙니다.

그것은 설교 그 자체입니다. 그 설교는 가난하고 보잘것없는 설교자를 예언자인 예레미야, 이사야 그리고 아모스와 같은 예언자적 설교자로 변화시키는 힘을 가지고 있습니다.

이는 마치 우리의 학자들이자 예언자인 새뮤얼 드윗 프록터(Samuel DeWitt Proctor), 마일즈 제롬 존스(Miles Jerome Jones), 가드너 C. 테일러(Gardner C. Taylor), 엘라 미첼(Ella Mitchell), 해리 S. 라이트(Harry S. Wright), 패트리샤 굴드-챔프(Patricia Gould-Champ)와 같습니다.

그리고 샬롯 맥스와인-해리스(Charlotte McSwine-Harris), 리사 로렌스 윌슨(Lisa Lawrence Wilson) 그리고 드웨인 화이트헤드(Dwayne Whitehead)와 같은 젊은 새로운 목소리들과 같습니다.

그뿐만 아니라, 아만다 하퍼(Amanda Harper), 조슈아 미첼(Joshua Mitchell), 토니 보(Tony Baugh) 그리고 에릭 길(Eric Gill)과 같은 밀레니엄 세대의 목소리와 같습니다.

설교자가 거듭 반복해서 힘을 가지게 되는 것은 바로 설교입니다. 저는 이것의 중요성을 충분하게 다 말할 수 없습니다. 잘 짜여진 설교는 사도 바울이 말한 것처럼 설교자를 완전히 새로운 존재, 즉 새로운 피조물로 변혁시키는 힘을 가지고 있습니다(참조. 고후 5:17).

6. 성결의 행위로서 읽고 연구하기: 본문 앞에 서기 위한 필수조건

거룩함에 대한 관념은 한 가지입니다. 거룩함의 실천은 또 다른 것입니다. 본문 앞에 서기 위한 전초전으로 거룩하고 진지한 영적 행위로서 읽고 연구하는 것을 이해하고 실천하기 위해서는 높은 수준의 영적, 심리적 훈련이 필요합니다. 즉, 설교자라고 주장하거나 설교자가 되고 싶다면 본문과 관련이 있거나 관련이 없는 것을 읽고 연구해야 함을 의미합니다.

교회나 당신의 가정에서 아무도 당신에게 이런 일을 하도록 만들지 않을 것입니다. 주교도 아니고 장로들도 아닙니다. 무기를 든 자들도 아니고 집사들도 아닙니다. 이사들도 아니고 성모들이나 다른 사람들도 아닙니다. 설교가 마치 성령의 진정한 의미인 것처럼, '신성하고 추측되어야' 한다고 믿는 일부 교인에 의해 읽고 연구하는 일을 단념해야 할 수도 있습니다.

교회 임원들과 교인들이 제가 더 이상 학교에 갈 필요가 없다고 생각하거나 너무 많은 연구가 비생산적이라고 제게 수없이 말합니다. 전반적으로, 이것은 뻔뻔스런 오류이며, 설교자는 매일 읽고 연구할 시간을 따로 마련함으로써 이를 극복해야 합니다.

여기에는 다음과 같은 문학과 소설을 읽고 연구하는 것을 포함합니다.

- 제임스 볼드윈(James Baldwin)의 『산에 올라 고하여라』(*Go Tell It On The Mountain*)
- 어니스트 게인스(Ernest Gaines)의 『죽기 전 교훈』(*A Lesson Before Dying*)
- 에드워드 존스(Edward P. Jones)의 『하갈 이모의 자녀들』(*All Aunt Hagar's Children*)
- 토니 모리슨(Toni Morrison)의 『사랑받는 가장 푸른 눈』(*Beloved and The Bluest Eye*)

- 넬라 라슨(Nella Larsen)의 『패싱』(*Passing*)
- 앨버트 카뮈(Albert Camus)의 『이방인』(*The Stranger and the Fall*)
- 마릴린 로빈슨(Marilynne Robinson)의 『길리아드』(*Gilead*)
- 마야 안젤루(Maya Angelou)의 『새장에 갇힌 새가 왜 노래하는지 나는 아네』(*I know Why the Caged Bird Sings*)

단편소설, 전기, 역사, 시, 문학, 신학, 출판된 설교와 논문들을 읽고, 하나님을 위해 성경을 읽으십시오. 이는 흑인 침례교, 아프리칸 감리교 성공회(시온) 그리고 오순절 교회에서 사순절 금식이나 첫 번째 주일 성찬식처럼 충실하게 지켜지는 교리학적 관습, 습관, 일상적 행위 그리고 의식이 되어야 합니다. 사람들은 영감이 연구하고 준비해야 할 필요성을 배제한다고 생각하지만 둘 다 필요합니다.

설교자가 더 많이 읽고 연구할수록 설교는 더욱 강력해지고 변혁적이며 본문 앞에 설 가능성이 커집니다. 리쾨르는 확실한 어투로 말합니다.

> 본문의 의미는 본문 뒤에 있는 것이 아니라, 그 앞에 있습니다. 그것은 숨겨진 무엇이 아니라, 드러난 무엇입니다. 이해되어야 할 것은 담화의 처음 상황이 아니라, 도대체 무엇이 본문의 비명시적 지시를 통해 하나의 가능한 세계를 가리키는가 하는 것입니다. 이해는 저자나 그의 상황과는 거의 관계가 없습니다. 이해는 본문의 지시에 의해 열리는 세계 명제들을 파악하고자 하는 것입니다. 본문을 이해한다는 것은 본문의 움직임을 따라가는 것입니다.[19]

놀랍습니다!

---

19 Ricoeur, *Interpretation Theory*, 87-88.

본문 앞에 서기는 바로 본문이 설교자가 되기를 원하고 심지어 간청하기까지 하는 것입니다. 그리고 더 중요한 것은, 본문은 설교자이자 청중인 당신보다 저자와 관련이 없다는 것입니다. 본문의 저자는 죽었으며 어떤 가능한 방법으로도 쓰여진 것을 설명할 수 없습니다. 이것은 설교자가 실제로 본문 그 자체와 본문을 이해하는 데 도움이 되는 본문의 의미만을 가지고 있다는 것을 의미합니다.

본문의 이런 의미는 역사 기록 보관소나 쌓여 있는 고대와 현대 주석에서 발견할 수 있는 것이 아닙니다.

이것은 아우구스티누스(Augustine), 암브로시우스(Ambrose), 테르툴리아누스(Tertullian)와 같은 위대한 교회 교부들, 칼 바르트(Karl Barth), 폴 틸리히(Paul Tillich), 제임스 콘(James Cone)과 같은 신학자들, 또는 엔리케 두셀(Enrique Dussel)과 같은 철학자들의 사상 사이에 숨겨져 있지 않습니다.

아닙니다!

이것은 고대 그리스인과 에피쿠로스인들의 언어와 문법에 깊이 묻혀 있지 않습니다.

아닙니다!

당신은 아무 소용이 없는 그 숨겨진 장소들을 계속해서 파고 또 팝니다. 의미는 이론적 그리고 성서적 마법사의 커튼 뒤에, 홍해나 사해의 밑바닥에, 이집트와 메소포타미아의 고대 유적지 속에 숨겨진 보물이 아닙니다. 의미는 연구와 상상력의 부족을 제외하고는 그 어떤 것 뒤에 숨겨져 있지 않습니다. 그것은 공개될 것입니다. 그리고 현대의 설교자인 당신과 저는 거기에 무엇이 있는지 그리고 본문 앞에 섬으로써 함축적으로 거기에 없는 것을 밝혀 내야 합니다.

그러면 본문의 의미는 연구와 설교자가 발화하는 시점에서 자신을 폭로하고 드러내는 미래, 즉 펼쳐질 미래의 새로움 속에서 자신을 드러냅니다.[20] 리쾨르처럼 "본문의 의미가 그것 앞에 있다"고 주장하는 데 있어서 가장 중요한 요소는 '공개'가 가능한 세계에 대한 지시체라는 것을 이해하는 것입니다.

본문은 새로운 세계를 드러내고 폭로합니다. 자유로운 세상, 폭력과 인종적 증오가 없는 세상, 굶주림과 질병으로 죽어 가는 아이들이 없는 세상, 폭탄과 총기가 더 이상 죽음과 파괴를 퍼뜨리지 않는 세상, 우리가 더 이상 전쟁을 연구하지 않고 우리의 칼이 평화로 바뀌는 세상을 말입니다.

본문은 가능한 세계에 대해 말합니다. "그러나 아직"인 세계입니다. 본문 앞에 서는 것은 "모든 것은 가능하다"라는 간단하면서도 변혁적인 격언을 믿는 것입니다. 이 가능한 세계는 하늘의 광선처럼, 태어나지 않은 희망처럼, 기쁨의 함성처럼 우리를 향해 내려오는 본문의 예언적, 예지적 성격의 정신과 상상력을 반영합니다. 본문은 지난 것과 이미 존재하는 것이 아닌 다른 것을 가리킵니다. 본문은 새로운 것의 가장자리를 가리키며, 이는 뒤에 숨겨진 것이 아니라, 그 앞에 있는 것입니다. 그것은 펼쳐져 있고, 전에 꿈꾸거나 본 적도 없는 것입니다.

그러나 이제, 이 본문 때문에, 저는 생명을 주는 물로 흐르는 강이 있다는 것을 이해할 수 있습니다. 이 본문의 공개성 때문에, 저는 하나님의 사람들에게 어딘가에 밝은 면이 있고 피로 채워진 분수가 있다는 것을 선포할 수 있습니다.

주님으로부터 오는 말씀이 있습니다. 길르앗에는 유향이 있습니다. 더 이상 인종차별이 없는 가능한 세상이 있습니다. 더 이상 불의도, 증오도, 잠 못 이루는 밤이 없는 가능한 세상이 있습니다. 더 이상 흑인 남성과 여성 청소년을 죽이는 일도, 더 이상 목적과 희망 없는 남녀도 없으며, 더 이상 술에 취해 혼미하지 않고, 전쟁과 전쟁의 소문이 없는 가능한 세상

---

20 참조. Martine Heidegger's notion of the "future bearing down on us."

이 있습니다.

그 세계, 그 가능성의 세계는 새로운 세계를 변혁하고 창조하는 힘을 가진 본문의 지시적 세계이기 때문에 본문은 이런 가능성들을 가리키고 있습니다. 여기에서 태어나지 않은 희망이 살아납니다. 여기에서 마른 뼈들이 다시 살아날 수 있습니다. 여기에서 설교자의 본문적 상상력 자유의 새로운 가능성을 창조합니다.

본문을 이해하고 본문을 설명하고, 본문을 설교하고 본문 앞에 선다는 것은, 미래를 지향하는 변혁을 설교한다는 의미입니다. 변혁된다는 것은 당신의 현재 상태와는 완전히 다른 어떤 것 그리고 다른 누군가가 되는 것입니다.

변혁은 프란츠 카프카(Franz Kafka)가 『변신』(Metamorphosis)에서 그레고르 삼사(Gregor Samsa)가 잠에 들었다가 깨어났을 때 완전히 다른 모습으로 변혁된 것을 묘사한 것과 정확히 일치합니다. 이전과는 다른 새로운 존재입니다. 이것이 '새로운 존재'가 되어 가는 행복 예제는 아니지만, 그것은 대격변적 변화의 총체적 예입니다.

한스 가다머(Hans Gadamer)는 그것을 "변혁"이라고 부릅니다.

사도 바울도 유사하게 말했습니다.

> 너희는 이 세대를 본받지 말고 오직 마음을 새롭게 함으로 변화를 받아 하나님의 선하시고 기뻐하시고 온전하신 뜻이 무엇인지 분별하도록 하라(롬 12:2).

그것은 당신이 지금 있는 곳에서 예수 그리스도를 만나는 경험과 비슷합니다. 당신은 흥청거리고 험담하고 호전적인 형제 혹은 자매에서, 마가복음과 누가복음에 등장하는 무덤 가운데 살다가 예수 그리스도의 변혁의 권능으로 옷을 입고 바른 마음으로 앉아 있게 된 사람처럼 변혁될 수 있습니다(참조. 막 5:1-20; 눅 8:26-39).

어떻게 본문 앞에 서는지를 증명하기 위해 특별히 성경 구절 한 절을 살펴보겠습니다. 누가복음에 등장하는 친숙한 이야기입니다.

> 하루는 제자들과 함께 배에 오르사 그들에게 이르시되 호수 저편으로 건너가자 하시매 이에 떠나, 행선할 때에 예수께서 잠이 드셨더니 마침 광풍이 호수로 내리치매 배에 물이 가득하게 되어 위태한지라 제자들이 나아와 깨워 이르되 주여 주여 우리가 죽겠나이다 한대 예수께서 잠을 깨사 바람과 물결을 꾸짖으시니 이에 그쳐 잔잔하여지더라. 제자들에게 이르시되 너희 믿음이 어디 있느냐 하시니 그들이 두려워하고 놀랍게 여겨 서로 말하되 그가 누구이기에 바람과 물을 명하매 순종하는가 하더라(눅 8:22-25).

이 구절을 읽고, 다시 읽고, 읽지 않음으로써, 저는 폭풍을 잠잠케 하시는 예수님에 대한 새로운 이해와 해석을 발전시켰습니다. 이 본문은 이 장면에서 일어나고 있는 것처럼 보이는 표면적인 문제에 대한 것이 아닙니다. 혼돈과 고요함은 관련이 있지만 필수적인 것은 아닙니다.

이 본문은 분명히 폭풍에 관한 것은 아닙니다. 폭풍은 이야기의 발단이 되지만, 이야기는 아닙니다. 그것은 부수적인 것입니다. 이 본문은 바다, 바람, 파도 그리고 궁창에 관한 것도 아닙니다. 이것들은 이차적인 것입니다. 이 본문은 믿음이나 두려움에 관한 것도 아닙니다. 배의 크기나 폭풍의 위력이나 격렬한 바다의 진정에 관한 것도 아닙니다. 그것은 삼차적입니다.

설교는 부수적, 이차적, 삼차적인 본문 문제들에 낭비할 시간이 없습니다. 그 모든 것은 분명히 본문 뒤에 있으며, 그것을 아는 것은 매우 좋지만, 이 본문이 우리에게 드러내고 있는 다른 것(즉, 무엇이 중요한지, 무엇이 본질적인 것인지, 무엇이 변혁적인 것인지)을 이해하기 위해 우리는 본문 앞에 서야 합니다.

부수적, 이차적, 삼차적인 본문 문제들은 정말로 중요할 수도 있는 다른 모든 것에 관한 것은 아니며 결정적인 것도 아닙니다. 그것은 혼란스러운 겁니다. 불필요한 내용과 중요하지 않는 것으로 당신의 설교를 어지럽히지 마십시오.

제 생각에 이 본문은 정체성 문제에 관한 것입니다. 그리스도로서의 예수님의 의미와 정체성에 대한 이해를 위한 것입니다. 그래서 설교는 바로 이 본문에 대한 비평적이며 결정적인 이해에 초점을 맞춰야 하는데, 이는 혼돈과 고요함을 넘어 새로운 차원의 의미로 우리를 이끌어 갑니다. 정체성에 대한 질문은 여전히 존재합니다.

"그럼 이 사람은 누구입니까?"

이것은 인식론적 순간이며, 아는 것과 사건 사이 그리고 말과 행동 사이의 변증법을 조화롭게 할 수 있는 새롭고 폭로적인 기회입니다. 본문 앞에 선다는 것은 설교자가 예수님이 이미 폭력적이고 제멋대로인 폭풍의 혼돈을 그치라고 명령하셨다는 것을 이해해야 함을 의미합니다.

그것은 완성되었고 끝났습니다!

예수님이 말씀하시니, 바람과 바다가 이미 잠잠케 되었습니다. 이 혼돈, 이 소음, 이런 요란한 소리는 평화와 고요함의 요청에 따라 침묵합니다. 예수님의 말씀은 바람과 파도의 거침없는 소리, 울부짖음, 거친 소리를 없애고 잠잠하게 하셨습니다. 예수님은 소리, 말씀, 로고스 그리고 하나님의 능력이십니다.

이 사건은, 다른 모든 사건과 마찬가지로, 꽃이 지고 풀이 시드는 것처럼 지나가겠지만, 이 사건이 어떻게 이해되고 설명되는지는 (그리고 이 사건이 무엇을 의미하는지) 복음 전파를 위한 설교의 초기적 형성의 기초이자 출발점이 됩니다. 서로에 대한 제자들의 질문은 그들과 예수님 사이의 깊은 단절과 거리감에서 비롯된 것이지만 반드시 답해져야 할 질문입니다.

우리는 본문 앞에 서야 하고 그것이 지금 우리에게 어떤 세계를 드러내고 있는지를 이해하도록 노력해야 합니다. 저는 이 가능한 세계를 볼 수 있습니다.

여러분은 그것을 볼 수 있습니까?

사랑하는 형제자매 여러분!

본문에 의해 공개되고, 계시되고, 가리킨 바 되는 것에 저 자신을 비추어 볼 때, 본문의 이런 폭로적 성격이 제 상상 속에서 번쩍입니다.

당신의 가족은 잘 지내고 자녀들 모두 건강하고 안전합니다. 당신은 병원에 있었고 이제 집으로 돌아왔습니다. 당신은 혼돈, 폭풍 그리고 소용돌이를 지나왔습니다. 당신은 수술을 받았고 지금은 회복 중에 있습니다. 당신은 다시 걸을 수 있습니다. 팔과 다리를 사용할 수 있으며 건강한 마음을 가지고 있습니다. 당신의 발음은 정확하게 들립니다. 의사는 당신이 건강하다고 진단합니다. 당신은 직업이 있고 당신 자신의 노력의 대가로 임금을 받습니다.

폭풍은 그쳤고 누가복음의 예수님의 제자들처럼 당신은 여전히 질문하고 있습니다.

"그가 누구이기에 바람과 물을 명하매 순종하는가?"

저는 연약하고 고군분투하고 흔들리는, 저의 마음 안에 남아 있는 이해와 오해와 관련 있는 몇 가지 질문에 대해 다소 모호함을 가지고 있다고 고백할 수밖에 없습니다.

저는 아마도 다음과 같은 이들을 이해하지 못할 수도 있습니다.

- 프리드리히 슐라이어마허(Friedrich Schleiermacher)의 『해석학:필기 원고』 (*Hermeneutics: The Handwritten Manuscripts*)
- 임마누엘 칸트(Immanuel Kant)의 이성 종교(rational religion)
- 프란츠 카프카(Franz Kafka)의 『변신』(*Metamorphosis*)

- 한스 가다머(Hans Gadamer)의 『진리와 방법』(*Truth and Method*)
- 마틴 하이데거(Martin Heidegger)의 『존재와 시간』(*Being and Time*)

추상적인 분석철학을 제가 이해해야 할 만큼 잘 이해하지 못할 수도 있고, 제가 이해하지 못하는 어떤 것들과 사람들이 아주 많을 수도 있습니다. 하지만 "그렇다면 이 사람은 누구인가"라는 질문과 흑인 설교자들의 언어와 정신 안에서 그리고 본문 앞으로 가려는 저의 노력에 대해서는 할 말이 있습니다.

누가 아침에 당신을 깨웠는지, 누가 당신의 식탁에 음식을 차려 놓았는지, 누가 당신의 삶에 기적을 일으켰는지(누가 당신의 입술에서 술맛을 빼앗았는지, 누가 당신의 음주 운전을 막고 당신 자신으로부터 당신을 구했는지), 누가 당신을 데리러 와서 당신의 인생을 바꿔 놓았는지를 모른다면, 당신을 본문 앞에 서게 해서, 앞으로 나아가게 하는 것이 지그문트 프로이트(Sigmund Freud)나 칼 융(Karl Jung), 필 박사(Dr. Phil)나 오즈 박사(Dr. Oz)가 아니라는 것을 제가 어떻게 당신에게 확신시킬 수 있겠습니까?

그것은 당신의 이드, 자아, 초자아도 아니었습니다. 그것은 당신의 손금쟁이나 점쟁이가 아니었습니다. 그것은 당신의 연약하고 약한 지혜가 아니었습니다. 그것은 당신의 가족도 아니었고 당신의 경제적 지위도 아니었습니다.

그렇다면 당신의 마음과 몸에 온전한 감각을 만들어 낸 이 사람은 누구입니까?
그렇다면 당신의 두려움을 진정시키고 당신의 삶에 평온과 평화를 가져다준 이 사람은 누구입니까?
제가 본문 앞에 서려고 할 수 있습니까?

폭풍에 집중하고 있는 의심 많은 제자들을 위해 제가 대답할 수 있겠습니까?

'애도 의자'에 앉아 본 사람, 세례를 받은 사람, '먼 길을 온' 사람, 말하기를 두려워 하는 사람, 아직도 하나님의 권능과 존재를 분명하게 인식하지 못하는 사람들을 대신해서 제가 대답할 수 있겠습니까?

그렇다면 이 사람은 누구입니까?

제가 본문 앞에서, 본문 앞에 서서, 본문의 의미가 뒤에 있지 않고, 그 앞에 있고, 저에게 말하고, 당신에게 말하고 있다는 것을 우리로 하여금 이해하도록 만들 수 있겠습니까?

그렇다면 이 사람은 누구입니까?

그의 이름은 '예수'입니다.

그는 누구이입니까?

그는 메시아입니다.

그는 누구입니까?

그는 만왕의 왕이시며 만 주의 주이십니다.

그러면 그는 누구입니까?

그는 이사야의 위로자이자 마가의 메시아적 비밀입니다.

그러면 그는 누구입니까?

그는 요한의 계시이며 바울의 은혜의 메시지입니다.

그러면 그는 누구입니까?[21]

---

21 James Henry Harris, *The Word Made Plain: The Power and Promise of Preaching* (Minneapolis: Fortress, 2004), 140-46.

7. 요나 II: "위대함에 의한 쫓김"

> 여호와께서 큰바람을 바다 위에 내리시매 바다 가운데에 큰 폭풍이 일어나 배가 거의 깨지게 된지라 요나를 들어 바다에 던지매 바다가 뛰노는 것이 곧 그친지라 여호와께서 이미 큰 물고기를 예비하사 요나를 삼키게 하셨으므로 요나가 밤낮 삼 일을 물고기 뱃속에 있으니라(요 1:4, 15, 17).

대부분의 사람은 위대해지길 원합니다. 우리는 스타가 되고 싶은 잠재된 욕망을 가지고 있습니다. 우리는 르브론 제이슨(LeBron James), 페이튼 매닝(Peyton Manning), 러셀 웨스트브룩(Russell Westbrook), 러셀 윌슨(Russell Wilson)과 같은 사람이 되기를 열망합니다.

오! 어떻게 마이클 조던(Michael Jordan)을 잊을 수 있겠습니까?

어떤 세대는 그들이 젊었을 때, 마이클 조던과 같이 되고 싶어서 밖에 나가 공중으로 뛰어올라 조던처럼 슛을 쏠 수 있다는 어떤 비논리적인 믿음으로, 그의 이미지가 새겨진 비싼 테니스 신발을 샀습니다. 소녀들도 세레나 윌리엄스(Serena Williams), 안젤라 바셋(Angela Bassett), 혹은 비욘세(Beyoncé)처럼 위대해지고 싶어합니다.

우리 모두는 "위대함"을 추구합니다. 그리고 우리는 그들도 동일하다고 생각합니다. 유명인으로서의 위대함과 우리 삶에서 하나님의 목적을 추구하는 위대함말입니다. 그것들은 함께 올 수도 있지만, 종종 서로 긴장 관계에 놓이게 되기도 합니다.

우리는 제이 콜(J. Cole)이나 제이 지(Jay Z), 아니면 리한나(Rhianna) 혹은 던젤 워싱턴(Denzel Washington), 할리 베리(Halle Berry), 모건 프리먼(Morgan Freeman), 비올라 데이비스(Viola Davis) 등과 같은 훌륭한 배우가 되고 싶어합니다. 뭔가 특별하게 받아들여지고 생각되고 싶은 욕구를 뜻하는 위대함이 우리를 이끄는 것 같습니다.

오해하지 마시길 바랍니다. 그것은 좋은 것입니다. 우리의 젊은 흑인 소년, 소녀들은 성취에 초점을 맞추고, 학교에서 뛰어나고, 과제를 하며, 공부하고, 연습하고, 기도하고, 가능한 모든 방법으로 자신을 준비해야 합니다. 우리에게는 충분한 부정과 악이 있습니다. 우리는 그것들의 길에서 벗어나 우리가 하려고 하는 모든 일에서 위대함을 얻을 수 있도록 노력해야 합니다.

그러나 탐욕과 세상에 물든 자본주의에 이끌려 강력한 물질을 좇고, 더 많이 그리고 더 큰 것들에 노예가 되어 심미적 위대함을 추구하는 것은 별개의 일입니다. 하나님과 재물을 겸하여 섬길 수 없을 뿐 아니라 재물 자체도 섬길 수 없습니다.

여러분 가운데 일부는 등록금을 벌기 위해 노력하고 있다는 것을 알고 있습니다. 어떤 사람들은 아주 어린 나이에 첨단 기술, 휴대폰, 아이패드 그리고 그와 유사한 것들에 중독되었다는 것을 알고 있습니다. 이런 장치들 가운데 일부는 기술적으로 편리하게 만들어져 잠재적으로 유용합니다. 하지만 우리가 기술이나 어떤 물질에 너무 의존하거나 중독되어 두뇌를 사용하는 덧셈, 곱셈, 뺄셈 및 나눗셈을 잊어버려서는 안 됩니다. 돈을 세는 것. 책을 읽는 것. 생각하는 것을 잊어서는 안 됩니다.

영화 〈루시〉(Lucy)는 폭력, 마약 그리고 부패로 가득 차 있지만, 이 영화는 우리가 우리의 두뇌로 무엇을 해야 할지 모른다는 사실에 관해 이야기합니다. 우리는 우리 자신의 능력을 너무 빨리 제한합니다. 우리는 우리 두뇌 용량의 10퍼센트 미만을 사용하고 있습니다. 〈루시〉와 프랑스 철학자 캐서린 말라부(Catherine Malabou)는 우리를 새로운 영역으로 나아가게 하려고 노력하고 있습니다.

마음을 펴고 당신의 상상력을 발휘해 보십시오. 꿈을 꾸세요. 새로운 생각을 해 보십시오. 시야를 넓혀서 새로운 세계를 정복하십시오.

우리가 보는 본문에서, 요나는 주님의 위대함에서 벗어나기 위해 최선을 다하고 있습니다. 이 젊은 예언자는 오늘날 교회 안에 있는 많은 사람처럼 주님의 현존에서 멀어지기 위해 노력하고 있습니다.

요나는 사실 다른 것을 추구하고 있습니다. 그는 익명성을 추구하고 있습니다. 그는 자신의 계획과 야망을 따르고 있습니다. 그는 주님께서 그에게 하라고 요구하신 것에 관심이 없습니다. 그는 고집이 세고, 어리석고, 화를 잘 내고, 성숙하지 못 한 태도를 보여 줍니다. 그는 자신이 하나님보다 더 많이 알고 있다고 생각하기 때문에 그는 순순히 순종하지 않고 하나님으로부터 도망쳤습니다.

하나님은 당신과 같은 대학을 나오지 않으셨고, 하나님은 경제, 과학, 심리학, 영문학 그리고 컴퓨터 공학을 공부하지 않으셨습니다. 우리는 "하나님은 내게 무엇을 해야 하고, 무엇을 말해야 하고, 누구에게 말해야 하는지를 강요할 수는 없어"라고 말합니다.

요나는 이렇게 생각합니다.

'저는 자유의 몸입니다. 운전면허증, 학위, 직장, 자동차 그리고 대출 서류들은 내가 성인이 되었다는 것을 말해 줍니다. 그래서 저는 욥바로, 뉴욕으로, 노퍽으로, 뉴올리언스로, 마이애미로, 제가 가고 싶은 곳으로 갈 것입니다. 저는 사람들이 저에게 화를 낼지도 모르는 니느웨로 가지 않을 것인데, 그렇게 되면 주님이 돌아서서 그들에게 '그들'의 죄를 용서하시기 때문입니다. 그리고 저는 어리석은 사람처럼 보이며 추위 속에 버려질 것입니다.'

사랑하는 형제 자매 여러분!

요나는 하나님의 위대하심에 쫓기고 있습니다. 하나님의 자비의 위대함과 하나님의 인자하심의 위대함이 요나를 열렬히 쫓고 있습니다. 너무 많은 혼돈이 이 모든 것을 둘러싸고 있기 때문에 언뜻 보기에는 그렇지 않은 것처럼 보일 수도 있습니다.

당신이 하나님의 위대하심에 쫓기다 보면, 힘든 일을 겪게 될 수 있고, 자신의 행동과 결정으로 인해 다른 사람들에게 어떤 무거운 짐을 지어 줄 수도 있습니다. 당신의 옳지 못한 결정은 하나님께서 사랑과 은혜로 당신을 쫓는 것을 막지 못합니다. 본문이 말합니다.

> 여호와께서 큰바람을 바다 위에 내리시매 바다 가운데에 큰 폭풍이 일어나 배가 거의 깨지게 된지라. 사공들이 두려워하여 각각 자기의 신을 부르고 또 배를 가볍게 하려고 그 가운데 물건들을 바다에 던지니라 그러나 요나는 배 밑층에 내려가서 누워 깊이 잠이 든지라(욘 1:4-5).

아무것도 도움이 되지 않는 것처럼 보이자, 그들은 요나가 문제라고 결정했습니다. 그래서 그들은 많은 말다툼과 기도 끝에, 요나를 들어 바다에 던졌습니다. 그러자 바다가 뛰노는 것이 곧 그치게 되었습니다(욘 1:15).

위대함에 쫓기게 되면 숨을 곳도, 도망갈 곳도, 피할 곳도 없습니다. 당신을 하나님으로부터 멀어지게 할 만큼 큰 배는 없습니다. 어떤 선원도, 어떤 화물도 당신을 하나님으로부터 보호해 줄 수 없습니다. 그러나 이것은 하나님의 사랑의 돌봄입니다. 이것이 바로 하나님의 은혜이자 자비입니다.

이 본문은 또한 위대함에 쫓기게 될 때 주님이 우리에게 공급해 주실 것임을 가르쳐 줍니다. 하나님은 요나가 불순종하는 동안 내내 그를 위해 공급해 주셨습니다. 그가 주님으로부터 도망치는 내내, 주님은 그가 구원받을 수 있게 해 주셨습니다. 하나님을 피할 수는 없습니다.

> 여호와는 위대하시니 크게 찬양할 것이라 그의 위대하심을 측량하지 못하리로다 (시 145:3).

우리가 위대함에 쫓기고, 이 위대함이 주님일 때, 주님은 제공해 주실 것입니다. 어떻게 그것이 가능할지 당신은 모를 수도 있습니다.

직장을 잃었습니다. 집세를 낼 수 없습니다. 대학에 돌아갈 수 있을지 모릅니다. 지난 학기와 그 전 학기의 학비를 빚지고 있습니다. 의사로부터 결과가 좋지 않은 진단서를 받았습니다. 사람들은 선원들이 요나를 대하듯이 당신을 대합니다. 가족들은 당신에게서 등을 돌렸을 수도 있습니다. 당신의 사촌, 자녀들, 배우자, 친구들이 당신을 바다나 심연에 던져버렸을지도 모릅니다.

저는 당신이 교회, 학교, 가족 그리고 소년과 소녀 모임에서 거부당한 요나와 같은 대접을 받았을 수도 있다고 말씀을 드리는 겁니다.

때때로 만약 당신이 문제라면, 혹독하게 다루어져야 하고 다루어야 합니다. 배에 있는 다른 사람들의 안전을 위해 배 밖으로 던져졌습니다. 교회를 위해서, 공동체를 위해서, 다른 사람들을 위해서 그리고 당신을 위해서. 요나가 성난 바다에 던져진 후, 이어지는 구절은 이렇게 말합니다.

> 여호와께서 이미 큰 물고기를 예비하사 요나를 삼키게 하셨으므로 요나가 밤낮 삼 일을 물고기 뱃속에 있으니라(욘 1:17).

이 얼마나 대단한 이야기이며 기적입니까!

제2장 다시 읽기

말씀의 작가이자 시인으로서의 설교자

1. 요나 III: "두 번째 기회들"

> 여호와의 말씀이 두 번째로 요나에게 임하니라 이르시되 일어나 저 큰 성읍 니느웨로 가서 내가 네게 명한 바를 그들에게 선포하라 하신지라 요나가 여호와의 말씀대로 일어나서 니느웨로 가니라(욘 3:1-10).

오늘날 우리 중 많은 사람이 시간, 돈, 기회를 허비했습니다. 하나님께서 우리에게 명하신 일을 하기 위해 너무나 많은 방면에서 머뭇거리고 실패했습니다. 그리고 우리에게는 다른 사람을 향한 동정심이 별로 없습니다. 우리는 다른 사람의 인간적 약점, 그들의 실패, 그들의 양심의 실책 그리고 육신의 유혹적 쾌락에 쉽게 굴복하는 것을 비판하고 비난하며, 손가락질하고, 판단하기를 좋아하는 것처럼 보입니다.

우리는 한 번도 잘못한 적이 없고, 거짓말을 한 적도 없고, 간음한 적도 없고, 속이거나, 기만하거나, 계략을 꾸민 적도 없으며, 집도 없고, 가난하거나 굶주린 적도 없다는 오만한 우월감의 정신을 가지고 있습니다. 우리는 마치 우리가 완벽하고 우리를 제외한 다른 모든 사람에게 구원이 필요한 것처럼 행동합니다.

요나는 우리가 완벽하지 않으며, 인생은 실패를 포함하고 있으며, 분별력 있는 사람이 되기 위해서는, 삶의 기복에 대해 대처하는 방법을 배워야 한다고 알려 줍니다.

요나는 하나님께 불순종했고 하나님의 부르심을 무시했습니다. 그는 잘못된 방향으로 발걸음을 옮겼고, 바다에 던져졌고, 큰 물고기에게 삼켜졌습니다. 그는 지옥에 갔다가 돌아왔습니다. 그는 깊고, 어둡고, 습한 스올의 지하 감옥에 있었지만, 하나님은 여전히 그곳에 계셨습니다.

하나님에게서 도망칠 수는 있어도 하나님에게서 벗어날 수는 없습니다. 회중석과 성가대석에 있는 청중은 용서에는 느리고 판단에는 빠를 수 있지만, 하나님은 기회를 주시는 하나님이십니다. 우리가 잘못된 방향으로 가고, 잘못된 길로 가고, 잘못된 배에 오르고, 다른 사람에게 혼란과 폭풍우를 불러 일으키더라도 하나님은 우리를 버리지 않으십니다.

그렇습니다. 요나는 불순종했고, 그는 완고한 사람이었습니다. 그는 그의 행동과 태도에 있어서 고집스럽고 추한 모습을 보여 줬습니다. 그렇습니다. 요나는 하나님을 거역하고 주님의 말씀을 무시하기로 결심했습니다. 그러나 성경에서 가장 감미롭고 은혜로운 말씀이 이 본문에서 발견됩니다. 이는 하나님의 본질적인 성격을 묘사하는 것인데, 하나님은 다시 기회를 주시는 분이라는 겁니다.

그러므로 저는 당신에게 간청합니다. 사람들을 무시하지 말고, 자애롭고, 화를 내거나 불친절하지 말고, 그들과 부드럽고 여유로운 관계를 맺으십시오. 다시 기회를 주십시오. 하나님은 다시 기회를 주시는 하나님이십니다. 본문에서 몇 가지 교훈을 얻기 위해 조금 더 자세히 본문을 살펴봅시다.

우리는 본문을 통해 주님의 메시지가 두 번째도 동일하다는 것을 알 수 있습니다. 다시 주어진 기회는 그 메시지가 변경되었음을 의미하지는 않습니다.

하나님은 이렇게 말씀하십니다.

> 여호와의 말씀이 두 번째로 요나에게 임하니라 이르시되 일어나 저 큰 성읍 니느웨로 가라 … (욘 3:1-2).

그의 사명이 변경되지 않았음을 이해하기 위해서 본문을 다시 읽어야 할 수도 있습니다. 사명과 임무는 여전히 동일합니다.
"니느웨로 가라."
목적지는 동일합니다. 우리가 처음 도망쳤던 그 장소는 여전히 하나님께서 우리들이 가기를 원하시는 곳입니다.
요나가 지중해를 떠돌고 대혼란을 일으켰다고 해서 하나님의 명령이 바뀐 것은 아닙니다. 그가 무단이탈했다고 해서 하나님이 그의 명령을 바꾸셨다는 뜻은 아니었고, 비록 그가 처음에는 "아니오"라고 말했지만, 하나님은 그에게 다시 기회를 주시고 같은 말씀을 반복하십니다.
"니느웨로 가라. 내가 네게 명하는 대로 하라. 감옥으로 가라. 학교와 길거리로 가라. 소망 없이 살아가는 자에게 가라. 그 위대한 도시인 니느웨로 가라. 간절함이 있는 곳으로 가라. 영향력이 있는 자들이 거주하는 곳으로 가라. 니느웨로 가라. 내가 너를 보내는 곳으로 가라."
두 번째 기회는 우리가 처음에 하지 않았던 것을 할 수 있는 기회를 제공합니다. 요나는 니느웨로 가야 할 뿐만 아니라, 하나님이 그에게 처음에 명하셨던 것을 그대로 행하라고 듣게 됩니다.
"전파하라! 내가 너에게 말한 그 메시지를 선포하라!"
하나님은 요나가 철학화하거나 합리화하는 것이 아니라, 선포하기를 원하셨습니다. 노래하거나 간증하는 것이 아니라, 선포하는 것입니다. 상담하거나 조언을 해 주는 것이 아니라, 선포하는 것입니다. 청중을 그들의 육신 안에서, 유해한 행동 안에서, 즐겁게 하며 탐닉케 하는 것이 아니라, 선포하는 것입니다. 소심과 두려움 가운데 오는 것이 아니라, 하나님의 말씀을 담대하게 선포하는 것입니다. 요나는 선포하도록 부르심을 받은 것입니다.

요나가 선포할 뿐만 아니라, 주님께서 그에게 무엇을 선포할지를 말해 주겠다고 말씀하십니다. 하나님이 당신을 보내실 때, 하나님은 당신을 반드시 신적 계시가 아니라, 진지한 준비, 탐구와 연구, 이성과 경험 그리고 다시 읽기를 통해 준비시키실 것입니다. 이 모든 것이 더 나은 설교를 위한 다시 읽기로 이어집니다.

요나는 이제 하나님의 구원의 메시지를 선포할 준비가 되었는지도 모릅니다. 요나는 이제 두 번째 얻은 기회로 용서의 메시지를 선포할 준비가 되어 있습니다. 큰 물고기 배 속에 들어간 후, 요나는 새로운 의식, 즉 하나님의 사랑과 은혜에 대한 새로운 이해를 갖게 됩니다.

요나는 이제 하나님의 전지전능하심, 즉, 하나님이 육지와 바다의 하나님이심을 이해합니다. 그는 이제 위대한 도시인 니느웨 사람들에게 하나님은 사랑이시고, 하나님은 기도를 들으시고, 하나님은 죽음의 굴레에서 건져내 주시고, 다시 기회를 주시는 분이심을 선포할 수 있습니다.

그리고 이번에는 당신이 말하고 싶은 것이 아니라, 주님께서 당신에게 선포하라고 말씀하신 것을 전할 수 있습니다. 회중이 듣고 싶어 하는 것이 아니라, 교회 안에 영향력 있는 사람들의 가려움을 긁어 주고 그들을 만족시키는 것이 아니라, 하나님이 당신에게 말씀하신 것을 선포할 수 있습니다.

당신이 겪은 것, 목격한 것, 경험한 것, 당신의 영혼 속에 있는 것을 선포하십시오. 다른 사람이 전달한 것을 선포하지 말고, 독일 철학자(임마누엘 칸트나 헤겔)나 개혁주의 신학(마틴 루터나 존 칼빈)에서 배운 것을 설교하지 마십시오. 하나님이 당신에게 말씀하신 것을 설교하십시오.

사랑하는 여러분!

저는 내 자신만의 메시지를 가지고 있지 않습니다. 저는 저 자신이 교회에 선포할 어떤 것도 가지고 있지 않습니다. 저는 너무 약하고, 이기적이며, 지나치게 이성적이며, 굉장히 두려워하며, 반항적이며, 무지하며, 요나와 같이 나 자신의 메시지를 가지기에는 너무 많이 실패했습니다. 저는 반드시 하나님이 저에게 선포하라고 하신 메시지를 전달해야 합니다.

두 번째 기회는 우리가 우리의 "아니오"를 "예"로 바꿀 수 있게 해 줍니다. 요나서 1장에서, 주님의 말씀이 요나에게 임하여 그를 니느웨로 불렀을 때, 요나는 "아니오"라고 대답하며 주님의 현존으로부터 도망쳤습니다. 그러나 이제 그는 그 모든 일을 겪은 후에, 다시 한번의 기회를 얻어 이렇게 말합니다.

"네, 주님. 주님이 명하신 곳으로 가겠습니다!

네, 주님, 제가 하고 싶었던 일을 했을 때 실패를 경험했기 때문에 이제는 주님이 제게 말씀하신 것을 제가 말하겠습니다. 제가 원했던 것을 했을 때 저는 거의 목숨을 잃을 뻔했습니다. 제가 하고자 했던 것을 했을 때 저는 다른 사람들을 거의 망칠 뻔했습니다. 제가 원했던 것을 했을 때, 저는 저의 길을 잃었습니다. 제가 하고 싶은 일을 했을 때, 저는 평화로운 해안에서 멀리 떨어진 죄 안에 깊이 빠져 있었습니다.

주님, 이제 제게는 두 번째 기회가 주어졌습니다. 저는 그 기회를 주님이 제게 말씀하신 것을 선포하는 데 사용하도록 하겠습니다."

하나님은 다시 기회를 주시는 분입니다. 사람들은 어리석은 실수를 저질렀지만, 하나님은 그들을 다시 사용하시며, 그들에게 두 번째 기회를 주십니다.

아브라함을 보십시오. 그는 기꺼이 자기 아내를 여동생으로 위장했습니다. 그리고 아브라함과 사라가 아들을 낳는 것을 포기했을 때, 하나님은 아브라함에게 다시 찾아 오셨습니다.

위대한 선지자인 다윗을 보십시오. 그의 상상할 수 없는 죄는 밧세바에서 시작하여 우리아로 끝이 났습니다. 그럼에도 하나님은 밧세바를 사용하셔서 메시아의 혈통을 이어 가십니다. 그리고 다윗은 어떻게 보면 히브리 성경의 '예수'입니다.

비겁한 인간적인 나약함 속에서 "나는 그를 알지 못한다"(참조. 눅 22:57)라고 말한 시몬 베드로를 잊지 맙시다.

예수님은 말씀하셨습니다.

> 베드로야 내가 네게 말하노니 오늘 닭 울기 전에 네가 세 번 나를 모른다고 부인하리라 하시니라(참조. 눅 22:34).

그럼에도 오순절 날, 하나님은 베드로를 다시 찾아가셨고 베드로는 주님이 그에게 명하신 것을 선포했습니다. 3천 명의 사람들이 회심했습니다(참조. 행 2:41).

바울은 스데반이 돌에 맞아 죽임을 당하는 동안 군중 속에 서서 교회를 향해 고함을 지르며 비난했습니다(참조. 행 7:54-60). 그럼에도 다메섹으로 가는 길에, 하나님은 그를 다시 만나 주셨습니다(참조. 행 9장).

만약 하나님이 그런 사람들, 요나와 아브라함과 같은 사람들, 야곱과 다윗과 같은 사람들, 베드로와 바울과 같은 사람들을 사용하신다면, 하나님이 우리를 사용하실 수 있다는 것을 저는 압니다. 하나님은 다시 기회를 주시는 분이십니다.[1]

---

1 James Henry Harris, *The Word Made Plain: The Power and Promise of Preaching* (Minneapolis: Fortress, 2004), 140-46.

2. 본문 앞에 서기

> 위로하라 내 백성을 위로하라(사 40:1).
>
> 보내심을 받지 아니하였으면 어찌 전파하리요 기록된 바 아름답도다 좋은 소식을 전하는 자들의 발이여 함과 같으니라(롬 10:15).

시인은 몇 가지 선택과 잘 다듬어진 단어로 많은 것을 말하지만, 사실 훌륭한 작가라면 누구나 그렇습니다. 그리고 잠재적으로 시인이자 작가인 설교자는 덜 장황한 화자이자 작가가 되는 방법을 배우는 것이 좋습니다.

설교자는 반드시 확신과 신중하게 선택한 단어, 구절 그리고 문장으로 말하고 글을 써야 합니다. 단어와 문장은 뮤즈-제우스의 딸들이나 해리엇 터브먼(Harriet Tubmand)과 소저너 트루스(Sojourner Truth)의 하나님으로부터, 다윗과 솔로몬의 하나님 그리고 마태, 마가 그리고 누가의 하나님으로부터 영감을 받아 만들어졌습니다.

시는 종교적 열정과 헌신의 상징을 **사회화**하기 위한 도구이자, 선과 악 그리고 부패의 상징을 드러내기 위한 도구이며, 불공정하고 불의한 사회의 변혁을 촉구하는 도구입니다.

다시 말하지만, 제임스 볼드윈(James Baldwin)과 랭스턴 휴즈(Langston Hughes)와 같은 작가들이야 말로 미국의 마음과 정신을 포화시키는 투쟁과 악에 대해 말한 수필가이자 시인이라고 생각합니다.

두 보이스(W.E.B. Du Bois)의 『흑인의 영혼』(The Souls of Black Folk)에서 각 장을 여는 대사가 얼마나 시적이고 영적입니까!

이렇게 사회적으로 의식적이고 활발하게 활동하는 시인과 작가들은 니키 조반니(Nikki Giovanni), 리타 도브(Rita Dove), 마야 안젤루(Maya Angelou)와 같은 사람들과 함께했습니다.

제 안에서 싹트고 있는 시인으로서 저는 밤의 어둠이 밝은 아침 별과 동이 트기 직전 달빛에 도전하는 태양의 이른 빛으로 바뀌는 것을 좋아합니다. "힘찬 봄의 도래가 기쁨으로 모든 자연을 관통하는 것처럼", 여름 더위는 아침처럼 상쾌한 가을 공기의 시원한 바람에 자리를 내줍니다.[2]

그것은 제가 사랑하는 것인데도, 셰익스피어의 여름날보다 더 사랑스럽고 아름답습니다. 매일 아침 일어날 때면 이런 생각이 듭니다.

'하늘이 나무 사이로 가볍게 스치는 공기처럼 달콤하고, 고요하며, 힘이 넘칠 수 있을까?'

'땅에 있는 나뭇잎들을 날려 버리거나 잎들 위에 있는 나무를 통해 지나가고 땅 위에 뿌려져 무기력한 힘으로 춤을 추는 태양빛이 이토록 아름다울 수 있을까?'

설교자로서, 저는 니키 조반니(Nikki Giovanni), 미시 엘리엇(Missy Elliot), 패트리샤 스미스(Patricia Smith), 랭스턴 휴즈(Langston Hughes), 마틴 루터 킹 주니어, 사무엘 드윗 프록터(Samuel DeWitt Proctor) 그리고 토니 모리슨(Toni Morrison) 폭넓고 다양한 시인, 작가 그리고 심지어 설교자로부터 영감을 받았습니다.

아미리 바라카(Amiri Baraka)와 마야 안젤루(Maya Angelou)는 저로 하여금 에밀리 디킨슨(Emily Dickinson)의 시인 〈한 생각이 오늘 마음에 떠올랐다〉(A Thought Went up my Mind Today)에서 영감을 받은 저 자신만의 시를 쓰게 했습니다.

제가 짧고 작은 이야기를 하나 해드리겠습니다.

네, 저처럼

너무 크지도 않고 작지도 않습니다.

---

2 Friedrich Nietzsche, *The Birth of Tragedy* (Garden City, NY: Doubleday, 1956), 36.

개인적인 이야기입니다.
에밀리 디킨슨의 정신으로,
한 생각이 오늘 마음에 떠올랐습니다.
나는 햇빛 속을 걷고 있었습니다.
눈 덮인 땅에 반사되는 빛나는 빛 —

내가 해야 할 일을 생각했습니다.
내가 기록할 종이들과 책들
내가 해야 할 강의들을 생각했습니다.
그리고 작성되고 선포되어야 할 설교들. 나는 생각했습니다 …
나는 오늘 하나의 생각을 생각했습니다.

시간이 참 빨리 흐릅니다.
나의 날들과 덧없는 생각들을 뛰어넘습니다.
그리고 시간이 지나기 전에도,
그리고 기도하고 금식한 후에, 오늘 내 마음에 떠오른 생각은 결코
지속되지 않습니다 —
그리고 그 이야기가 궁금하시다면, 내 이야기가 궁금하시다면 …
줄거리, 시작, 중간 그리고 끝.

오늘은 조금 더 할 말이 있습니다.
실화는 아닙니다.
완전한 이야기는 아닙니다.
단지 한 가지 생각입니다.
놀이를 하는 데 쓴 시간
그리고 내 마음에 머물지 않았습니다.

— 적어도 오늘만큼은 아닙니다.³

3. 굴욕과 찬미의 시

흑인의 굴욕은 랭스턴 휴즈(Langston Hughes)의 시 전반에 걸쳐 표현되지만, 그의 시 〈두드려 맞은 로날드 해이즈〉(Roland Hayes Beaten)가 이를 가장 잘 묘사합니다. 휴즈는 표현합니다.

니그로여, 다정하고 유순한 …
그들이 마음을 바꾸는 날을 조심하십시오!⁴

아프리카계 미국인을 위한 계시와 희망의 의미와 관련하여 문화와 성경과 역사 사이의 관계에 대해 조금 더 설명함으로써 본문 앞에 선다는 것이 의미하는 바를 더 잘 설명하거나 명확히 할 수 있습니다.

우리 역사와 문화에서, 노예 경매장과 중간항해(Middle Passage)의 공포로 특징지어지는 노예제도의 역사는 서아프리카 해안에서부터 미국의 농장으로까지의 여정입니다. 이 역사는 결코 잊혀서는 안 되지만, 또한 낭만적으로 들려져서도 안 됩니다. 이 기억은 우리의 집단 무의식에 퇴적물처럼 자리 잡고 있습니다.

---

3   Inspired by Emily Dickinson, "A Thought Went Up My Mind Today," in *The Complete Poems of Emily Dickinson* (Boston: Little, Brown, and Company, 1924).
4   이 시는 "Warning"이라는 제목으로 휴즈의 시 모음집에서 출판되었습니다. *The Panther & the Lash: Poems of Our Time*, 1st vintage classics ed. (New York: Random House, 1992), 100.

두 보이스는 그의 책 『흑인 민속의 혼』(The Souls of Black Folk)에서 흑인 종교는 세 가지 뚜렷한 요소를 가지고 있다고 설명합니다.

첫째, 설교자
둘째, 음악
셋째, 현대 흑인 교회의 경험에 관한 광란

그 각각은 그들의 기억에서 언어가 지워진 사람들의 깊은 슬픔과 고통을 표현합니다. 저 역시 언어가 하나뿐이고 그 언어는 제 본연의 것이 아니라는 것을 배웠습니다.[5] 흑인으로서, 노예의 후손으로서 우리는 우리 의식에서 본연의 언어가 폭력적으로 지워졌기 때문에 그 언어에 대한 기억이 없습니다. 이는 히브리인들이나 그리스인들에게는 결코 일어나지 않은 일입니다.

그래서 제 언어를 회복할 수 있을 때까지 저는 고집스럽게, 무의식적으로 그리고 의식적으로 압제자를 모방하는 다른 언어들을, 그것이 헬라어 혹은 라틴어, 독일어 혹은 불어이든지 간에 배우고 싶지 않습니다.

우리는 공동체적으로 개인적으로 굴욕과 테러를 당했습니다. 흑인 영성(Negro Spiritual)의 슬픈 언어로 말하면, 우리는 "책망과 조롱을 받았습니다." 우리는 헤겔의 인종주의적 유럽중심주의에서(종종 논리와 철학으로 가장하는) 현대 이론가, 정치인, 비판과 증오로 가득 채우는 말장난에 이르기까지 조롱당하고 거절당한 자유와 존재론적 지위에 관해 말해 왔습니다. 저는 흑인들이 참아 온 굴욕을 느끼고 볼 수 있습니다.

---

5   참조. Jacques Derrida, *Monolingualism of the Other* (Stanford: Stanford University Press, 1998). 그러나 저는 흑인들이 언어 때문이 아니라 인종과 미국 노예제도로 인해서 미움을 받는 타자라고 생각합니다. 노예제도는 여전히 미국에서 흑인에 대한 증오와 상관관계가 있습니다.

우리의 설교자, 시인, 작가들이 이를 매우 설득력 있게 표현했습니다.

- 클로드 맥케이(Claude McKay)의 『약속의 땅에 있는 남자아이』(Manchild in the Promised Land)
- 리처드 라이트(Richard Wright)의 『흑인 소년』(Black Boy)
- 제임스 볼드윈(James Baldwin)의 『단지 흑인이라서 다른 이유는 없다』 (The Fire Next time)
- 넬라 라슨(Nella Larsen)의 『패싱』(Passing)
- 조라 닐 허스턴(Zora Neale Hurston)의 『그들의 눈은 신을 보고 있었다』 (Jonah's Gourd Vine and Their Eyes Were Watching God)

〈헬프〉(The Help), 〈분노의 추적자〉(Django Unchained) 그리고 〈링컨〉(Lincoln)과 같은 영화에서, 굴욕은 다양한 측면에서 계속 제공됩니다. 스티븐 스필버그(Steven Spielberg)와 쿠엔틴 타란티노(Quentin Tarantino) 감독은 흑인이 아니고, 그저 흑인 이야기를 전하기 위해 선택되고 자금을 지원받은 사람들입니다. 이것 역시 흑인 스토리텔러, 영화 제작자 그리고 작가를 배제한 일종의 굴욕입니다. 우리는 굴욕받은 타자입니다.

시인으로서 설교자는 흑인의 삶, 흑인 종교 그리고 문화에 대한 고질적인 고통을 완화하는 데 도움이 되도록 부름을 받았습니다. 그것은 웃을 일이 아니기 때문에 코미디와 댄스적 요소들은 지양되고 반드시 진실과 사랑으로 이루어져야 합니다. 설교는 〈거기 너 있었는가〉(Were You There When They Crucified my Lord)와 같은 애가이고 블루스 그리고 영적 노래여야 합니다.

사도 바울은 공동체 안에 실천적 신학과 지혜가 필요하다고 말합니다. 그는 빌립보 교인들에게 예수 그리스도 안에서 보는 것에 기초하여 실천적 추론을 하라고 조언합니다.

너희 안에 이 마음을 품으라 곧 그리스도 예수의 마음이니(빌 2:5).

자기 스스로를 유명무실하게 만들 만큼 대담하셨던 예수님, 자신의 '하나님 됨'을 비워 인간이 될 만큼 대담하셨던 예수님, 종의 형체를 취하신 예수님 그리고 사람의 형상을 입어 자신을 낮추시고 십자가의 죽음까지 순종하신 예수님(빌 2:6-11).

이것이 우리 흑인 노예 선조들이 이해한 예수님입니다.

거의 300년 동안, 사람들은 남부 백인 농장주들의 인종차별과 자본주의의 탐욕과 폐해를 지원하기 위해 화물선에 실려 중앙아프리카에서 서아프리카로(콩고-앙골라, 나이지리아, 다호메이, 토고, 골드코스트, 시에라레온) 대서양을 가로질러 수송되었습니다.

흑인들은 농장주들이 그들의 종교, 언어, 문화를 박탈하려는 노력에도 불구하고 기독교와 다른 종교에서 기적적으로 영적, 도덕적 추론의 유사점을 발견할 수 있었습니다. 그들은 이것을 바울의 대부분 신학에서 발견하지 못했을 수도 있지만, 신약의 주인공인 예수님에게서는 발견했습니다.

흑인들은 혐오스럽고 억압적인 말을 듣거나 느끼게 되면 자신을 예수님과 동일시하는 경향이 있습니다. 대부분의 흑인은 폭행과 고통의 상징인 십자가나 나무에서 죽임을 당한 자로, 굴욕적 인간으로서 그리고 미움받은 타자로서의 예수님과 자신들을 동일시합니다.[6]

게이로 윌모어(Gayraud Wilmore)가 지금은 고전이 된 그의 저서, 『흑인 종교와 흑인 급진주의』(Black Religion and Black Radicalism)에서 증명하는 바와 같이 흑인 종교는 전통적 미국 기독교보다 그 이상이기도 하고 덜하기도 합니다.[7]

---

6 참조. James H. Cone, *The Cross and the Lynching Tree* (Maryknoll, NY: Orbis Books, 2011).

7 Gayraud Wilmore, *Black Religion and Black Radicalism*: *An Interpretation of the Religious*

흑인들은 굴욕과 고통, 어려움과 고통에 대해서 알고 있습니다. 마찬가지로, 성경에 따르면, 예수님은 비난과 굴욕을 당했습니다. 그러나 결론은 다음과 같습니다.

하나님이 그를 지극히 높여 모든 이름 위에 뛰어난 이름을 주사(빌 2:9).

여기에 희망과 변혁이 있습니다.

4. 흑인 교회 회중의 삶에 있어서의 시와 미학

제 인생은 이야기로 가득 채워져 있습니다. 거창하기도 하고 사소하기도 합니다. 강력하기도 하고 약하기도 합니다. 시적인 사람들의 이야기입니다. 한 가지를 말씀드리겠습니다.

마치 어제처럼 기억이 생생한데, 사우스 캐롤라이나의 한 교회에서의 일요일 아침이었습니다. 남성들, 여성들 그리고 아이들이 서로 가까이 앉을 정도로 사람들로 꽉 채워진 예배였습니다. 빨강, 파랑, 초록, 분홍, 흰색, 버건디, 노란색의 모자들이 곳곳에 널려 있었습니다.

사람들은 새로 부임한 목사님의 취임식과 기념식에 증인이 되어 주기 위해 멀리서 또는 가까운 곳에서 왔습니다. 회중석 제 바로 앞에 앉은 여인은 세라핌 천사의 날개만큼이나 넓은 붉은색과 흰색의 모자를 쓰고 있었고, 옆에 앉은 분도 비슷해 보였습니다. 그들의 모자는 모두 보잉 737기의 날개 길이를 초과하여 뒤에 있는 전체 회중석을 덮는 것처럼 보였습니다.

History of African Americans (Maryknoll, NY: Orbis Books, 1998).

통로 건너편에 앉아 있는 한 여성은 파란색과 금색 아프간 드레스를 입고 목에 진주를 두르고 그에 어울리는 귀걸이를 하고 있었습니다. 그러나 제 관심과 시선을 사로잡은 것은 그것만이 아니었습니다. 그녀가 착용하고 있던 손가락부터 팔꿈치까지 오는 긴 검은색 토시에 내 시선이 머물렀습니다. 오늘과 같은 시대에 주일예배에 긴 비단 토시를 끼고 있는 흑인 여성을 보고 놀랐습니다. 지난날의 끔찍한 기억이 되살아나는 것 같았습니다.

옛 전통과 관습이 교회 곳곳에서 보였습니다. 그날은 성찬식 주일이었고, 집사들은 모두 검은색, 파란색, 회색의 짙은 색 정장을 입고 있었습니다. 그들은 사무적이고 구식이었습니다. 마치 마크 트웨인의 『허클베리 핀의 모험』(Adventures of Huckleberry Finn)에 나오는 회색 머리 나밥(nabob)처럼 보였습니다.

그들은 풀을 먹인 흰색 셔츠 주머니에 행커치프를 꽂고 있었고, 빵과 포도주를 섬기는 종신직을 가진 '성찬식 교수'처럼 보였습니다. 린넨 드레스를 입은 여인들은 성찬기를 만질 수 없었습니다. 여성 집사는 없었고, 여성 부제들만 있었습니다. 가부장제는 여전히 많은 흑인 교회에서 군림하고 있습니다.

일주일 후, 부활절 월요일 직후에, 또 다른 설교자가 오순절교회의 거룩한 감독직에 임명되었습니다. 저는 그가 몇 달 전에, 규모가 적은 그의 교회가 공간이 넓은 우리 교회에서 축하 행사를 가질 수 있는지를 물었던 것을 영광으로 생각합니다. 그리고 더 중요한 것은, 그의 할머니와 아버지가 제이침례교회(Second Baptist Church)에서 침례 교인으로 자랐다는 것입니다. 그들이 우리 교회 건물을 사용하게 되어 기뻤는데, 그 이유는 우리 교회가 그들의 개인적 역사와 그리고 그들과 우리의 삶에서 하나님 계시의 한 부분을 차지하기 때문입니다.

그날 저녁, 저는 안내인 즉 문지기로 섬기면서 교회 문을 통해 들어오는 사람들을 환영해 주었습니다. 그들이 교회 건물 안으로 들어올 때 제가 문을 잡고 있었는데, 어떤 사람들은 저에게 말을 걸어 주기도 했고, 다른 사람들은 고맙다는 말을 하지 않고 그냥 지나쳐 갔습니다.

저는 매우 캐주얼한 복장을 착용하고 있습니다. 어떤 사람들은 마치 제가 그 행사의 신성한 예식에 대해 알지 못하는 것처럼 저를 쳐다보았습니다. 집에 가서 적절한 복장을 갖추고 싶었지만 시간이 없어서 그냥 그대로 그들을 섬겼습니다.

제가 문을 잡아 주고 흰색, 보라색, 빨간색, 검은색으로 격식을 차려 입은 사람들을 맞이했을 때, 저는 그 행사의 화려함을 느낄 수 있었습니다. 그들의 예복과 가운은 가나 장인들의 손길로 만들어진 것처럼 보였습니다. 설레임이 가득했습니다. 예배는 부드러운 파이프 오르간 음악과 설교자의 귀빈들이 하나님의 군대처럼 행진하는 전통적 방식으로 시작되었습니다. 그것은 마치 바티칸에 있는 성베드로대성당에서 열린 가톨릭 부활절 예배와 매우 비슷하게 느껴졌습니다.

이날 밤 참석한 모든 사람은 성공회 예복이나 아프리카에서 영감을 받은 성공회 복장을 착용했습니다. 그러나 일부는 메이시스(Macy's), 브룩스 브라더스(Brooks Brothers), 삭스 피프스 애비뉴(Saks Fifth Avenue) 또는 그들만의 맞춤형 옷을 입고 있었습니다.

주교 당선인의 아내가 쓰고 있던 큰 모자에서 반짝이는 시계와 팔찌에 이르기까지 모든 것이 매우 아름다웠습니다. 하이힐, 완벽한 머리 모양, 잘 정돈된 손톱은 그 행사의 중요성과 흑인들이 경제적, 사회적 지위를 초월하는 삶의 미학을 가진 자신만의 스타일을 가지고 있다는 사실을 말해 주었습니다. 교회에서는 거의 대부분의 사람이 경제적으로 부유해 보이고 사회적으로 지위가 있는 것처럼 보입니다. 겉으로 보기에는 다들 정규직으로 근무하는 직업이 있는 것처럼 보였습니다.

번영의 모습은 흑인 교회를 특징짓는 일면입니다. 그러나 그 누구도 어떤 단체나 조직도 그들이 일요일에 입는 옷차림에 대해서 촛불을 들 수는 없습니다.

마르타 누스바움(Martha Nussbaum)은 이렇게 말합니다.

> 스타일 자체가 그것 자체의 주장을 만들고 중요한 것에 대한 자신의 감각을 표현하고, 문학적 형식은 철학적 내용과 분리될 수 없으며, 그 자체로 내용의 일부, 즉 진리에 대한 탐구와 진술의 필수적 부분입니다.[8]

그것이 진리입니다.

봉헌식은 궁극적으로 양식으로 포장된 진리, 즉 복음의 진리, 말씀 선포의 부르심의 진리, 말씀의 진리 그리고 삶과 정의에 관한 더 높은 진리 탐구에 관한 것입니다. 그것은 또한 흑인의 신앙, 흑인의 사랑 그리고 자유를 향한 탐구의 의미에 관한 것이었습니다.

형식은 진리를 소화하는 데 용이하게 하고 설교학적 담론으로서 진리를 더 듣기 쉽게 만들어 줍니다. 이런 특징은 다른 무엇보다 흑인 설교에 적용됩니다. 설교학적 스타일은 흑인 교회 회중에게 가장 중요한 요소인 것처럼 보입니다. 저를 오해하지 마시길 바랍니다. 왜냐하면, 저는 미학의 요소로서의 스타일은 중요하고, 그것은 고립된 현상이 아니라고 생각합니다. 그것은 뭔가를 의미합니다.

그리고 우리 모두는 설교적 메시지를 전달함에 있어서 약간의 활력이 필요합니다. 활기는 선포된 말씀을 더 경험할 수 있도록 만들며, 그것이 없다면, 당신은 흑인 회중에게 지루한 강사가 됩니다. 이것은 회중이 흑

---

[8] Martha Nussbaum, *Love's Knowledge: Essays on Philosophy and Literature* (New York: Oxford University Press, 1990), 3.

인 설교자들에게 기대하는 것에만 적용됩니다. 설교의 본질, 형식, 방법은 모두 동등하지는 않고 태만한 사람은 형식에 대해 몰아붙이는 경우가 드물며, 내용과 방법은 강단에서 영구적으로 추방되거나 그렇지 않을 수도 있습니다.

다시 그 이야기로 돌아가면, 그날 밤, 그 봉헌식 행사에 대해 비판하고 싶지만, 예배의 영적 본질과 말씀들, 색깔, 음악 그리고 함성들은 모두 아름답고 감동적이었습니다. 젊은 흑인 남성을 주교직으로 승격시키고 지역 사회와 오순절 교회의 사람들을 섬기기 위해 모인 그들의 얼굴과 온몸에서 아름다움을 볼 수 있었습니다. 저는 여전히 아름다움을 인식하고 그것을 보고 들을 때 그것을 알 수 있어서 너무 기쁩니다.

제가 여기서 말하는 것은 검은 몸이 아름답다는 것인데, 모양이 좋고 마치 조각상 같습니다. 정신도 예리하고, 히스기야 워커(Hezekiah Walker), 셜리 시저(Shirley Caesar), 휘트니 휴스턴(Whitney Houston), 아레사 프랭클린(Aretha Franklin), 마빈 게이(Marvin Gaye), 제시 노먼(Jessye Norman) 등 흑인의 목소리는 더욱 아름답습니다.

그리고 저는 감히 윌리엄 존스(William A. Jones), 가드너 테일러(Gardner Taylor), 사무엘 드윗 프록터(Samuel DeWitt Proctor), 길버트 패터슨 주교(Bishop Gilbert E. Patterson), 마틴 루터 킹 주니어, 패니 루 해머(Fannie Lou Hamer)와 같은 설교자들의 목소리를 잊지 못합니다. 흑인은 아름답습니다.

내 인생에서 흑인 교회에서 드리는 부활절 예배나 많은 사람이 스타일링하고 웃고 있는 어느 주일 예배와 비교할 수 있는 것은 거의 없습니다. 웃음소리가 크고 떠들썩하며, 음악도 부드럽고 재즈풍의 열정이 가득 찬 곳입니다. 그러나 무엇보다 설교자의 목소리와 설교의 힘이 새로운 생명과 새로운 희망, 새로운 꿈 그리고 증오와 악의 억압적 환경 속에서도 모든 것이 잘될 것이라고 믿음으로 버티겠다는 새로운 다짐을 만들어 가는 곳입니다.
 설교자의 설득력 있고 감미로운 목소리로 전해지는 설교는 절망과 좌절의 잿더미로 쫓겨난 수천 명의 사람에게 희망을 전해 줍니다. 설교는 창조의 도구입니다.
 흑인 설교자는 형식과 내용이 함께 간다는 마르타 누스바움과 프리드리히 니체와 같은 철학자들의 주장을 역사적으로 구현해 왔습니다. 형식이나 양식은 단순히 장식적인 것이 아니라 실질적이고 결정적입니다. 형식과 내용 사이의 결합은 풀릴 수 없습니다.
 저는 여기서 설교자의 메시지가 들리기 위해서는 청중이나 독자의 참여를 촉진하는 방식으로 전달되어야 한다고 제안하고 있습니다. 닭고기만 끓인 국물처럼 싱거워서는 안 되고, 약간의 설탕과 양념, 누룩, 소금과 후추가 필요합니다. 약간의 시적 감각과 미학이 필요합니다. 설교자가 실제로 '우리 중 하나'(one of us)라고 청중이 느끼고 믿도록 하는 설교 스타일로 영혼을 만져 준다면 교회에 하나 됨의 정신을 고취할 것입니다.
 오늘날 일부 설교자들은 문체와 내용이 처음부터 끝까지 함께 가야 한다는 사실을 깨닫거나 이해하지 못한 채 내용을 희생하면서까지 문체에만 집중하고 있습니다. 문체와 내용의 융합은 제가 말하고 있는 큰 소리로 말하고 쓰는 시학과 미학인데, 흑인 교회는 종종 그것들을 놓치곤 합니다.
 설교는 형식과 내용의 융합이어야 합니다. 설교는 그 둘의 훌륭한 혼합이어야 하며, 그것은 다른 것으로부터 하나의 명확한 묘사를 가려내는 기능을 합니다. 그것은 일요일 아침에 중산층과 빈곤층, 학식이 있는 사람과 그렇지 못한 사람들의 뒤섞임이 단일성의 지점으로 흐려져 인식 가능한 모든 수준에서 계층화를 없애는 흑인의 삶에서 지배적인 비유를 혼성화한 표현입니다.
 교회의 스테인드글라스 창문을 통해 엿보는 외부인에게 흑인들의 신앙은 찬양과 말할 수 없는 기쁨의 외침으로 모인 정의와 평화가 흐르는 물

줄기처럼 보입니다. 그것은 자유의 일광이 그것의 숨겨진 얼굴을 드러내는 데 영원히 걸릴 것만 같았던 중간항해(Middle Passage)와 속박의 긴 밤 동안 처음 마주한 고통과 죽음의 가장자리에서 연마된 깊이 뿌리 박힌 영성입니다.

그래도 설교자는 시인이 되기 위해 열심히 노력해야 합니다. 이것은 많이 읽기, 다시 읽기, 읽지 않기, 쓰기 그리고 다시 쓰기를 필요로 합니다. 또한, 설교자가 하나님 말씀을 구현하고 성령 하나님의 상징이 되기를 원한다면 말씀 연구는 기도와 묵상과 결합되어야 합니다.

5. 신적 말씀: 시와 예언

> 너희의 하나님이 이르시되 너희는 위로하라 내 백성을 위로하라 … 말하는 자의 소리여 이르되 외치라 대답하되 내가 무엇이라 외치리이까 하니 이르되 모든 육체는 풀이요 그의 모든 아름다움은 들의 꽃과 같으니, 풀은 마르고 꽃이 시듦은 여호와의 기운이 그 위에 붊이라 이 백성은 실로 풀이로다. 풀은 마르고 꽃은 시드나 우리 하나님의 말씀은 영원히 서리라 하라(사 40:1, 6-8).

이사야서 40장의 이 장엄하고 경이로운 거의 마법에 가까운 시적 시작은 우리의 고통당하고 상한 개인 및 공동체 생활의 가장 깊숙한 곳에 울려 퍼집니다. 예언자적 설교자는 강단에서 시인입니다.

> 너희의 하나님이 이르시되 너희는 위로하라 내 백성을 위로하라. 너희는 예루살렘의 마음에 닿도록 말하며 그것에게 외치라 그 노역의 때가 끝났고 그 죄악이 사함을 받았느니라(사 40:1-2).

이것은 부서지고 굴욕당한 사람들의 삶에서 결정적인 전환점입니다. 그들을 하나님으로부터 단절시킨 빚이 청산되었습니다. 바빌로니아의 모든 신이 뿜어내는 빛과 화려함에 둘러싸이고, 바빌로니아의 압제자들의 손에 사로잡힌 한 나라는 적들을 물리칠 수 있을 만큼 그들이 믿는 하나님이 강력한지, 주님의 영광이 황제들과 군대 앞에 나타날 수 있는지 궁금해했습니다. 이 사람들은 틀림없이 하나님께서 자신들을 모두 잊으셨다고 생각했을 겁니다. 하나님의 은혜가 그들에게서 떠났고, 그들의 고난이 영원하고 끝이 없으며 지속되고 있다는 것입니다. 희망 없음과 고통의 위기에 처해 낙심하고 버림받았다고 느끼고 있는 바로 이 사람들에게 신성한 위로의 말씀이 펼쳐집니다.

오늘날 아프리카계 미국인으로서(흑인 남성과 여성으로서) 우리 역시 삶의 문제로 인한 곤경과 고통을 경험하고 있습니다. 우리가 마치 바빌로니아에 있는 것처럼 느껴지는데 왜 그런지 궁금합니다.

왜 그렇게 많은 압제와 불의가 존재합니까?

우리는 마치 『단지 흑인이라서, 다른 이유는 없다』에서 제임스 볼드윈의 잃어버린 영혼을 탐색하는 것처럼 느껴집니다. 아무도 역사와 노예제도에 대해 이야기하고 싶어 하지 않습니다. 미국의 노예제도는 마치 신화와 같습니다. 많은 흑인도 그와 같은 생각을 하며, 교육, 교회연합 혹은 사회적 지위에 관계없이, 인종차별과 노예제도가 흑인들의 사회적, 심리적 그리고 경제적 삶 전반에 미치는 영향을 인식하지 않으려 합니다.

그러나 이것은 본문의 세상 앞에 서기 위해 필요한 것의 일부입니다. 우리는 오늘날 하나님의 권고를 들을 필요가 있습니다.

> 너희의 하나님이 이르시되 너희는 위로하라 내 백성을 위로하라 … 외치라 그 노역의 때가 끝났고 그 죄악이 사함을 받았느니라(사 40:1-2).

그리고 본문은 모든 사람이 주의 영광을 인정할 것임을 보여 줌으로써 하나님 나라의 임박한 전개의 의미를 강조합니다. 다가오는 주님의 임재는 전례 없는 방식으로 모든 것을 뒤흔들 것입니다.

> 외치는 자의 소리여 이르되 너희는 광야에서 여호와의 길을 예비하라 사막에서 우리 하나님의 대로를 평탄하게 하라 골짜기마다 돋우어지며 산마다 언덕마다 낮아지며 고르지 아니한 곳이 평탄하게 되며 험한 곳이 평지가 될 것이요 여호와의 영광이 나타나고 모든 육체가 그것을 함께 보리라 이는 여호와의 입이 말씀하셨느니라(사 40:3-5).

여기에 변혁과 계시의 의미가 있습니다. 영적, 지형적, 심령적 풍경이 변혁될 것입니다. 광야와 교회와 도시가 예비될 것입니다. 광야가 재건될 것이고 변할 것입니다. 그 광야는 반드시 지리적인 것은 아닙니다. 단순히 바빌로니아와 유다를 구분하는 지역이 아닙니다.

이것은 또한 하나님이 거하시는 곳, 곧 주께서 우리의 덧없고 흔들리는 희망에서 우리를 구원하러 오시는 곳에 대한 은유적 표현이기도 합니다. 주님의 나타나심은 사람이 살 수 없는 곳을 거주하기에 적합하게 만들 것입니다. 하나님의 임재의 능력은 여행하기에 부적합한, 말 그대로 비유적 사막이 주(State)와 주(State) 사이를 관통하는 95번과 같은 고속도로를 가지게 할 것입니다. 불가능이 가능해지고, 주님의 영광은 드러날 것입니다.

현재를 둘러싼 어둠은 주님의 영광으로 밝혀질 것입니다. 주님의 영광이 예루살렘, 이스라엘, 이사야에게뿐만 아니라, 주님의 말씀 안에 있는 사람들에게 나타날 것입니다. 이사야 40:5 말씀입니다.

> 여호와의 영광이 나타나고 모든 육체가 그것을 함께 보리라 이는 여호와의 입이 말씀하셨느니라(사 40:5).

영광, 영광, 할렐루야!
사랑하는 이들이여!
이 신성한 말씀은 영원합니다. 그것은 영원하고, 무한하며, 영속적입니다. 이 말씀, 이 신성한 말씀은 전쟁의 파괴와 우리의 모든 선언과, 헌법과 개정안, 대법원 판결과 미국의회의 행위를 견딜 것입니다. 아무것도 하나님의 신성한 말씀보다 오래 지속될 수 없습니다.

> 말하는 자의 소리여 이르되 외치라 대답하되 내가 무엇이라 외치리이까 하니 이르되 모든 육체는 풀이요 그의 모든 아름다움은 들의 꽃과 같으니. 풀은 마르고 꽃이 시듦은 여호와의 기운이 그 위에 붊이라 이 백성은 실로 풀이로다. 풀은 마르고 꽃은 시드나 우리 하나님의 말씀은 영원히 서리라 하라(사 40:6-8).

말씀의 사역자들이여!
하나님의 말씀을 계속 선포하겠다고 결심하시길 바랍니다.
그렇습니다. 중요한 것은 메신저가 아니라 메시지입니다. 즉, 설교자가 아닙니다. 우리는 메시지를 선포하고 있습니다. 메시지는 하나님의 말씀입니다. 설교자가 하나님의 말씀을 선포한다고 해서 화내지 마십시오. 말씀을 겸허히 받아들이십시오. 설교자의 말이 아니라 하나님의 말씀으로 받아야 합니다. 말씀의 사역자로서 저는 저의 말을 여러분에게 전하지 않습니다.
주일 아침에 설교하기 위해서 일어설 때, 저는 온 마음과 모든 에너지를 다해 하나님의 말씀을 진지하게 설명하고 명확하게 전달하려고 노력합니다. 그것은 저의 말이 아니라, 하나님의 말씀입니다. 설교자는 청중을 명확한 단어로 양육해야 하는데, 예를 들어, 다음과 같이 말입니다.
"당신은 나에 대해 어떤 것을 좋아하지 않을 수도 있습니다. 어떤 사람에게는 저의 피부색이, 누구에는 저의 키가, 또 다른 사람에게는 저의 체중이 문제가 될 수 있습니다.

저는 많은 것을 할 수 있고 또한 많은 경우에 부족할 수도 있습니다. 당신이 원하는 대로 나를 비난하십시오. 그러나 저는 제가 하나님의 말씀 안에 거하지 않는다고, 당신이 저를 비난하지 않도록 하기 위해 성령의 능력에 힘입어 기도합니다."

말씀은 "모든 사람은 풀"이라고 분명히 말합니다. 일부가 아니라, 모든 사람입니다. 가난한 사람만이 아니라, 부자와 가난한 사람 모두입니다. 노숙자와 배고픈 사람이 아니라, 모든 사람이 풀입니다. 주변화되어 있는 사람들만 아니라, 강변이나 언덕 꼭대기의 사람들도 마찬가지입니다. 바닥을 청소하고 쓰레기를 주우며 살아가는 사람들만이 아니라, 건물을 소유하고 기름을 정제하고 와인을 만들고 자동차와 옷을 디자인하는 사람들도 마찬가지입니다.

모든 육체는 풀입니다. 힘 있는 자와 약한 자의 구분이 없습니다. 부자와 가난한 자, 현명한 자와 어리석은 자, 벤틀리(Bentleys)와 페라리(Ferraris)를 타는 자와, 시내버스를 타는 자의 구분은 없습니다. 모든 사람은 "풀"로서 동등한 위치에 서 있습니다. 시는 설득력이 있습니다. (시의) 언어는 명료하고 살아 있는 듯하며, 마치 벼락처럼 충격을 주고 전율을 일으킵니다.

인간의 삶은 그 자체로 덧없고, 육신의 무익한 본성의 흠이 있습니다. 모든 육체는 풀입니다. 인간인 우리는 시들고, 삶의 타오르는 듯한 화살의 복사열에 의해 시달립니다. 그렇습니다. 걱정은 우리를 시들게 합니다. 우리는 돈, 건강, 자녀들, 우리의 젊은이들을 걱정합니다 시들어 갑니다. 풀은 마르고, 꽃은 시들지만, **하나님의 말씀**은 영원히 설 것입니다. 모든 것은 일시적이며 덧 없고 한정적입니다. 아름다움을 지닌 생명 그 자체도 덧없고 흔들리지만, **하나님의 말씀**은 영원히 서 있을 겁니다.

예수님이 말씀하셨습니다.

천지는 없어질지언정 **내 말**은 없어지지 아니하리라(마 24:35, 강조체는 저자가 함).

이 말씀은 신성합니다.

내가 주께 범죄하지 아니하려 하여 주의 말씀을 내 마음에 두었나이다(시 119:11).

태초에 말씀이 계시니라 이 말씀이 하나님과 함께 계셨으니 이 말씀은 곧 하나님이시니라(요 1:1).

주의 말씀은 내 발에 등이요 내 길에 빛이니이다(시 119:105).

6. 말씀을 보고 선포하는 시적 감각

> 아모스의 아들 이사야가 받은 바 유다와 예루살렘에 관한 말씀이라. … 많은 백성이 가며 이르기를 오라 우리가 여호와의 산에 오르며 야곱의 하나님의 전에 이르자 그가 그의 길을 우리에게 가르치실 것이라 우리가 그 길로 행하리라 하리니 이는 율법이 시온에서부터 나올 것이요 여호와의 말씀이 예루살렘에서부터 나올 것임이니라. 그가 열방 사이에 판단하시며 많은 백성을 판결하시리니 무리가 그들의 칼을 쳐서 보습을 만들고 그들의 창을 쳐서낫을 만들 것이며 이 나라와 저 나라가 다시는 칼을 들고 서로 치지 아니하며 다시는 전쟁을 연습하지 아니하리라(사 2:1, 3-4).

시인으로서의 설교자는 두려움 없이 서서 변혁을 이루는 하나님의 말씀을 열정과 감각으로 선포할 수 있어야 합니다.

이사야 2:1, 3-4은 전쟁 무기와 호전적 행동에 반대하는 말씀입니다. 지역화된 헤게모니가 아니라 세계화된 예언에 관한 말씀입니다. 희망의 말씀이며 대격변의 변혁과 평화의 말씀입니다. 산 정상처럼 그림 같고, 셰넌도어(Shenanhoah)의 눈 덮인 언덕처럼 아름답고, 여기 버지니아에 있는 토머스 제퍼슨의 몬티첼로(Thomas Jefferson's Monticello)에 있는 산 정상으로 이어지는 언덕만큼 곡선미가 살아 있는 힘 있는 말씀입니다. 하나님의 말씀입니다. 강력한 시적 말씀이며 성육화된 말씀입니다. 악과 멸망의 세력에 대항하는 하나님의 말씀입니다.

사실 하나님의 이 말씀은 설교자가 본문 앞에 서서 멸망의 권세에 대항하여 하나님의 말씀을 전할 수 있는 기회입니다. 이 말씀은 핵폭탄, F-16 전투기, 잠수함, 항공모함에 대항하는 하나님의 말씀입니다. 제국에 대항하는 하나님의 말씀입니다. 제국과 압제와 불의와 악을 정면으로 마주하는 하나님의 말씀입니다. 적나라하며 거침 없는 예언의 말씀입니다.

홀로 서 있는 강력한 말씀이지만, 제독, 장군 및 사령관들에 둘러싸여 있습니다. 정의로운 전쟁 이론(Just-war theory)과 타자를 계속해서 억압하고 예속시키는 '법의 도덕성'에 대해 귀를 막는 하나님의 말씀입니다. 아모스의 아들인 예언자 이사야가 목격한 말씀입니다.

그 예언자는 말씀을 목격했습니다.

그는 자신의 눈으로 말씀을 목격했습니다!

본문은 그가 말씀을 들었다라 말하지 않고, 봤다고 말씀합니다.

놀랍습니다!

우리가 말할 때, 우리는 단어들을 본다고 하지 않고, 들었다고 말합니다. 그러나 하나님이 그 예언자에게 말씀하셨을 때, 하나님은 그 예언자가 하나님의 말씀을 보고 깨닫고 설명하게 하십니다. 이 말씀은 망각으로 사라져 가는 덧없고 흔들리는 소리가 아니라, 폭풍의 지평선에 구름이 떠다니는 것처럼 보입니다.

이 말씀은 무지개 색처럼 보이며, 빈센트 반 고흐(Vincent van Gogh)나 파블로 피카소(Pablo Picasso)와 같은 위대한 예술가의 붓으로 그린 그림처럼 보이거나, 제롬과 제로미야 존스(Jerome and Jeromyah Jones)의 것처럼 보이기도 합니다. 이 말씀은 대양에서 대양으로, 바다에서 빛나는 바다에 이르기까지 지구의 구석구석을 물들이는 아름다운 풍경처럼 보입니다.

이 하나님의 말씀은 기독교, 유대교, 이슬람교, 마르크스주의 수사학뿐만 아니라 미국 정치와 민주주의의 가식적이고 이중적인 대화를 초월합니다. 이 말씀은 진리의 말씀입니다. 검증이 전혀 필요하지 않은 하나님의 말씀입니다.

이 말씀은 12세 흑인 소년 타미르 라이스(Tamir Rice)를 살해한 클리블랜드 경찰관들의 거짓말에 반대합니다. 이 말씀은 라콴 맥도날드(Laquan McDonald)가 그 경찰관들에게서 도망치는 동안 그를 살해한 경찰들에 대항합니다. 전쟁이 또 다른 전쟁을 낳는다는 것은 마틴 루터 킹 주니어에게 그랬던 것처럼 나에게도 동일합니다. 폭력은 폭력을, 고통은 고통을, 증오는 증오를 낳습니다.

예를 들어, 조지 워싱턴(George Washington)과 토머스 제퍼슨(Thomas Jefferson)보다 더 진정한 미국인이 되고 싶어 하는 사람들이 있다는 것을 알고 있습니다.

그러나 교회, 이슬람 사원, 회당, 하나님의 백성이 전쟁과 폭력의 끝이 없다는 것을 깨닫기 위해 무엇이 필요하겠습니까?

다른 흑인들이나 정부의 상징이자 권력인 경찰에 의해 살해되는 흑인 남성이 너무나 많습니다. 경찰은 새롭게 등장한 노예들의 주인입니다. 자치적이고 주권적입니다.

클린트 이스트우드(Clint Eastwood)와 같이 총을 소지한 소총수들은 젊은 흑인 남성들에 대해서는 먼저 총을 쏘고 나중에 질문하는 경향이 있습니다. 이것은 흑인 남성이나 여성이 죽었을 때 반론의 여지가 없다는 것을 의미합니다. 당신은 (경찰관이) 몸에 부착한 카메라나 핸드폰 카메라와도 경쟁할 수 없는 조작된 서사만을 듣게 될 것입니다. 마음을 현혹하는 소설이며, 노벨상을 수상할 만큼이나 추악하면서도 거짓으로 된 서사입니다.

그러나 말씀은 지구를 변혁시킬 수 있습니다. 지구를 뒤흔들 수 있습니다. "모든 나라는 그들의 무기를 녹여 평화의 농기구로 만들면서 자발적으로 무기를 버릴 것입니다."[9] 칼이 보습이 되고, 창이 낫이 될 것입니다. 이것은 단지 종말론적 이야기가 아니며 최종적 비전도 아닙니다. 현재 일이며 이미 실현된 종말론입니다.[10] 이것은 바로 영원한 지금입니다.[11]

말씀은 창조의 건축가입니다. 태초에 "하나님이 이르시되 빛이 있으라"(창 1:3)라는 말씀이 있었습니다. 혼돈은 선포된 말씀의 힘에 의해서, 즉, 변혁시킬 수 있는 능력을 가진 강력한 말씀에 의해서 질서로 변혁되었습니다.

형제자매 여러분!

공동체를 앞으로 나아가게 하고 세상과 자신을 변혁시키기 위해 이 말씀을 선포하십시오. 하나님께서 당신이 그렇게 되도록 만든 시적 설교자가 되십시오. 지혜, 진리, 사랑 그리고 평화를 말씀하십시오. 급진적 변혁을 선포하십시오. 본문에 담긴 정신과 언어로 말씀하십시오.

> 그가 열방 사이에 판단하시며 많은 백성을 판결하시리니 무리가 그들의 칼을 쳐서 보습을 만들고 그들의 창을 쳐서 낫을 만들 것이며 이 나라와 저 나라가 다시는 칼을 들고 서로 치지 아니하며 다시는 전쟁을 연습하지 아니하리라(사 2:4).

---

9   Otto Kaiser, *Isaiah 1–12* (Philadelphia: Westminster, 1983), 28.
10 참조. Albert Schweitzer, *The Quest of the Historical Jesus* (Mineola, NY: Dover Publications, 2005).
11 참조. Paul Tillich, *The Eternal Now* (New York: Charles Scribner's Sons, 1963).

이 말씀이 변혁시키는 말씀의 시적 힘, 즉 선포된 말씀입니다. 하나님의 말씀은 분쟁과 불일치의 최종 중재자입니다. 말씀은 평화를 낳으며, 땅을 메우고 일구며, 생명의 향기를 풍기고, 봄과 여름의 향기로운 새싹이 매일 아침마다 새로운 생명을 낳게 합니다. 부패의 피와 전쟁의 파멸도 아마겟돈의 불과 유황도 아닙니다. 이 강력한 말씀은 사랑과 평화를 낳습니다. 더 이상 전쟁 무기, 대량 살상 무기, 자동차 폭탄과 지뢰, 총과 전함이 필요하지 않습니다. 더 이상 전쟁의 도구와 전략도 없습니다. 더 이상 죽음과 멸망을 가져오도록 설계된 철과 강철은 없습니다.

나라들과 전사들은 칼을 쳐서 보습을 만들고, 땅을 경작하고, 그들의 창을 낫으로 바꾸어서, 나무들이 아프리카, 아시아, 유럽 그리고 미국 전역에 흩어져 있는 굶주리고 가난한 사람들을 먹일 수 있는 많은 열매를 맺게 될 것입니다. 그것이 우리가 원하는 바입니다.

시적으로 말씀을 전하고 교회와 공동체를 변혁시키십시오. 세상을 변화시키십시오. 하나님 말씀의 시를 활용하기 위해서 당신의 재즈적인 시적 능력을 사용하십시오. 저는 성경 어디에서나 시를 발견합니다. 리듬, 대칭 구절, 두운법이 아닌, 의미와 이해의 정신을 봅니다.

누가복음 4장의 다음 말씀에서 변혁과 자유의 시를 듣고 보십시오.

> 예수께서 그 자라나신 곳 나사렛에 이르사 안식일에 늘 하시던 대로 회당에 들어가사 성경을 읽으려고 서시매 선지자 이사야의 글을 드리거늘 책을 펴서 이렇게 기록된 데를 찾으시니 곧 주의 성령이 내게 임하셨으니 이는 가난한 자에게 복음을 전하게 하시려고 내게 기름을 부으시고 나를 보내사 포로된 자에게 자유를, 눈 먼 자에게 다시 보게 함을 전파하며 눌린 자를 자유롭게 하고. 주의 은혜의 해를 전파하게 하려 하심이라 하였더라. 책을 덮어 그 맡은 자에게 주시고 앉으시니 회당에 있는 자들이 다 주목하여 보더라 이에 예수께서 그들에게 말씀하시되 이 글이 오늘 너희 귀에 응하였느니라 하시니 (눅 4:16-21).

이 구절은 예언자적 사역의 가치와 결과를 아주 분명하게 보여 주는데, 그것이 바로 예수님에 관한 것입니다. 복음의 능력은 억압받는 자들을 치유하고, 용서하고, 자유케 할 뿐만이 아니라, 누구든지 그들이 어디에 있든지 간에, 이런 복음의 진리는 종종 갈등을 유발하기도 합니다. 갈등은 종종 복음을 이해하기 위한 서곡입니다. 갈등은 이방인보다 자신이 더 특권이 있다고 생각하는 본문의 사람들처럼 스스로를 특권층으로 생각하는 사람들에 의한 저항을 조장합니다.

예수님의 시적 메시지의 변혁적인 사회적 성격에 주목하십시오. 예수님은 가난한 사람들, 많이 가지지 못한 사람들, 경제적으로 궁핍한 사람들에게 복음을 전하기 위해서 선택되었습니다. 우물의 바닥과 통의 바닥에 있는 사람들은 그들에게 찾아온 복음을 경험하게 될 것입니다.

예수님이 "포로된 자들에게 해방을 선포"하시기 위해(또는 NRSV에서 말하는 것처럼, "억압받는 자들에게 자유를"), 보냄을 받았던 것처럼, 시인으로서의 설교자도 그와 같이 해야 합니다.

그것이 바로 복음의 내용입니다!

그것은 사람들을 죄책감으로부터, 빚으로부터, 그들의 머리 위에 얹혀 있는 모든 것으로부터 해방시키는 것에 관한 것입니다!

그것은 용서에 관한 것이며, 과거를 잊고 새 출발하는 것이며, 남에게 강요하지 않는 것입니다. "억압받는 자들을 자유롭게 하는 것"을 추구함으로써 하나님의 말씀을 앞으로의 우리 설교와 가르침에 기초로 세운다면, 우리는 옳은 길을 걷게 될 것입니다.

억눌린 자를 자유케 하는 것, 눌린 자를 해방시키는 것입니다. 멸시와 천대를 받은 사람들이 바로 억눌린 자들입니다. 인종과 성별로 폭력의 악행을 당하는 사람들이 억눌린 사람들입니다. 인종차별 사회의 복수심에 찬 피해로 고통받는 사람들, 어니스트 게인즈(Ernest Gaines)의 소설 『죽음 앞 교훈』(*A Lesson Before Dying*)에 나오는 제퍼슨처럼 취급받는 사람들, 돼

지나 동물이라고 불리는 사람들, 불의한 제도에 의해 부당하게 고발된 사람들은 언젠가는 자유를 누리게 될 것인데, 그들이 바로 억눌린 자들입니다. 인종차별과 불의의 설계자에 의해 존엄성을 빼앗기고 유린당해 고통을 겪는 사람들, 억눌린 자들은 해방될 것인데, 바로 예수 그리스도의 복음에 의해 풀림을 받게 될 것입니다.

누가복음과 이사야의 그 본문은 저에게 시적 표현의 전형입니다. 그리고 설교자는 해방과 변혁을 보여 주는 이 중추적인 본문을 가능한 분명하게 만들도록 부름을 받았습니다. 제가 설교를 하려는 것이 아니라, 본문 앞에 서기를 시도함으로써 설교를 가르치는 것입니다. 그리고 시인으로서, 설교자는 말씀을 "바로 그 일을" 행하도록 그리고 말씀 안에 내재된 시를 이끌어 내도록 부름을 받았고 요청받았습니다. 이 시는 그 자체로 본문 앞에 서는 유형입니다.

예수님은 선포를 마치시고 두루마리를 말아 시중드는 사람에게 돌려주고 앉으셨습니다.

얼마나 미적입니까!
얼마나 시적입니까!
얼마나 극적이고 문체적입니까!

그리고 예수님은 그들에게 말씀하십니다.

이 글이 오늘 너희 귀에 응하였느니라 하시니(눅 4:21).

이 본문 앞에 서 보면 다음과 같습니다.

오늘, 하나님의 임재 가운데 하나님의 통치가 임했습니다. 오늘, 왕국은 바로 여러분 가운데 실현되고 있습니다. 오늘, 현재와 미래가 손을 잡고 과거의 예언이 밝혀졌습니다. 오늘, 하나님의 계시는 완전하고 신실하게 계시되었습니다. 오늘, 메시아의 메시지가 선포되고 들려졌습니다. 오늘, 복음의 의미가 공유되고 설명되고 이해되었습니다. 오늘, 좋은 소식이 도착했습니다. 오늘, 시간과 영원은 거룩한 혼인으로 손을 잡았고 오늘부터 함께 묶일 것입니다. 오늘, 실현된 종말론이 형성되었고, 전능하신 하나님의 성전에서 무한과 총체가 어렴풋이 드러났습니다.

오늘, 과거가 무엇이든지 다시는 없을 것입니다. 오늘, 허무주의는 죽었고 희망이 부활했고, 다시 태어났고, 다시 살아났고, 다시 불이 붙었습니다. 오늘, 우리는 변혁이 일어났기 때문에 과거에 보았던 것과는 다르게 사물을 보게 될 것입니다. 오늘, 가난한 사람들과 노숙자들이 보살핌을 받을 것입니다. 오늘, 유죄가 무죄로 선언됩니다. 오늘, 피고는 용서받을 것입니다. 오늘, 설교자와 교회는 새 생명을 얻었습니다. 오늘, 교회는 새로운 방향, 새로운 희망, 새로운 영적 능력을 받았습니다. 오늘, 우리는 본문 앞에 들어가 이 본문이 우리를 부끄럽지 않게 하나님의 말씀을 선포하는 설교자로 변혁시키도록 할 수 있습니다.

바로 지금, 바로 여기입니다. 어제가 아니라 오늘입니다. 작년이 아니라 오늘입니다. 지난주도, 내일도 다음주도 아닌 오늘입니다. 언젠가가 아니라 오늘입니다. 다른 날, 다른 시간, 다른 장소가 아니라 오늘입니다. 오늘 이 글이 여러분의 귀에 응하였습니다. 대기 기간도, 준비 기간도, 기대도, 추측도 없습니다. 하지만 오늘, 예수님께서 이미 성취하셨습니다. 성취와 희망 그리고 계시와 변혁이 왔습니다.

만약 당신이 가난하다면, 오늘은 변혁을 위한 당신의 날입니다. 만약 당신이 육체적으로나 영적으로 소경이라면, 오늘은 당신의 날입니다. 만약 당신이 거짓말쟁이, 속이는 자, 마약 중독자, 죄인, 타락자, 이것 아니면 저것이었다면, 저는 시인과 예언자의 영성으로, 오늘 용서가 임했음을, 당신의 지난 허물과 실수와 결점들이 용서함을 받았음을 선포합니다.

고개를 들고 당신이 숨을 쉴 때마다 기억하십시오. 당신이 취하는 모든 호흡은 당신의 모든 것을 새롭게 만드는 하나님의 창조적 권능의 실현입니다. 오늘은 당신의 치유를 위한 날이고, 희망을 위한 날이며, 구원을 위한 날이고, 변혁을 위한 날입니다. 오늘은 새로운 날이기 때문에 어제 할 수 없었던 일을 오늘 할 수 있습니다. 오늘, 성령님의 기름 부으심으로, 이 글이 오늘 당신의 귀에 응하였습니다.

7. 요나 IV: "반항에서 구원으로"

> 내 영혼이 내 속에서 피곤할 때에 내가 여호와를 생각하였더니 내 기도가 주께 이르렀사오며 주의 성전에 미쳤나이다 거짓되고 헛된 것을 숭상하는 모든 자는 자기에게 베푸신 은혜를 버렸사오나 나는 감사하는 목소리로 주께 제사를 드리며 나의 서원을 주께 갚겠나이다 구원은 여호와께 속하였나이다 하니라(요 2:7-9).

전반적으로 삶은 저와 우리가 살고 있는 두 아메리카에 대한 의식과 이해를 가지고 있는 많은 흑인에게 매우 힘들었습니다. 1964년에 민권법(the Civil Rights Act)이 통과된 후 55년과 토페카(Topeka)의 브라운 대 교육위원회 소송 사건(Brown v. Board of Education)이 통과된 후 60년이 되었습니다.

18세의 흑인 소년 트레이본 마틴(Trayvon Martin)을 쏜 경찰관은 그를 변호하기 위해 거의 50만 달러를 모금한 지지자들을 보유하고 있습니다. 이

제, 우리는 우리의 흑인 청소년 중 일부가 어떤 잘못과 죄책감이 없는 것은 아니라는 것을 알고 있습니다. 그러나 그것은 우리 흑인 소년들을 마치 그들이 동물(개)인 것처럼 총으로 쏜 경찰관들을 정당화하지 않습니다. 생각해 보면, 그들은 개들보다 못한 대우를 받은 것일 수도 있습니다.

퓨리서치재단(Pew Research Foundation)[12] 설문 조사 결과에 따르면, 대부분의 흑인은 인종차별이 퍼거슨(Ferguson), 미주리(Missouri) 그리고 리치몬드(Richmond), 버지니아(Virginia) 그리고 흑인과 백인이 있는 다른 모든 지역에서 만연하다고 믿고 있습니다. 반대로, 조사에 응한 거의 모든 백인은 경찰이 정당했고 흑인들에게 행해진 모든 일이 괜찮다고 말했습니다. 미국의 흑인 여성과 남성에 대한 이런 서부 시대 정신(Wild West mentality)에 대항하여 흑인들이 맞서야 할 때입니다.

맞습니다, 세인트루이스(St. Louis)와 그 교외 지역의 젊은이들과 노인들은 흑인의 삶에 대한 부당함과 무시하는 노골적 행동에 만족하며 침묵하였습니다. 흑인을 향한 이런 지속적인 증오로 인해 불편합니다. 흑인 남성들은 미국과 전 세계에서 증오의 대상이 되고, 미움을 받고, 의심을 받고, 멸시를 받습니다. 이런 현실은 정신적 스트레스와 심장병, 당뇨병, 고혈압, 콜레스테롤과 같은 신체적 질병을 유발합니다. 그것은 높은 중퇴율, 약물 사용, 섹스, 대마초 흡연, 파티, 음주 그리고 다른 부정적인 활동을 통한 쾌락을 추구하는 원인이 됩니다.

그렇습니다, 우리(흑인)는 교육, 훈련 그리고 격려를 받아야 합니다. 우리(흑인) 소년과 소녀들은 읽기와 수학, 역사와 문학 교육을 받아야 합니다. 그들은 멸시당하고 죽임을 당하는 것이 아니라, 사랑을 받아야 합니다.

---

12 참조. Anna Brown, "Key Findings on Americans' Views on Race in 2019," survey, Washington, DC; The Pew Research Center and John Gramlich, "From Police to Parole, Black and White Americans Differ Widely in Their Criminal Justice System," survey, Washington, DC, The Pew Research Center, 2019.

그들은 마이애미경찰조합 회장과 세 명의 세인트루이스 경찰관이 타미르 라이스(Tamir Rice)와 마이클 브라운(Michael Brown)을 언급하면서 사용한 단어인 '불량배'(thugs)라 불리지 않고 격려를 받아야 합니다.[13] 그 마이애미경찰조합 회장은 흑인 남성을 불량배로 생각했기 때문에 그 흑인 십대 소년을 죽인 그 경찰관을 기소하지 않았습니다.

다수가 흑인인 마을의 대배심이 어떻게 75퍼센트의 백인과 25퍼센트의 흑인으로 구성될 수 있습니까?

이것은 여전히 이 시대의 비극이자 희롱입니다.

요나는 몇 가지 일을 겪었고 그중 많은 부분이 자신이 한 일이었습니다. 그는 불순종적이고 반항적이었습니다. 그리고 우리 흑인 남성 중 일부는 그와 같은 방식으로, 잘못된 방향을 가고, 잘못된 일을 하고, 어리석은 짓을 하는 그들의 '친구들'과 어울립니다. 그것은 그 젊은 청년이 오레곤대학교에서 그의 대학 생활을 시작하기 전날 영화에서 일어난 일을 우리가 본 것입니다.

자, 본문에서 요나는 기도하고 있습니다. 그는 주님의 현존을 피하려고 애쓰면서 온갖 곤경에 빠집니다. 하지만 그는 도망칠 수 없습니다. 본문은 말합니다.

> 내 영혼이 내 속에서 피곤할 때에 내가 여호와를 생각하였더니 내 기도가 주께 이르렀사오며 주의 성전에 미쳤나이다(욘 2:7).

---

[13] 참조. Tim Elfrink, Miami Police Union President on Tamir Rice: "Act Like a Thug and You'll Be Treated Like One," *Miami New Times*, December 30, 2015, accessed August 6, 2019, https://www.miaminewtimes.com/news/miami-police-union-president-on-tamir-rice-act-like-a-thug-and-youll-be-treated-like-one-8141523; Conor Friedersdorf, Sadism in the St. Louis Police Department: "Three cops who expressed an eagerness to brutalize protesters unintentionally targeted the one person likely to get them arrested," *The Atlantic*, December 3, 2018, accessed August 6, 2019, https://www.theatlantic.com/ideas/archive/2018/12/st-louis-police-brutality-stockley/577174

우리가 얼마나 반항적이든, 우리가 하고 싶은 일을 하기로 얼마나 결심하든, 하나님이 하나님이 아닌 것처럼 움직이시든, 우리는 주님에 대한 우리 자신의 기억에서 벗어날 수 없습니다. 모든 것은 무너집니다. 그리고 우리의 삶도 무너집니다. 은혜가 떨어지며 나쁜 습관을 재개합니다. 우리가 인생의 갈림길에 직면할 때, 절망과 죽음의 수렁에 빠졌을 때, 우리는 여전히 주님을 기억할 수단이 있습니다. 우리는 우리를 사로잡는 망각의 의식을 가지고 있습니다.

요나는 물고기 배 속을 헤매며 살아 남기 위해 애쓰며, 주님을 기억했습니다.

사랑하는 여러분, 주님께서 여러분을 위해 행하신 일을 기억하지 못하십니까?

주님께서 당신의 생명을 위해 어떻게 인도하셨습니까?

주님께서는 여러분이 직장을 구할 수 없을 것 같았을때 어떻게 여러분이 직장을 얻을 수 있게 해 주셨습니까?

어떻게 주님께서 천사를 보내셔서 당신이 당신의 가족을 돌보게 하시고, 병을 고쳐 주시며, 물고기를 예비해 주셨습니까?

이 물고기는 친구 곧 변호사, 의사, 목사, 교사를 위한 비유입니다.

요나는 거의 사라진 것 같았고, 죽음의 차가운 손에 거의 길을 잃고, 이 큰 물고기 배 속에서 거의 익사하고 숨이 막힐 뻔했습니다. 그러나 그는 기억하고 있으며 이제 우리는 그의 반항이 어떻게 구원으로 바뀌었는지 볼 수 있습니다. 요나는 고백합니다.

내가 여호와를 생각하였더니 내 기도가 주께 이르렀사오며 주의 성전에 미쳤나이다. 거짓되고 헛된 것을 숭상하는 모든 자는 자기에게 베푸신 은혜를 버렸사오나. 나는 감사하는 목소리로 주께 제사를 드리며 나의 서원을 주께 갚겠나이다 구원은 여호와께 속하였나이다 하니라(욘 2:7-9).

맞습니다!

하나님은 우리의 구원자이십니다. 구원은 주님의 것입니다. 우리 중 일부는 자기 중심적이며 우리는 우리의 능력으로 해낼 수 있다고 생각합니다. 하지만 우리는 우리 스스로를 구원할 수 없습니다.

오호라 나는 곤고한 사람이로다 이 사망의 몸에서 누가 나를 건져내랴(롬 7:24).

오직 하나님의 충분하심만이 반항을 구원으로 변혁시킬 수 있습니다.

제3장 읽지 않기
설교로부터 사회적 행동으로

1. 요나 V: "잘못된 분노"

> 하나님이 그들이 행한 것 곧 그 악한 길에서 돌이켜 떠난 것을 보시고 하나님이 뜻을 돌이키사 그들에게 내리리라고 말씀하신 재앙을 내리지 아니하시니라(욘 2:7, 9).
>
> 요나가 매우 싫어하고 성내며. … 여호와께서 이르시되 네가 성내는 것이 옳으냐 하시니라(욘 4:1, 4).

읽지 않기는 주변화된 사람들의 목소리를 예속시키는 지배적인 전통적 읽기에 대한 저항을 의미합니다. 예수님은 당대에 친숙한 본문을 읽지 않기를 했습니다. 예수님의 비유들은 훌륭한 예제가 됩니다. 예를 들어, 누룩(마 13:33), 겨자씨(눅 13:20-21), 포도원 일꾼(마 20:1-16), 아버지와 두 아들(마 21:28-32) 등이 있습니다. 사회는 말씀을 특정한 방식으로 읽지만, 예수님은 새로운 의미를 만들어 내시면서, 읽지 않기(전복시켜서)를 하십니다.[1]

---

[1] 참조. Dr. Yung Suk Kim, *Jesus's Truth: Life in Parables* (Lanham, MD: Lexington Books, forthcoming).

"비유는 청중이 뭔가를 다르게 보도록 이끌기 위해 삶과 함께 던져진 이야기입니다."[2] C. H. 도드(C. H. Dodd)도 **비유**를 비슷하게 정의합니다.

> 간단히 말해서 비유는 자연이나 일반 생활에서 끌어낸 하나의 은유나 직유로서, 그것의 생생함과 생소함에 의해서 청중을 사로잡고, 그것을 능동적 사고로 몰아갈 만큼 정확하게 적용하는 데 대해서는 얼마든지 의아한 마음을 가지도록 남겨 둡니다.[3]

우리 현대 독자들은 또한 신약의 특정 본문을 읽지 않기를 해야 합니다. 무엇보다도 바울 서신서 중 일부는 주인과 노예, 남편과 아내, 부모와 자녀 사이의 다양한 가정 관계를 규제하는 소위 가정 규례로 표현되는 억압적인 사회적 관계를 포함하는 좋은 사례일 수 있습니다.

디모데전서 2:11-15에 나오는 여성의 종속적 지위도 좋은 예입니다. 이런 모든 가정 규례나 여성 비하 본문들에서 궁극적인 의미는 과거나 오늘날의 권위에 의해 통제되지 않기 때문에 (본문을) 읽고, 다시 읽고, 읽지 않기를 해야 합니다. 의미 또는 해석은 입장을 취해야 하는 정치적으로 자의식적인 과업입니다. 즉, 모욕적이거나 성차별적인 본문은 명명되고 거부되어야 합니다.

읽고 다시 읽는 과정에서, 오늘날의 독자들에게 불필요해 보이는 이 본문들이 왜 초대 교회에 있었는지 질문해 봐야 합니다. 이 과정은 독자들이 과거에 무슨 일이 있었는지 확인하고 그때와 지금의 중요한 맥락에 우리를 참여시키는 데 도움이 될 것입니다.

---

2 Marcus Borg, *Jesus: The Life, Teaching, and Relevance of a Religious Revolutionary* (New York: HarperCollins, 2008), 259.
3 C. H. Dodd, *The Parables of the Kingdom* (New York: Scribner, 1961), 5.

염두에 두고 있는 다른 본문은 고린도전서 14:33b-36이며, 이것은 보간법으로 간주되는데, 이는 아마도 바울이 죽은 지 오랜 후(딤전 2:11-15에서 비슷한 종류의 본문을 볼 수 있듯이) 교회의 후기 편집자가 삽입한 본문을 의미합니다.

고린도전서에 나오는 이 특별한 구절을 제외하고, 바울의 전체 편지(확실히 바울이 쓴 총 7개의 서신)에는 여성 비하 구절이 없습니다. 오히려, 그 반대의 경우인데, 바울은 여자들을 사도라고 부르고(롬 16:7), 갈라디아서 3:28은 젠더 관계에 있어서 급진적입니다. 따라서 독자들은 고린도전서 14:33b-36을 읽지 않기를 시도해야 하는데, 이는 바울의 목소리나 신학이 아니기 때문입니다. 그리고 그것이 그의 목소리 일지라도 그 본문은 읽지 않기가 요구됩니다.

복음서에서 마가복음 9:1은 독자들이 읽고, 다시 읽고, 읽지 않고, 그들의 입장을 말해야 하는 다른 경우일 것입니다. 어떤 사람들은 그것을 예수님 자신의 말씀으로 간주하지만 다른 사람들은 그것을 마가가 추가한 것이나 창작한 것으로 생각합니다. 어느 경우든, 독자들은 1세기와 현재에 이 묵시적 말씀을 듣는 것이 무엇을 의미하는지를 이해하기 위해서 고군분투해야 합니다.

결국, 우리는 이 본문에 대해 결정하고 이전의 모든 해석에 대한 읽지 않기를 함으로써 오늘날의 세계에 맞게 해석해야 합니다. 이 본문은 본질적으로 더 기술적이기에, 결론에 도달하기가 쉽지 않을 수 있습니다.

본문을 보면, 요나는 분노에 불타고 있습니다. 왜냐하면, 하나님께서 말씀하신 것처럼 그 큰 도시가 멸망당하지 않게 하시고, 니느웨에 자비와 은혜를 베푸셨기 때문입니다. 하나님은 돌이키시고 반영하시는 하나님이시며, 만약 사람들이 그들의 악한 길에서 돌이키면, 마음이 바뀔 수 있는 분임을 보여 주셨습니다. 요나를 걸려 넘어지게 하여, 그의 등, 그의 뒷부분, 그의 대둔근을 드러내게 하는 것은 하나님의 선하심입니다. 요나는 하나님께 너무 화가 나서 하나님을 심판할 자리에 까지 앉으려 합니다. 그는 우주의 재판관을 심판하려고 합니다. 그의 분노는 잘못된 것입니다.

그의 분노는 매우 증오스러운 기도로 이어집니다. 이런 그의 기도는 우습거나 희극적으로 들립니다. 왜냐하면, 요나는 마치 그의 형제가 "혼날 만한" 일을 했기 때문에 화를 내고 있는 버릇없는 아이처럼 말하고 있지만, 아버지는 약속된 처벌을 감행하시기보다는 그의 마음을 바꾸십니다. 그를 벌하는 대신에, 그를 안아 주시고, 그에게 장난감이나 아이스크림을 사 주십니다. 그리고 다른 형제는 그의 형제가 약속대로 벌을 받지 않았기 때문에 화를 냅니다.

그것이 우리가 흔히 하는 방식입니다. 너무 자주 우리는 화를 냅니다. 우리의 분노는 합당하지 않습니다. 단순히 하나님이 다른 사람을 위해 행하신 일 때문만이 아니라, 우리 중 일부는 가장 작고 사소한 일에도 쉽게 화를 냅니다.

흑인, 황인, 백인 모두는 잘 새겨 들으십시오. 우리들, 우리의 젊은이들 그리고 그들의 친구들은 서로에게 어떤 폭력적 행위를 저지르고, 종종 누군가의 테니스화를 밟거나, 누군가의 여자아이를 잘못된 시선으로 바라보거나, 다른 가족 구성원에게 '무례'하게 하는 것과 같은 터무니없는 일로 신문이나 뉴스에 항상 나옵니다. 그래서 우리가 흑인 공동체, 흑인 가족 그리고 흑인 교회에서 자주 보는 분노의 평범함은 잘못된 것입니다.

당신의 어머니 그리고 할머니가 당신이 집 안에서 금지된 것들을 가져오지 못하게 하거나, 학교에 가야 한다고 강요하거나, 숙제를 하라고, 또는 TV를 끄고, 게임을 멈추고, 공부하고 책을 읽는 데 시간을 사용하라고 해도 그들에게 화를 내지 마십시오. 누군가가 당신보다 더 많은 급여를 받는 직업을 가지고 있거나, 당신의 친구들이 당신보다 더 잘살고, 더 잘 먹고, 더 잘 입고, 당신보다 더 잘하고 있다고 해서 화를 내지 마십시오. 그것은 당신이 화를 내거나 추한 태도를 보일 이유가 되는 것이 아닙니다.

당신과 똑같이 생긴 사람을 향해 자멸적이거나 파괴적인 행동을 보이게 될 때 우리의 분노는 잘못된 것입니다. 얼굴이 우리 자신의 거울 이미지인 사람들. 선생님과 상담사에게 너무 화가 나서 학교에 가는 것을 그만 두지 마십시오. 당신의 실패와 중퇴하는 것은 당신과 당신의 가족에게만 상처가 될 뿐, 당신이 화를 내는 사람들에게는 상처가 되지 않습니다.

만약 당신이 너무 화가 나서 범죄를 저질러 다른 사람에게 해를 입히면, 자신과 다른 사람에게 해를 끼치는 것이지만, 가난한 사람들, 흑인들, 또는 당신과 같은 사회적, 경제적 그리고 정치적 상황에 있는 사람들을 대하는 제도적 불의와 편견을 해결하기 위해서는 아무것도 하지 못하는 것입니다.

우리 자신과 서로에게 해로운 일을 하지 맙시다. 화를 낼 생각이라면 그것이 정당한지 확인하십시오. 그것이 자아와 자신의 의에 근거한 잘못된 분노가 아니라, 하나님의 백성에 대한 일종의 불의와 학대에 근거한 것인지 확인하십시오.

그러나 잘못된 분노는 정확히 무엇입니까?

그것은 정당하지 않은 분노입니다. 그것은 우리 자신의 자아, 우리 자신의 상처 입은 자아 외에는 아무 근거도 없습니다. 요나는 하나님의 선하심 때문에 화가 났고, 하나님이 하나님이 되실 수 있는 능력은 하나님이 전에 말씀하신 것에 구속되지 않기 때문에 요나의 예언을 의심하게 만듭니다. 하나님은 단순히 그의 선지자들을 인도하시는 하나님일 뿐만 아니라, 그들의 어리석음과 악함을 언제 제거해야 하는지도 알려 주십니다.

하나님은 요나에게 묻습니다.

"누가 네게 노할 권리를 주었느냐?"

우리는 하나님이 다른 사람에게 선하셨기 때문에 화를 낼 권리가 없습니다. 하나님은 하나님이 원하시는 사람을 축복하고 용서하며 자비를 베푸실 수 있습니다. 그리고 우리 모두는 사랑과 은혜의 수혜자들입니다.

2. 본문 앞에 서기

> 그러나 그녀는 미래에 대한 관심이 없었습니다.
> _토니 모리슨, *Beloved*
>
> 끝으로 형제들아 무엇에든지 참되며 무엇에든지 경건하며 무엇에든지 옳으며 무엇에든지 정결하며 무엇에든지 사랑받을 만하며 무엇에든지 칭찬 받을 만하며 무슨 덕이 있든지 무슨 기림이 있든지 이것들을 생각하라(빌 4:8).

본문은 행동이고, **행동**이라는 단어는 어느 특정한 영적 그리고 물리적 의미에서 앞으로 나아가는 것을 의미합니다. 따라서 본문 앞으로 간다는 것은 새롭고 변혁적인 방식으로 앞으로 나아가는 것을 의미합니다. 더 나아가 이것은 어느 시점에서 조만간 설교자가 높고 높은 강단에서 성경 본문의 말씀과 설교 자체가 설교자와 사람들의 삶과 행동에서 구현되는 삶의 자리로 옮겨 가야 한다는 것을 의미합니다.

설교는 단순히 말로 표현된 정신적 구성물이 아닙니다. 설교는 전달되고 잊혀지는 평범한 발화가 아니라, 본문에 기초해 강력하고 변혁적인 행동을 만들어 내야 합니다. 설교는 반드시 **뭔가**를 해야 합니다. 설교의 말씀은 설교자와 사람들이 단지 말씀을 듣기만 하는 자가 아니라 행하는 자가 되기를(약 1:22) 바라는 열망을 불러일으키도록 강권해야 합니다.

하나님의 말씀의 의미를 살리는 데 적극적으로 참여하는 것은 죽어 가는 몸과 영혼을 다시 살릴 수 있는 충격을 줄 수 있는 불꽃이나 전류와 같습니다. 말씀은 변혁시키고 생명을 주는 힘입니다.

말씀이 선포될 때, 행동 자체는 성경 본문의 구현일 뿐만 아니라, 행동은 사건적 본문이 되는데, 이 새로운 본문은 하나님의 말씀, 즉 창조적이고 변혁적인 행동의 복음을 대표합니다. 복음이나 좋은 소식은 단어나 글쓰기 그리고 말하기나 설교에만 국한되지 않습니다.

로고스는 또한 행동입니다. 예리하고, 담대하고, 대담한 잊을 수 없는 행동입니다. 이것은 궁극적이며 창조적인 행동입니다. 설교자의 행동 그리고 그의 말은 이제 그 자체로 하나의 본문입니다. 기존의 성경 본문의 퍼포먼스일 뿐만 아니라, 고심, 희망 그리고 성령의 능력에서 탄생한 새롭게 창조된 본문이며, 그 결과 변혁적인 사회적 행동을 불러일으킵니다. 가난한 자를 위한 단순한 염려만이 아니라, 가난하고 억압받는 자들을 위한 행동입니다.

누가복음 4장에 나오는 예수님의 "주의 영이 내게 임하셨으니"라는 말씀은 신비하고 위엄 있는, 의미 있는 언어와 말씀이 행동을 창조하고 일으키는 선포된 말씀과 성령의 능력에 근거하고 있음을 시사합니다. 강단을 떠나지 않는 설교는 세속적 말들의 무가치한 논쟁입니다. 사실 그것은 하나님과 성령에 대한 모욕입니다. 그것은 진지한 설교학적 담론과는 정반대입니다.

바로 여기 버지니아와 남부 전역에서 법과 관습으로 금지되어 있었기 때문에 (글을) 읽거나 쓸 수 없었던 많은 우리 조상은 종종 "설교를 듣는 것보다 보고 싶다"고 말했습니다. 그들은 노예 주인의 입에서 나오는 횡설수설을 설교로 충분히 들었습니다.

설교를 본다는 것은 포로를 자유케 하고 가난한 자를 먹이는 것과 같은 일을 하는 것으로 나타나는 설교의 행위입니다. 그것은 마치, 젊은이들이 고등학교와 대학을 졸업하도록 돕고, 가난하고 억압받는 사람들의 발전을 옹호하고, 많은 흑인 아이, 젊은이 그리고 성인의 꿈과 희망을 집어삼키고 없애 버리는 것처럼 보이는 문맹과 불의에 맞서 저항하는 것입니다.

3. 본문 앞에 서기에서 변혁을 일으키는 행동으로

이 책 전반에 걸친 저의 접근 방식은 공시적이거나 통시적이지 않습니다. 즉, 본문 안의 세계나 본문 뒤의 세계에 그다지 관심이 없습니다. 본문의 문학적, 맥락적 구성을 만든 사회적 혹은 정치적 조건은 중요하지만 저의 궁극적 초점이나 관심사는 아닙니다. 오히려 저는 본문 앞의 세계를 발견하고 설명하는 것이 변혁과 해방의 장소라고 주장합니다.

'본문 앞에 서기'는 우리가 머물기를 원하는 곳이며 그것은 "본문이 창조하는 세계"를 탐구하는 것을 포함합니다.[4] 이것은 하나님의 사랑과 은혜가 과거의 짐이나 현재의 한계에 얽매이지 않는 방식으로 자신의 삶을 통해 직접적인 축을 만들 수 있기 때문에 매우 강력하고 자유롭습니다. 그것은 미래와 그것이 약속하는 모든 것인데, 사람들이 기뻐하고 "할렐루야, 주님을 찬양하여라"라고 외칠 수 있는, 과거의 잘못과 실수를 가능한 부정하거나 무력화하는 것을 포함합니다.

생각과 행동을 일으키는 성경 본문이 설교의 원동력입니다.[5] 본문이 생각을 불러 일으키는 것만으로는 충분하지 않고, 본문은 독자로 하여금 행동하게 해야 합니다. 실제로 뭔가를 해야 합니다. 본문을 이해하고 설명하는 것은 이른바 저자의 의도에 의해 드러나는 것이 아닙니다.

본문은 한번에 파악되지는 않을지라도 종종 (그것의) 내재적 다원성 또는 의미의 다양성을 가지고 있습니다. 토머스 아퀴나스(Thomas Aquinas), 마틴 루터(Martin Luther), 존 칼빈(John Calvin), 성 아우구스티누스(St. Augus-

---

4 참조. Michael J. Gorman, *Elements of Biblical Exegesis* (Peabody, MA: Hendrickson, 2001), 17.
5 폴 리쾨르(Paul Ricoeur)는 그의 저서 『악의 상징』에서 "상징은 생각을 불러일으킨다"라고 말합니다. 그러나 그가 상징의 철학자에서 본문의 철학자로 이동함에 따라서 저는 본문성에 대한 그의 초점을 해석하여 위에서 언급한 유사어를 만들었습니다. "본문은 생각을 불러일으킨다."

tine)가 발견한 의미뿐만 아니라, 모든 본문에는 의미의 과잉이 있습니다.

모든 해석은 동일하지 않습니다. 즉, 이는 어떤 해석은 다른 해석보다 열등할 뿐만 아니라, 일부 해석은 완전히 비합리적이며 윤리적으로, 사회적으로, 영적으로 잘못되었다는 것을 의미합니다. 일부 해석은 사회적으로나 신학적으로 부적절하고 인종차별적이며 억압적이며, 특히 (그것들이) 육체적, 영적 그리고 주변화된 자들의 공동체의 사회적 필요를 말하지 않는 경우 더욱 그러합니다. 의미는 맥락, 시간 그리고 문화의 영향을 받습니다. 맥락, 시간, 문화 그리고 의미는 변화합니다.

불행하게도 성경은 설교자가 본문의 의미와는 별개로 자신이 하고 싶은 말을 하기 위한 구실로 너무 자주 사용됩니다. 이것은 신학생, 설교자 그리고 목회자들 사이에서 지속적으로 나타나는 문제입니다. 이런 설교학적 간음으로 끝나지 않는 본문에 대한 헌신이 있어야 합니다.

이런 '성의 언어'(the language of sexuality)는 설교자와 인류의 모든 요소가 쉽게 이해할 수 있는 보편성의 수준을 가지고 있으니 여기에 적절하다고 저는 생각합니다. 왜냐하면, 그것은 철학자 프리드리히 니체(Friedrich Nietzsche)와 한나 아렌트(Hannah Arendt)의 용례에 따르면, 본질적으로 그리고 총체적으로 "인간적, 너무나 인간적"이기 때문입니다.[6] 이것은 또한 내 자신의 경험에 스며들어 있는 흑인 교회의 언어이기도 합니다.

본문을 선택한 후 선택한 본문과 유사할 수도 있고 그렇지 않을 수도 있는 다른 본문을 위해 그것을 포기하는 경향이 있는 것 같습니다. 그것은 설교 발전에 있어 설교자가 본문성에 대한 헌신이 부족한 것이 내재되어 있는 것으로 보입니다. 이것은 설교자의 생각을 사방에 흩뿌리고 설교의 모든 요소를 훼손하기 때문에 문제가 됩니다. 일단 설교자가 설교 중간에 다른 본문을 위해 선택된 본문을 포기하면, 이것은 사실상 설교 제

---

6 참조. Friedrich Nietzsche, *Human, All Too Human* (New York: Prometheus Books, 2009).

목도 포기한 것이며, 암묵리에 설교의 명제도 포기한 것을 의미합니다. 저는 이 흔한 설교 실천을 본문의 유기라고 부릅니다.

예를 들어, 요한복음 3:16에서 고린도전서 13:12로 전환하면 설교의 초점이 창조에 대한 하나님의 사랑에서 혁명적이고 변혁적인 행위로서의 사랑의 의미에 대한 피조물의 또는 인간의 이해 부족으로 바뀝니다. "하나님이 세상을 이처럼 사랑하사 독생자를 주셨으니 이는 그를 믿는 자마다 멸망하지 않고 영생을 얻게 하려 하심이라" 하는 요한복음 3:16 말씀의 핵심은 하나님 중심적입니다. 그러나 고린도전서 본문은 아가페 사랑과 에로틱한 사랑 모두를 조롱하는 나약하고 오류가 있는 인류학에 근거하고 있습니다.

한 본문에서는 그리스도가 중심이지만 다른 본문에서는 초점이 다릅니다. 그들은 서로 다른 고유의 무결성을 가지고 있습니다. 따라서 원칙적으로, 설교자는 본문이 비슷하거나 연관성이 있는 것처럼 보이거나 또는 성경을 더 잘 알지 못하는 사람들에게 자신을 돋보이게 하기 위해서 한 본문에서 다른 본문으로 건너뛸 수 없습니다.

이는 여러분이 신학, 기독론 그리고 인류학의 차이를 모르는 사람처럼 보이도록 하기 때문에 진지하게 생각해 봐야 합니다. 선택한 본문에 집중하고 다른 본문은 다음 설교를 할 때까지 그대로 두십시오.

4. 설교 요점 전개: 설교 본문

제가 보기에 설교자가 직면하는 어려움 중 하나는 설교의 토대가 되는 선택된 본문에서 "포인트" 또는 "움직임"을 발견하고 만드는 방법을 배우는 것 같습니다. 설교에서의 "포인트"는 아프리카계 미국인의 설교에서 사용되어 왔는데, 설교에서의 "움직임"은 데이비드 버트릭(David Buttrick)

이 그의 저서, 『설교학』(Homiletic: Moves and Structures)에서 만들어 낸 최근의 현상입니다.[7]

이제 제가 약간 프로이트적이라는 점, 즉 설교가 주제가 아닌 본문적이어야 한다는 주장에 집착한다는 점에 주목하십시오. 비록 주제 설교가 많은 찬사를 받고 있고 많은 설교자가 바로 그런 이유 때문에 주제 설교를 고집한다 할지라도, 저의 철학은 여러분이 주제에 대해 말하는 많은 설교자 가운데 한 사람이 될 필요는 없다는 점입니다. 그러나 성서적/성경적/본문적 설교가 한 본문에서 다른 본문으로 여러분을 데려가는 주제가 아니라 성경 본문에 근거한다면 (청중이) 변혁될 가능성이 더 크다는 것이 저의 주장입니다.

"요한복음 3:11을 펴십시오. 이제 요한계시록 6:1을 봅시다. 출애굽기 4:13을 펴십시오. 이제 다시 창세기 1:16을 봅시다."

당신은 설교 내내 (성경책을) 뒤적이고 있으며, 특정하고 특별하게 선택된 본문의 전개에 전념할 수 없습니다. 이런 경우를 제 언어로 과장해서 말씀드리면, 본문 유기입니다. 본문 간음이며 외도입니다. 불신앙의 한 형태입니다. 선택된 본문에 완전히 불충실하고 전념하지 않는 것입니다.

설교자들은 본문 앞에 서기 위해서 애쓰지 않을 수 없습니다. 설교 포인트는 개발의 서곡으로 다음과 같은 과정을 추천합니다.

1) 성경 본문을 설정하십시오

여러분이 선택한 성경 본문으로 시작하거나 성서 정과를 따르거나 또는 매주, 매월, 매해 성경 본문을 선택하기 위한 당신만의 과정을 개발하십시오.

---

[7] David Buttrick, Homiletic: Moves and Structures (Philadelphia: Fortress, 1987).

2) 다양한 번역에서 본문을 탐색하십시오

선택한 본문의 언어나 단어들을 읽기, 다시 읽기, 읽지 않기 그리고 연구하는 데 많은 시간, 심지어 며칠을 보내십시오. 언어란 번역되거나 번역되지 않은 본문을 의미합니다. 그리스어, 아람어, 히브리어, 독일어 또는 프랑스어를 알 필요는 없습니다.

번역은 주관적입니다. 일부 번역은 다른 번역보다 낫고 일부는 다른 통찰력을 제공하지만 내가 보기에는, 그 모두는 건강한 정도의 의심, 즉 의심의 해석학으로 접근해야 합니다. 저는 문화적으로나 신학적으로 모든 성경 본문을 의심합니다. 그러나 저는 모든 성경의 말씀을 사랑합니다. 제 의심은 사랑의 한 형태입니다.

3) 이해하려고 노력하십시오

선택된 성경 본문에 있는 모든 단어나 문구의 의미를 알기 위해 연구하고 배우고 노력하십시오. 여러분이 설교의 자원으로서 성경 본문을 사용한다면, 설교자로서 당신은 그것에 묶여 있고, 결합되어 있으며, 어느 정도 이해가 될 때까지 당신은 본문과 씨름을 하지 않을 수 없습니다.

기억하시길 바랍니다. 이해하지 못하는 본문을 당신은 설교할 수 없습니다. 이해는 설명보다 우선하며 확실히 설교에 필요한 전제 조건입니다. 자신뿐만 아니라 다른 사람들에게 설명할 수 있도록 본문을 이해하기 위해 노력하십시오. 이런 설명은 필연적으로 더 깊은 이해와 적용으로 이어질 것입니다.

4) 본문을 마음과 기억에 남기십시오

선호하는 성서 정과에서의 문단이나 선택한 본문을 쓰고 그것을 암기하는 연습을 하십시오. 마음과 영혼에 공명하는 방법으로 자신의 손으로 본문을 쓰십시오. 그런 다음, 당신의 언어로 본문을 번역하거나 해석하십시오.

이 시점에서, 당신은 본문에 대한 이해에 도달했으며 설교에 대한 각도를 구상하였습니다. 성경 본문의 주요 강조점과 본문의 보조 및 부수적 초점을 더 잘 이해합니다. 본문이 당신에게 무엇을 의미하는지 그리고 당신의 특정한 사회적 맥락을 고려할 때, 그것이 당신의 회중과 지역 사회의 관심사에 어떻게 반향을 일으킬 수 있는지 깊이 고려하였습니다.

5) 청중을 고려하면서 가능한 설교 제목들을 나열하십시오

본문의 의미론적 자율성, 즉 선택된 특정 본문의 의미에 대한 이해가 설교 제목에 영향을 미치게 하십시오. 주어진 사회적, 문화적 맥락에서 본문에 대한 당신의 해석과 그것이 당신과 청중에게 말하려고 하는 것을 반영하는 잠재적 설교 제목 목록을 스케치하십시오. 시작하면서 한 가지 제목만이 아니라, 다섯 또는 여섯 개의 제목을 생각해 내도록 노력하십시오. 이 제목들을 별도의 종이에 적어 하루 정도 옆에 두십시오.

6) 본문의 제목을 선택합니다

가능한 한 많은 설교 제목을 브레인스토밍한 후에 본문에서 제안하는 제목으로 줄여 가도록 노력하십시오. 모든 설교는 하나의 제목만 필요하며, 그것은 읽기, 다시 읽기 그리고 읽지 않기의 결과입니다. 이 제목은 현재 목록 중에서 최고의 것이어야 하며 명확성, 단순성, 이해 및 설명의 용이성을 제공해야 합니다. 설교자는 설교 제목을 내면화해야 합니다.

7) 더듬거림을 해결하십시오

설교자로서 당신은 당신이 이해하지 못하는 것을 설명할 수 없다는 것을 기억하십시오. 성경 구절은 먼저 설교자가 이해해야 합니다. 당신이 이해하지 못하는 것을 설교하려고 하면, 더듬거리거나, 중얼거리거나, 어수선해지거나, 헤메게 될 것입니다. 준비되지 않고 집중하지 않음으로써 하나님과 하나님의 백성과 복음에 해를 끼치지 마십시오. 이를 완화하는 유일한 방법은 성경을 읽고 연구하는 습관을 들이는 것입니다. 기도는 이 전체 과정에서 필요한 요소입니다.

8) 본문에서 나오는 중요하고 관련 있는 질문은 무엇입니까?

설교는 적절하고, 의미 있고, 강력하고, 실제적인 질문을 해야 하며, 이는 성경 본문 자체와 그 본문에 대한 이해와 해석으로 대답할 수 있습니다. 이 질문은 설교의 서론에서 분명히 해야 합니다. 그리고 성경 본문이 대답할 수 없는 질문을 해서는 안 되는데, 왜냐하면 사람들은 실제 이슈들과 문제들에 대한 답을 찾고 있는 것이지, 그들에게 중요하지 않은 것에 대해 이론적이고 가설적인 사색을 하는 것이 아니기 때문입니다.

성경 본문이 아닌 다른 것에 의해 주도되는 질문을 하는 바로 그 순간, 당신은 당신의 설교가, 성경 본문의 무결성과는 별개로, 파열되거나 산산조각이 나거나 당신이 말하고 싶은 어떤 것으로 변형될 가능성이 있는 길을 따라 여행할 준비를 한 것입니다. 궁극적 의미에서 그것은 당신에 관한 것이 아님을 기억하십시오. 그것은 세상을 변혁시키기 위해 설교자로서 본문 앞에 들어가게 하시는 하나님의 은혜와 사랑에 관한 것입니다.

9) 3대지 설교는 신성하지 않습니다

설교의 구조는 설교자가 본문에서 추론한 주요 요점을 전개할 것입니다. 설교의 요점은 다른 본문이 아니라 성경 본문 그 자체와 설교자의 능숙함과 창의성에 의해 결정된다는 것을 분명히 말씀드립니다.

이것은 성경 본문이 전개에 필요한 세 가지 요점을 가지고 있지 않으면, '3대지'와 같은 것이 없다는 것을 의미합니다. 선택한 본문에서 하나, 둘 또는 네 개를 요구할 때 세 가지 포인트를 갖는 것은 신성한 것이 아닙니다. 그러나 모든 설교는 적어도 한 가지 요점이 있어야 합니다. 그리고 한 가지 요점을 가진 성경 본문에서 세 가지 포인트를 만들려고 애쓰는 것보다 잘 발달되고 매우 본문적인 요점을 갖는 것이 더 낫습니다.

10) 본능적인 그리고 깊이 있는 지각 모두에 주의를 기울이십시오

설교 요점의 구조는 매우 중요하며 이것은 다소 이론적입니다. 저는 지각의 두 가지 방식, 즉 제시적 직접성과 인과적 효능성 사이의 복잡한 상호 작용에 대해 말하고 싶습니다. 실제로 이런 상호 작용은 상징적 지시라고 합니다.[8]

요점을 전개할 때, 설교자는 본문에 근거한 요점의 즉각성 또는 표피적 특성에 초점을 맞춰야 합니다. 다시 말해서, 제시적 직접성은 당신이 선택된 본문에서의 한 가지 요점을 읽고, 다시 읽고, 읽지 않고 그리고 추론

---

8 참조. Alfred North Whitehead, *Process and Reality* (New York: Free Press, 1978). Whitehead의 용어에서 상징적 지시의 개념은 Paul Ricoeur의 명시적 지시와 유사합니다.

할 때, 매우 본능적인 수준에서 당신에게 '튀어 나오는' 것입니다. 이 추론은 충분한 깊이와 정교함이 부족할 수 있지만 주의를 기울일 가치가 있으며 더 많은 개발과 깊이가 필요할 것입니다.

이 설교적 깊이는 내가 **인과적 효능성**이라고 부르는 것입니다. 이것은 표면을 긁거나 일반 독자에게 명백한 것을 말하는 것에서 모든 자원을 사용하여 더 깊은 의미를 파헤치는 것으로 이동합니다.

본능적이고 효과적이기 위해 더 깊이 파고드는 두 가지 접근 방식은 성경 본문을 실제 사람들의 삶에서 생생하게 만듭니다. 사람들이 하나님께서 그들을 질병에서 치유하셨거나 중독에서 건져 주셨다고 간증할 때, 그들은 이런 간증을 가시적 경험으로 이해합니다. 은유로서의 치유가 아니라, 경험으로서의 치유, 질병에서 건강으로, 약함에서 강함으로, 불신에서 신실함으로의 변혁으로 이해합니다.

5. 하나님의 말씀: 좌우에 날선 어떤 검보다도 더 예리한

견고하게 구성되고 강하고 잘 준비된 설교를 하는 것은 사람들에 대한 폭넓은 이해와 사랑, 성경 본문에 대한 지식, 특정한 회중의 사회적 그리고 영적 관심과 필요에 대한 인식을 필요로 하는 어렵고 지속적인 과정입니다. 사회적 맥락은 해석학과 설교학에서 필요한 요소입니다.

이런 기본적 요건들 외에도, 설교자와 설교를 통해서 주님의 말씀을 듣기 위해 매주 교회에 오는 사람들의 마음과 영혼을 감동시키는 설교를 하기 위해서는 왜 그리고 무엇을 해야 하는지 알아야 합니다. 그리고 그들은 이 설교가 그들의 삶을 설명할 수 없는 방식으로 변혁시키기를 기대합니다.

이것은 트위터, 페이스 북, 스냅 챗 및 인스타그램의 시대에 사회적, 문화적, 정치적, 기술적 변화의 시대에 정말 기적이자 신비입니다. 휴대 전화와 쾌락 중독의 시대에 우리는 하루 24시간 동안, 마치 비타민 C 또는 비타민 D인 것처럼, 우리는 우리가 먹는 모든 것의 과당, 마시는 모든 것의 카페인 그리고 오피오이드와 같은 것들을 갈망하는 독성 물질에 의해 유지되고 충전되기를 원합니다.

이것은 우리 중 누구도 적절하게 준비되지 않은 놀라운 책임입니다. 그러나 저는 설교 발전의 과정을 개략적으로 설명하고 그 과정과 방법을 보여 주도록 하겠습니다. 설교를 가르치는 교사는 일부 역사학자, 철학자 그리고 신학자처럼 완전히 이론적일 수 있는 사치를 누리지 못한다는 것을 알고 있습니다. 내가 이렇게 말하는 이유는 설교 자체가 설교적 과업의 영적이고 이성적인 본성을 가장 잘 보여 주는 화자이자 증명자이기 때문입니다. 그것은 항상 당신의 최고의 작품이어야 합니다.

클레오 라루(Cleo LaRue)와 헨리 미첼(Henry Mitchell)이 설명했듯이 설교는 흑인 교회의 심장과 영혼으로 남아 있으며,[9] 좌우의 검과 같은 설교의 은유는 변증법적인 본문적 설교의 가치와 중요성 그리고 본문 앞에 들어가기 위한 노력을 나타냅니다.

설교는 실제로 두 가지 방법을 모두 잘라 냅니다. 즉, 이것은 현실과 이상이 하나로 합쳐진다는 것을 의미합니다. 성경 본문에서 볼 수 있듯이 한쪽 가장자리는 테제 또는 이상으로 해석되고 같은 검의 다른 쪽 가장자리는 대조 또는 실제 상황으로 해석됩니다. 설교 방법의 측면에서 그것들은 함께 설교의 서론을 구성하는데, 그것은 종종 부정에 근거하지만 절대적인 것은 아닙니다.

---

9   참조. Cleophus LaRue, *The Heart of Black Preaching* (Louisville: Westminster John Knox, 2000), and Henry Mitchell, *Black Preaching* (Nashville: Abingdon Press, 1990).

간단한 변증법적 용어로 설명하면, 현실은 선과 악, 옳고 그름, 정의와 불의, 기쁨과 슬픔, 고통과 기쁨, 사랑과 증오가 우리의 몸에서, 사회 공동체에서 그리고 세계에서 매일 협상되고 중재되어야 하는 우리 모두의 삶에서 대표되는 긴장을 만들어 냅니다. 야고보서는 한 입에서 축복과 저주가 나온다고 주장하면서 이런 논의를 분명히 합니다(약 3:10). 마찬가지로, 히브리서 기자는 이렇게 말합니다.

> 하나님의 말씀은 살아 있고 활력이 있어 좌우에 날선 어떤 검보다도 예리하여 혼과 영과 및 관절과 골수를 찔러 쪼개기까지 하며 또 마음의 생각과 뜻을 판단하나니(히 4:12).

반대되는 주장은, 위의 구절에 따르면, 우리가 말들로 가득 찬 세상에 살고 있다고 가정할 것입니다. 현실 세계에서, 실제 삶의 어려운 상황에서 이런 말들은 항상 생생하고 활동적이지도 않고, 날카롭고 격려적이며 계몽적이지도 않습니다. 그것들은 때때로 어둡고 지루하며 공허하고 질투적이며, 적개심, 악, 증오의 추악한 표현으로 우리의 기쁨의 경험을 에워쌉니다.

사람들이 사용하는 말은, 우리가 다른 사람에게 하는 말 그리고 우리에 의해, 우리에 대해 그리고 우리에게 들려지는 말은 선을 행할 수 있고 해를 끼칠 수도 있습니다. 말은 희망과 사랑을 만들 수도 있고 두려움과 절망을 일으킬 수도 있습니다. 쓰여지고, 말해지고, 읽혀지고 들려진 어떤 말들은 명백히 험악하며 비열합니다. 다른 말들은 창조적이며 생명을 줍니다.

6. 설교하는 자아와 타자를 본문으로 읽지 않기

목회자이자 설교학 교수로서 저는 사랑으로 설교자의 자신감과 노력을 세워 주려고 노력하지만 설교자가 설교를 가장하여 내놓는 약간의 허풍은 사실 엉망이므로 허용되지 않아야 합니다. 설교자이자 설교학 교수로서 저는 여러분이 하나님의 부름을 받은 동료 설교자에게 "설교를 할 수 없다"라는 비하적이고 멸시하는 말을 사용하지 않는 것을 권고합니다.

그 말들이 무엇을 의미하는지 얼마나 쇠약하게 하고 파괴적인지 생각해 보십시오. 그리고 스스로에게 물어보십시오.

"나는 어쩌다가 다른 사람이 설교를 할 수 있는지 없는지를 판단하는 사람이 되었을까?"

설교학 교수라도 그런 판단을 함에 있어서 조심해야 합니다.

더 나아가 그런 말을 할 때 당신은 무엇을 의미합니까?

설교의 구조나 설교의 구성에 사용된 방법론에 대해 이야기하고 있습니까, 아니면 성경 본문과 설교 제목 사이의 연관성 부족에 대해 말하고 있습니까?

설교의 언어와 논리에 대해서 말하고 있습니까?

설교의 통시적 또는 공시적 메시지에 대해 이야기하고 있습니까?

그러나 아마도 당신은 설교자의 스타일, 익살스러운 행동 또는 구술 능력에 대해 판단하고 있을 것입니다.

설교자의 성격, 태도, 읽기 또는 말하기 능력에 대한 비판입니까?

그것은 논리적 오류나 단순히 악랄한 인신공격도 아닙니다.

우리는 설교와 설교자를 비판할 때 우리가 의미하는 바를 알고 이해해야 합니다. 그런 판단적 진술을 하는 것은 다른 설교자의 단점과 함께 자신의 한계도 보여 주는 것입니다. 설교에 대한 당신의 이해와 관점에서, 그 주장은 사실일 수 있지만, 저는 당신에게 당신의 동료 설교자들에게 그것에 대해 말하지 말 것을 권합니다. 설교는 경쟁이 아니며, 노래나 춤도 아닙니다. 축제도 아니고 서커스 쇼도 아닙니다. 그것은 "교회를 세우는"(고전 14:12) 것입니다.

다른 사람이 설교를 할 수 없다는 말이 실제로 무엇을 의미하는지 생각해 보십시오. 어떤 의미에서 그것은 자아에 대한 고발이 될 수 있으며, 심리적으로나 영적으로 오만하고 추악한 방식으로 다른 설교자로부터 당신을 멀어지게 합니다. 그리고 확실히 당신은 자신을 그렇게 생각하지 않습니다.

설교자들의 교사, 코치, 멘토로서 그리고 수년 동안의 목회자로서, 저의 소명과 책임감은 더 나은 교사와 설교자가 되기 위해 끊임없이 자신을 준비하고, 숙달되기 위해 노력하는 다른 사람들을 돕기 위해 최선을 다하는 것입니다. 설교와 설교를 가르치는 것은 저에게 있어 놀라운 사랑의 행위이며 오직 사랑으로만 할 수 있습니다.

그럼에도 너무나 많은 학생이 설교 비평을 자신에 대한 공격으로 오해하고 있습니다. 설교와 자신을 동일시하여서 말입니다. 설교를 가르치는 것은 굉장하고 두려운 책임입니다. 만일 당신이 사람들에게 설교를 하고 그들을 사랑하지 않는다면, 당신은 조커이며 지옥불과 저주를 자초할 위험에 처한 사기꾼입니다.

그리고 우리가 다른 설교자들을 섣불리 판단한다면, 우리가 누군가를 판단할 권리나 권위가 없음에도, 우리는 스스로를 판단하는 신으로 설정하고 있는 겁니다.

사랑하는 여러분!

여러분이 설교자로서 인기가 있다고 해서, 일요일에 수천 명의 사람에게 둘러싸여 있고, 사람들이 당신을 위대한 설교자라고 부르며, 찬사를 보내며, 등을 두드리며, 당신에게 돈을 주고, 당신의 감각을 만족시키고, 당신 앞에 절한다고 해서, 당신이 사실 위대한 설교자라는 것을 의미하지는 않습니다. **위대함**과 **인기** 사이에는 질적 차이가 있으며, 하나가 다른 하나로 번역되지는 않습니다.

생각해 보세요. 저는 그것이 직면하기 어렵다는 것을 알고 있지만, 당신이 위대하고 의미 있고 변혁적인 것을 말하고 있기 때문이 아니라, 사람들로 하여금 도전하지 않고, 그들이 자신들의 삶, 지역 사회와 세상을 변혁시키는 데 진지한 시각을 갖도록 돕지 못하기 때문에 많은 회중의 수를 확보하고 있는 것일 수 있습니다. 당신은 어쩌면 코미디언일 수도 있습니다.

교회의 어느 누구도 설교자에게 "이리 와서 우리를 변화시키십시오"라고 말하지 않습니다. 이는 마치 사람들이 "당신이 우리의 목사가 되기 전에 우리는 당신 없이도 잘 해 오고 있습니다"라고 말하는 것과 비슷합니다. 예수님의 설교와 가르침은 십자가의 죽음으로 이어졌습니다. 유명세가 아니라, 비인기입니다. 비인기는 나에게 유명세보다 기독론적이고 신학적입니다.

그리고 설교자들은 사회적, 정치적 혁명으로 이어질 죽음에 대해 말하는 데 관심이 없습니다. 마가복음에서 예수님이 설교하셨을 때, 바리새인과 서기관들이 귀를 막고 즉시 그를 죽일 음모를 꾸미기 시작했습니다 (막 2:6-7; 막 6:1-6). 예수님은 인기가 없었습니다.

모든 사람이 우리의 말을 듣고 싶어 한다면, 아마도 우리가 말하는 것은 누구에게도 문제가 되지 않기 때문일 것입니다. 설교는 청중을 기분 좋게 만들지만, 그들의 자아를 만족시키는 것 외에는 아무런 도움이 되지 않습니다. 은사를 받은 설교자는, 만약 당신이 그렇다면 항상 위대한 설교자는 아니며, 소위 위대한 설교자는 진실함이나 거룩함의 은사를 받지 못했을 수도 있습니다. 성격, 스타일, 감미로운 목소리, 카리스마, 무하마드 알리처럼 잘생기고 멋진, 아름다움, 다 맞습니다.

하지만 사랑, 정의 그리고 진리에 관해서는 어떠합니까?

4세기 북아프리카의 주교였던 성 아우구스티누스가 "말씀의 달콤함"이라고 불렀던 것을 당신의 일상 생활에서 소유하는 것은 어떻습니까?

예수님은 이렇게 말씀하셨습니다.

너희 중에 큰 자는 너희를 섬기는 자가 될 것이요(마 23:11).

마태복음에 나오는 예수님의 이 선언은 목회자와 주교로서 다른 어떤 것보다도, 또는 그 이상으로 손과 발로 시중을 받고자 하는 우리의 존재와 충돌합니다.

사실을 말씀드리면, 저는 주류 흑인 교회에서 '위대한 설교자'로 여겨진 적이 없습니다. 그리고 내 교회와 지역 사회에서도 그다지 인기가 없습니다. 이런 예능적이고, 대중 문화적이며, 어휘력이 좋고, 잘생긴 유명인과 인기인들 사이에서 살아남기 위해 열심히 일하고 연구해야 하며 기도해야 합니다. 그러나 제가 인기가 없을 수도 있고 확실히 위대하지 않을 수도 있지만, 저에게 중요한 것은 흑인의 삶, 즉 인간의 삶을 발전시키는 방식으로 연구하고 준비하지 않는다는 비판을 받고 싶지 않다는 것입니다.

그래서 고대 랍비들의 정신으로 저는 읽고, 다시 읽고, 읽지 않고, 쓰고, 다시 쓰고, 연구하는 설교자가 거룩한 행위에 참여하고 있다고 믿음으로써 거룩해지기를 추구합니다. 연구하는 것은 거룩함과 의로움의 행위입니다.[10] 설교자는 기도와 금식뿐만 아니라 온전한 자아를 계발해야 합니다. 그것은 목소리, 함성, 웃음 소리, 억양, 리듬만이 아니라 마음이기도

---

10 저는 버지니아대학교(University of Virginia)의 에드거 브론프만 현대 유대학 교수인 피터 옥스(Peter Ochs)에게 영적 실천, 거룩한 행위로 연구하는 개념에 대해 빚을 지고 있습니다.

합니다. 두뇌는 좌뇌와 우뇌를 가지고 있고, 인지적 측면과 감정적 측면이 있습니다. 설교는 모든 차원에서 뇌의 가소성의 발달을 요구합니다.

이 모든 것은 설교자가 본문 앞에 들어가도록 도와줍니다. 먼저 **자아를** 비켜 세우면 아마 하나님과 성령님이 자기 중심적 자아를 승화시키고 하나님의 말씀을 고양시킴으로 하나님의 은혜가 새롭게 변혁적인 방식으로 본문을 여는 방식으로 당신을 본문 앞 세계로 인도하실 것입니다.

7. 본문 앞에 서기

버지니아주 리치몬드에 있는 제이침례교회(Second Baptist Church)의 목사가 되기 위해 14년 만에 노퍽(Norfolk)의 첫 번째 목회지를 떠났을 때 저는 그리 흥분되지는 않았습니다. 저는 열광하지 않았고, 매혹되지도 않았으며, 아내와 어린 자녀들이 그들의 고향과 태어난 곳으로부터 서쪽으로 100마일 떨어진 남부연합의 옛 수도인 리치몬드로 가는 이유에 대한 확신이 없었습니다. 그리고 무엇보다 목회를 시작한 교회를 떠나는 것에 대한 안타까운 마음이 가장 컸습니다.

리치몬드와 노퍽은 여러 면에서 밤과 낮 같습니다. 사회 분위기와 문화는 완전히 다릅니다. 노퍽 교회의 문은 회전문이었고, 제가 재임하는 동안 교회에는 거의 500명의 교인이 있었으며, 1,800명이 넘는 사람들이 등록했습니다. 많은 사람이 해병대나 해군에 있었고 대부분은 노스캐롤라이나와 사우스캐롤라이나, 조지아, 미시시피 출신이었습니다. 진정으로 다양하고 사랑스러운 사람들의 공동체였습니다. 그리고 교회 사람들에게 사랑받는 느낌을 받았습니다.

이것은 낭만 주의가 아닙니다. 저는 사회적 정의와 교육적 기회를 지지하면서 지역 사회에서 매우 활동적이었습니다. 한편으로는 꽤 행복했지만, 다른 한편으로는 더 도전적인 일로 옮겨 가야 할 때라고 느끼며 불안했습니다. 그리고 그것은 도전적이었습니다.

제이침례교회로 부름을 받았을 때, 저는 두렵고 양가적이었습니다. 부정적 이야기는 이미 성가대의 특정 대원에 의해 유포되기 시작했습니다. 전임 목사는 42년 간의 섬김 끝에 주님 품에 안겼습니다. 사람들은 새로운 목회자를 청빙하는 긴 과정을 구성하고 설계했습니다. 자문 위원, 설문 조사, 배경 조사, 모든 유형의 리더십 관련 워크숍입니다.

거의 모든 역사적인 흑인 교회와 마찬가지로 그들은 변화를 원한다고 주장했습니다. 그들은 청소년 개발과 더 많은 참여를 원했습니다. 그들은 새로운 목사가 지도자가 되어 기존 문화를 변화시키기를 원한다고 말했습니다. 그러나 이것은 진실을 가장한 허구의 연습이었습니다. 여기서 제 말을 오해하지 마시길 바랍니다. 많은 사람이 그들이 거짓말을 하거나 그들 스스로를 속일 때 자신들이 진실을 말하고 있다고 믿기 때문입니다.

그래서 그 과정이 끝날 무렵 제가 선택을 받았지만, 무대에 서고 재판을 받는 것처럼 느껴졌습니다. 진정한 기쁨은 없었습니다. 저는 잘못된 말을 하거나 언제든지라도 제 목을 누군가가 칠 수 있는 무겁고 날카로운 칼날과 도끼를 들고 그림자 속에서 숨어 있는 것과 같은 느낌을 받았습니다. 그리고 그러한 가장이 민낯을 드러내기까지는 그리 오랜 시간이 걸리지 않았습니다.

사무실에 처음 도착한 날은 가장 무더운 8월 첫째 주 화요일 아침이었습니다. 꽃들과 환영 바구니들 그리고 기쁨과 축하를 상징하는 현수막들이 있었지만, 이는 곧 드러날 뻔한 부정적인 변증법이었습니다. 그것은 모든 사람이 아니라, 일부 교회 사람들이 어떻게 느꼈는지에 대해 말하는 것이었습니다.

교회에 온 첫날, 저는 스물세 살 때부터 목사로 일해 온 서른일곱 살이었습니다. 저는 다양한 사역을 대표하는 리더들을 만나고 경청함으로써 주일 계획을 세우기 시작했습니다. 그러나 그들은 '목회'라는 언어를 사용하지 않았습니다. 다양한 '클럽'과 '조직'이 있었습니다. 언어는 종종 목적을 명확히 하거나 모호하게 하며, 단어와 구는 중요하며 정확하고 신중하게 선택해야 하므로 나중에 다뤄야 했습니다. 그러나 그 첫날, 우리는 다가오는 일요일을 위한 교회 주보를 작성하고 있었습니다. 저는 목회실 비서에게 매우 기본적인 성경적 개념인 청지기 직분과 십일조에 관한 공지를 게시판에 넣어 달라고 요청했습니다.

"목사님께 그런 **권한**이 있다고 생각하지 않습니다."

제가 다른 말을 하기도 전에 그녀는 민첩하게 대답했습니다.

그녀는 또 말했습니다.

"목사님이 그렇게 하셔도 되는지 먼저 알아보겠습니다."

저는 허크 핀(Huck Finn)의 정신으로 스스로에게 말했습니다.

"침착해야 해!"

이 한 가지의 요청은 기존 현상 유지에 대한 위협이 되었습니다. 다시 말해, 망설임이나 떨림 없이 새로운 목회자가 강력한 지도자가 되기를 바라는 목회자청빙위원회의 바람이 공허한 이야기임을 알려 주었습니다. 허구의 서사입니다. 그들은 내가 리더가 아니라, 순응하는 자가 되기를 원했습니다. 흑인 교회에서 목사는 수년 동안 사람들을 도운 후에 지도자가 됩니다. 목회 리더십은 법적 현상이 아닙니다.

이 새로운 흑인 교회 교리 문답, 노골적인 저항의 물속(미시시피강보다 더 탁하고 제임스강보다 더 깊은 물에서)의 세례는 제가 어떤 종류의 연옥이나 지옥에 빠졌는지 궁금해하도록 만들었습니다. 목회 비서의 말은 여전히 트럼펫 소리만큼 좌우 날선 검처럼 날카롭게 울려 퍼집니다.

"목사님께 그런 권한이 있다고 생각하지 않습니다."

목회적 권위에 대한 그녀의 말은 내 경험과 분별력뿐만 아니라 내 소명에 대해서도 의문을 갖게 만들었습니다.

바로 그 순간, 저는 복음을 전파하라는 부르심이 참으로 어리석음의 한 형태임을 배우게 되었습니다(참조. 고전 1:18). 사실 저는 청빙 절차를 거친 정당한 목사였습니다. 사실, 그녀가 허가를 구하기 위해서 전화해야 할 사람은 바로 청빙된 목사인 저였습니다. 내 간단한 요청에 대한 그녀의 부조리한 반응은 앞으로 다가올 일의 신호였습니다.

참고로, 목사가 목사 되기 위해서는 취임 예배 이상의 것이 필요합니다. 성도들을 돕는 것이 필요하다는 것을 다시 강조합니다. 병원, 학교, 가정, 감옥에 있는 성도들을 방문해야 합니다. 성도들이 그들의 자녀들을 양육하도록 도와주고 그들의 식탁에 고기가 없을 때 음식을 사 주는 것이 필요합니다. 희생과 변치 않는 깊은 사랑이 필요합니다.

시간이 걸립니다!

그리고 궁극적으로 삶과 죽음의 문제에서 그들을 돕는 것이 필요합니다. 한 세대에 걸친 장례식과 세례가 필요합니다. 많은 슬픔과 고통이 필요합니다. 수년간의 설교와 가르침이 필요합니다.

내가 말하고자 하는 요점은 우리가 사람들에게 말하는 것, 말로 그들과 관계를 맺는 방식을 주의 깊게 관찰하고 확인해 봐야 한다는 것입니다. 교회에서의 스트레스로 인해서 쇠약해지고 거의 마비되는 상태에 이르게 되고, 이는 제가 (목회를) 그만두기 직전까지 몰아붙이는 불안감을 일으켰습니다. 그 간극은 교회의 인식 정치와 전통의 제도화 그리고 하나님의 백성에 대한 신성하면서도 거룩하지 않은 지배로 인해 너무 넓고 갈라졌습니다.

사실 교회와 지역 사회에서 우리의 행동에는 사악하고 추악한 것이 있습니다. 내가 말하는 것의 의미는 아마도 산문보다는 시, 특히 랭스턴 휴즈(Langston Hughes)의 시 〈사악한 아침〉(Evil Morning)에서 가장 잘 표현된 것 같습니다.

내 발은 수렁에, 내 마음은 늪지에 빠진 채[11]

일을 시작한 지 불과 몇 달 되지 않은 어느 가을 저녁 (무질서하고, 소란스럽고, 논쟁을 좋아하고, 싸울 준비가 되어 있는) 많은 사람이 저를 회의에 불러, 왜 그들이 저와 저의 리더십 스타일을 그토록 싫어하는지, 어느 주일에는 그들이 예배를 주관하기 때문에 교회에 안 나와도 되는지 그리고 바로 저의 존재가 그들의 예배 경험과 영적 축제에 방해물이라는 것을 설명해 주었습니다.

제 이름은 공공 장소, 시내 버스, 미용실, 이발소에서 조롱당했고, 교회는 성도들이 거의 자연스럽게 복음 성가와 싱어들과 설교자들의 불협화음에 의해 촉발된 드라마에 참여하도록 동기부여를 받으면서 축제에서 구경거리고 옮겨 갔습니다.

이런 압박감 속에서 저는 평정심을 유지하고 하나님의 말씀을 전파하기 위해 애썼지만, 그것은 축복이라기보다는 거의 부담에 가까웠습니다. 이것은 폭풍이었고, 제 쪽에 있던 사람들, 심지어 제가 그들을 섬기도록 투표한 사람들조차도 쿠데타를 일으키기 위해 음모를 꾸미고 있었습니다. 저는 회오리 바람의 소용돌이에 휩싸였고, 제 영혼은 평화가 거의 또는 전혀 없는 폭풍우의 중심에 있었습니다.

폭풍 속에서 설교하는 것은 그 누구도 바라지 않는 끔찍한 짐입니다.[12] 설교를 하고 싶었지만 저는 간신히 침대에서 일어났고, 명목상으로만 교회에 다니는 것이 더 힘들었습니다. 저는 (영적으로, 육체적으로 그리고 심리적으로) 깊은 우울증에 빠져 있었고, 그 파괴적 힘에 맞서 싸우기 위해 마음과 몸의 모든 에너지를 다 소비했습니다. 입맛이 사라졌고, 체중이 빠

---

11 Langston Hughes, "Evil Morning," in *The Collected Works of Langston Hughes* (Columbia: University of Missouri Press, 2001), 2:69.
12 참조. H. Beecher Hicks Jr., *Preaching Through a Storm* (Valley Forge, PA: Judson, 1976).

졌으며, 머리카락과 정신을 거의 잃었습니다. 허무주의가 저를 사로잡으려고 했습니다.

그러나 하나님의 은혜로, 저는 믿음이 더 강해지고 더 높은 곳으로 치솟았기 때문에 희망을 잃지 않았습니다. 그리고 사람들이 예수님을 악마라고 말했던 마가복음에서처럼, 그들은 저에 대해 말했고 그는 "설교할 수 없다"는 말을 더했습니다.

이 이야기는 흑인 설교자의 죽음입니다!

일종의 십자가 처형입니다.

불행히도 많은 경우에 그것은 허구, 주관적인 악 또는 주체에 대한 혐오에 근거합니다. 이제 이런 혐오는 종종 텔레비전, 라디오, 지역 교회 문화, 소문, 신학생 및 일부 교수에 의해 결정되는 대중 문화 윤리에 근거합니다. 제 학생과 일부 인턴도 가장 비판적이고 주관적이며 정치적으로 파괴적인 내러티브를 받아들이는 경향이 있습니다. 사람들이 스스로 생각하고 다른 사람을 판단할 때 윤리적이기가 어렵습니다. 그것은 흑인 설교자의 허구적 서사입니다. 흑인 설교자의 죽음을 예고하기 위한 가상의 이야기입니다.

이 내러티브는 종종 다른 설교자들에 의해 발전되는데, 그 이유는 교회와 공동체에서 목회자나 설교자의 문제 뒤에는 보통 다른 설교자나 목사가 있기 때문입니다. 저는 어느 정도 슬픔과 부끄러움을 느끼면서도 이것이 사실임을 알고 있다는 확신을 가지고 이 말을 합니다.

사람들이 흑인 설교자가 "설교할 수 없다"고 말하는 것은 의사가 치료할 수 없다고 말하는 것보다 더 나쁩니다. 그것은 자신이 존재한다고 주장한 것과는 정반대입니다. 그것은 인식론적 오류입니다. 아니, 그것보다 훨씬 더 끔찍합니다. 그것은 수행과 미학에 근거한 기준이 있는 흑인 설교자에게만 적용되는 존재론적 부정 또는 거세 시도입니다. 그것은 자아에 국한되지 않고 하나님에게까지 확장되는 '존재'에 대한 모욕입니다.

다른 말로 하면, 다른 설교자가 흑인 설교자는 설교할 수 없다고 말하는 것은 당신이 그런 자격 없는 사람을 부르시는 하나님의 지혜에 의문을 제기하는 것입니다. 그것은 하나님이 어떤 설교자를 그렇게 재능이 없고 흑인으로 만드는 하나님이 될 수 없다는 것입니다.

⟨사악한 아침⟩은 당신이 하나님의 잘못된 판단에 대한 심판자이며 하나님이 특정 흑인 설교자에게 설교하도록 부르셨음에 대해 착오를 범했다고 말하는 것입니다. 그것은 연약하고 나약한 설교자의 인류학적 딜레마를 완전히 무시하는 것이며, 진지하게 말하면, 하나님께서 택하신 그리스도의 흑인 대표자는 "설교할 수 없다"고 주장함으로써, 십자가에 박은 못을 재차 예수님께 박아 넣는 것입니다.

설교자는 질그릇 속 보배가 아니라 장신구라는 것입니다(고후 4:7).

보배라고요?

아닙니다.

황금 도전입니까?

아닙니다.

은 냄비입니까?

아닙니다.

하나님의 놀라운 대변자요?

아닙니다.

하나님의 백성에게 주시는 하나님의 축복입니까?

아닙니다.

흑인 설교자가 설교할 수 없다고 말하는 것은 설교자를 자동 기계로 만들고 창조적이고 강력한 하나님의 말씀을 자동차 부품의 조립 라인과 같은 물질 문화의 무익한 산물로 만드는 것입니다.

그러나 부정적이고, 추악하고, 심지어 악한 말에도 불구하고, 우리는 제이 지(Jay-Z)가 말하는 것처럼 검은 피부의 설교자들이 일어나 "어깨를 털어 내고"있습니다. 그런 다음 그들은 서재로 돌아가 책상에 앉아 하나님과 뮤즈가 그들이 하도록 부름받은 일을 존중하기 위해 열심히 일하도록 영감을 주시기를 기도합니다.

진실된 현실을 직시합시다. 삶의 짐이 당신의 마음과 영혼에 너무 무거워서 실제로는 복음을 전하기 어려웠던 최악의 날에 누군가는 당신의 말을 들었을 것입니다. 그날, 그 시간과 장소에서, 당신이나 저는 하나님께서 우리에게 하라고 부르신 일을 하지 않은 죄를 지었을 수도 있습니다.

"설교자는 설교할 수 없었습니다."

흑인 설교자에게만 해당되는 판단이며 백인 또는 비흑인 설교자에 대해서는 거의 언급되지 않았습니다. 설교는 항상 어려운 일이며, 당신이 부름받은 것에 대해 정의를 행하려는 헌신적이고 단호한 열망을 요구합니다. 입을 열 수 있다면 네, 설교할 수 있습니다.

당신이 읽고, 다시 읽고, 읽지 않기를 할 수 있다면, 설교할 수 있습니다. 만약 당신이 연구하고 기도할 수 있다면, 설교할 수 있습니다.

사도 바울이 고린도전서 2:4에서 말한 것처럼, 설득력 있는 지혜의 언어가 아닐 수도 있습니다.

재레나 리(Jarena Lee), 드와이트 리딕 시니어(Dwight Riddick Sr), 제임스 퍼킨스 주니어(James Perkins Jr), 찰스 부스(Charles Booth), 제프리 V 건스(Geoffrey V. Guns), 엘라 미첼(Ella Mitchell), 아민 플라워스(Amin Flowers), 또는 스티븐 블런트(Steven Blunt)와 같지 않을 수도 있습니다.

윌리엄 H 커티스(William H. Curtis), 윌리엄 존슨(William Johnson), 조이 카터 마이너(Joy Carter Minor), 마커스 앨런(Marcus Allen), 또는 당신의 가족, 교회 또는 신학교 수업에 있는 누구 와도 같지 않을 수도 있지만, 만약 하나님이 당신을 설교하라고 부르셨다면, 다른 연약하고 약한 설교자의 어떤 말이 당신의 입을 닫게 하지 마십시오.

서로에 대한 우리의 말은 종종 해롭고 상처를 줍니다. 저는 설교자들이 사랑과 친절로 진리를 말함으로써 서로를 세워 주는 법을 배우고, 그에 따라 그리스도의 영으로 서로를 격려하기를 바랍니다.

하나님의 말씀은 우리의 말보다 더 강력하며, 말씀은 설교의 마무리를 나타냅니다. 그것은 토머스 G. 롱(Thomas G. Long)이 "유서 깊은 설교학적 방식"이라고 부른 것으로 쓰여진 결론인데, 설교자가 이 메시지를 하나님의 말씀의 능력에 대한 찬사로 마무리할 때입니다.[13]

하나님의 말씀은 살아 있고 운동력이 있습니다. 그 힘은 잠자고 있거나 정지해 있는 것이 아니라 살아 있고, 열정과 용기가 가득 차 있고, 힘과 능력으로 가득 차 있고, 미덕과 승리로 가득 차 있습니다. 하나님의 말씀은 활발하고 살아 있으며, 마음과 생각 깊은 곳에서 역사하고, 우리의 양심에 작용하며, 서로 서로와의 관계와 하나님과의 관계에 대한 새로운 이해를 구축합니다.

8. 사랑은 쌓이고, 지식은 부풀어 오른다

> 우상의 제물에 대하여는 우리가 다 지식이 있는 줄을 아나 지식은 교만하게 하며 사랑은 덕을 세우나니 만일 누구든지 무엇을 아는 줄로 생각하면 아직도 마땅히 알 것을 알지 못하는 것이요 또 누구든지 하나님을 사랑하면 그 사람은 하나님도 알아 주시느니라
> (고전 8:1-3).

10여년 전, 미국은 최초의 영국인 정착지인 제임스타운(Jamestown)의 400주년을 기념했습니다. 그러나 대영제국이 식민주의의 설계자였고 종

---

13 Thomas G. Long, *Hebrews* (Louisville: Westminster John Knox, 1997).

종 피부가 검은색, 갈색 또는 황색인 등 증오받는 타자를 지배했다는 것을 잊지 마십시오. 아프리카계 미국인으로서 우리의 역사와 영국 제국주의가 아프리카, 아시아, 카리브해의 식민지화에서 수행한 역할을 잊지 말아야 합니다.

목화가 왕이었던 미국에서는 흑인 노예들이 임금 없이 목화를 따서 토머스 제퍼슨의 몬티첼로(Thomas Jefferson's Monticello)와 버지니아대학교(the University of Virginia)를 세웠습니다. 잊지 맙시다. 그 화려함과 상황이 흑인들, 아메리카 원주민들 그리고 대영제국에 의해 노예가 된 다른 사람들에게 얼마나 힘든 길이었는지에 대한 우리의 기억을 지워버리지 않도록 하십시오.

우리는 미국 대통령과 다른 정치인들이 전 세계의 민주주의, 흑인과 가난한 사람들이 아직 완전히 경험하지 못한 민주주의에 대해 이야기하는 것을 들었습니다. 흑인들은 민주주의의 한복판에서 300년 넘게 노예였지만, 그 후에도 민주주의의 요람에서 투표하려면 인두세를 내야 했습니다.

우리는 민주주의의 땅에서 린치를 당하고 육체적으로나 정신적으로 거세를 당했습니다. 미국과 영국의 민주주의는 흑인과 힘없는 자들에 대한 지배와 예속을 의미했습니다. 민주주의는 다수의 언어입니다. 그것은 본질적으로 소수자를 억누르고 반대의 목소리를 진압하는 것이 원칙입니다. 더 중요한 것은 약자를 괴롭혀 복종하게 만들고 타자를 그들의 정체성을 말살하는 보편주의로 집어삼킨다는 것입니다.

민주주의는 타자, 즉 흑인과 소수자를 체계적으로 말살하는 결과를 낳았습니다. 읽지 않음을 통해서만 우리는 민주주의의 의미와 실천에 대해 더 자비롭고 더 완전하게 이해할 수 있습니다.

2006년, 교황 베네딕토 16세는 예언자 무함마드의 가르침 중 일부를 "악하고 비인간적"이라고 특징지어진 비잔틴 황제의 말을 인용했습니다.¹⁴ 그러나 그는 이슬람을 비방하려는 의도가 아니었다고 말합니다.

지식은 정치와 종교에 풍부합니다. 유대교, 그리스도교, 이슬람교에 지식이 풍부합니다. 사도 바울은 이렇게 말합니다.

> 우리가 다 지식이 있는 줄을 아나(고전 8:1b).

맞습니다, 우리는 그렇습니다.

원자력과 핵물리학에 대한 지식은 미국이 세계에서 유일하게 다른 나라에 핵폭탄을 사용하는 나라라는 명성을 갖게 해 주었고, 히로시마와 나가사키에서 수천 명의 일본인의 몸과 건물을 산산조각 냈습니다. 전 세계가 이것을 알고 있으며, 그것이 바로 그들이 어떻게 권력이 스스로를 영속화하고 반란의 유사성을 진압하는 데 사용되는지에 대한 자신의 지식으로 무엇을 해야 하는지 스스로에게 묻고 있는 이유입니다. 질문의 지식은 신학적입니다. 우리는 주님을 찬양하는 대신 지식을 숭배하고 있습니다.

지식은 부풀립니다. 사랑은 세워 줍니다. 그것은 상대적 현상이며 실천입니다. 지식에는 선이 있기 때문에 바울은 지식을 적대시하지 않습니다. 지식 자체는 적이 아니지만 다른 것과 마찬가지로 지식도 우상 숭배 행위로 이어질 수 있습니다.

믿음과 사랑이 결여된 지식은 일종의 우상 숭배적이고 위험한 이기주의의 한 유형입니다. 친절과 동정심이 결여된 지식은 권력과 지배의 길을 가로막는 모든 것을 무력화하고, 파괴하고, 전멸시킬 수 있는 사악한 파

---

14 Frances D'Emilio, "Vatican Says Pope 'Regrets' Remarks About Islam Founder," *Pittsburgh Post-Gazette*, September 16, 2006, https://www.post-gazette.com/news/world/2006/09/17/Vatican-says-pope-regrets-remarks-about-Islam-founder/stories/200609170251.

괴적 힘입니다. 이것은 우리 지도자들이 미국 민주주의를 말하면서 동시에 힘없는 사람들을 지배하면서 능글맞게 웃게 만드는 동일한 과시된 지식, 허풍스러운 지식, 헛된 지식입니다.

"우리가 다 지식이 있는 줄을 아나"라고 말하는 바울은 지식은 자랑할 것이 아니라고 제안하고 있습니다. 그렇습니다. 우리 모두는 지식이 있습니다. 그러나 지식을 자랑하는 것은 미덕이 아닙니다. 그런데 바울은 고린도 교회의 지식을 칭찬하지 않습니다. 이것은 다른 무엇보다도 기소에 가깝습니다.

하나님이 주신 선물로 올바르게 이해된 지식은 우리가 자랑할 만한 것이 아닙니다. 왜냐하면, 우리가 지식을 마치 우리의 것처럼 자랑할 때, 우리가 하는 모든 것은 우리 자신의 무지를 선언하는 것이기 때문입니다. 여기에 아이러니가 있습니다. 자랑을 많이 하면 할수록, 우리 아버지가 말씀하시던 것처럼 더 '무지한' 소리가 납니다. 그리고 우리 모두는 자신과 세상에 대한 약간의 지식은 많은 것보다 훨씬 더 위험하기 때문에 조심해야 합니다.

다시 말하지만, 바울은 우리 중 많은 사람과 마찬가지로 지식의 적이 아닙니다. 하나님의 백성에게는 우리가 얻을 수 있는 모든 지식이 필요하지만 그것은 권력과 같습니다. 사람들에게 약간의 권위를 주면 당신이 그것을 알기도 전에, 그것으로 '교만'해질 것입니다. 그리고 당신은 세상에 무슨 일이 일어 났는지 궁금해합니다.

그들의 머리는 어떻게 그렇게 빠르게 커졌을까요?
더 많이 배우고 알수록, 자신의 한계와 유한성을 이해하게 되고, 하나님의 무한한 지식과 사랑, 선하심을 더 많이 이해해야 하기 때문입니다.

사랑하는 형제자매 여러분!
미워하지 마십시오. 당신만큼 능력이 없어 보이는 사람에게 화를 내지 마십시오. 우리는 배우고, 읽고, 열심히 공부하고, 도서관에 남아서 밤샘을 해야 하지만 두려움을 가라앉히고, 저의 갈망을 줄이는 것은 지식이 아니라는 것을 잊지 말아야 합니다. "미안합니다" 또는 "실례합니다"라고 말하게 만드는 것은 지식이 아닙니다.

오늘 아침에 나를 깨워 계속해서 일할 수 있게 해 준 것은 지식이 아니라고 증언할 수 있습니다. 그것은 지식이 아닙니다. 그것은 저의 연약하고 나약하고 부풀려진 지식이 아닙니다. 자유와 해방을 주는 것은 지식이 아닙니다. 왜냐하면, 바울은 "우리가 다 지식이 있는 줄을 아나"라고 말했기 때문입니다. 지식은 부풀어 오르지만 사랑은 쌓입니다. 부분적인 지식을 가진 설교자로서, 구타를 당하고, 낙담하고, 억압당한 사람들을 세우고 싶습니다.

다시 말하지만, 지식은 부풀어 오릅니다. 지식은 자아를 부풀립니다. 지식은 자아에 초점을 맞추어 부정적이고 거짓된 자부심을 만듭니다. 부풀어 올라, 오만하고 거만하게 만듭니다. 그것은 자신을 너무 높게 생각하게 만듭니다. 이것은 자비로운 마음과 영혼을 통해 축을 만들지 못한 머리 지식입니다.

부풀어 오른 이 지식은 힘든 삶의 경험, 고난과 역경의 여정, 슬픔과 괴로움의 여정을 거치지 않은 지식입니다. 이것은 두통의 긴 구불구불한 길이나 고통, 절망, 낙담의 굽이지고 미끄러운 경사를 여행하지 않은 머리 지식입니다. 이 제한적이고 일방적인 지식은 우쭐대고 마치 자신이 다른 사람을 지배하는 힘을 가진 것처럼 걷게 만들며, 실제로 종종 다른 사람에 대한 경멸과 거드름을 나타냅니다. 이것은 부풀어 오른 지식입니다.

그러나 사랑하는 설교자들이여!

여기에 주장이 있습니다.

사랑은 쌓입니다. 기독교 윤리와 신학 그리고 실천에서 지식은 항상 부풀어진 교만이 아니라 사랑으로 이어져야 합니다. 사랑은 인격과 존경심을 세우고, 교화하고, 정의를 만듭니다. 사랑은 다른 사람과 자신의 힘을 키워 줍니다. 사랑은 다른 사람들에게 유익을 줍니다. 사실 사랑의 중심은 자기 자신이 아니라 타인입니다. 그것은 다른 사람들을 행복하게 하기위해 노력합니다. 사랑은 교회를 세웁니다. 사랑은 공동체를 세웁니다. 사랑은 행동과 태도와 기질의 발전을 통해 가정, 학교, 국가, 즉 세계를 형성합니다.

사랑은 진정한 지식입니다. 사랑은 진정한 이해입니다. 사랑은 권력의 자리입니다. 사랑은 소망의 아비요 경건의 소생입니다. 희망과 꿈을 갈기갈기 찢은 혐오스러운 무관심의 바람과 공포의 급류로 구타당하고 무너진 사람들을 세울 때, 그것이 진정한 지식입니다. 그게 사랑입니다.

참된 지식과 참된 사랑은 하나로 묶여 있습니다. 그들은 동정심과 이해심으로 서로 연결되어 있습니다. 아이들의 자존감을 키워 주고 어른들이 목표와 가능성을 이룰 수 있도록 도와줄 때, 그것이 바로 사랑입니다. 가난한 사람들을 존경과 사랑으로 대하고, 그 과정에서 누군가를 돕기 위해 시간을 할애할 수 있도록 자신의 성품을 쌓는 것, 그것이 바로 사랑입니다.

바울은 나중에 다음과 같이 기록하면서 더욱 분명하게 밝혔습니다.

> 사랑은 오래 참고 사랑은 온유하며 시기하지 아니하며 사랑은 자랑하지 아니하며 교만하지 아니하며 무례히 행하지 아니하며 자기의 유익을 구하지 아니하며 성내지 아니하며 악한 것을 생각하지 아니하며(고전 13:4-5).

9. 억압받는 자들에게 복음을 선포하라

> 주 여호와의 영이 내게 내리셨으니 이는 여호와께서 내게 기름을 부으사 가난한 자에게 아름다운 소식을 전하게 하려 하심이라 나를 보내사 마음이 상한 자를 고치며 … 여호와의 은혜의 해와 우리 하나님의 보복의 날을 선포하여 모든 슬픈 자를 위로하되 (사 61:1-2).

이 성경 말씀은 저에게 흑인의 영성인 "좋은 소식이지 않습니까"(Ain't That Good News)를 상기시켜 줍니다. 저는 뉴스를 보고 듣는 것을 좋아합니다. 이것은 저에게 새로운 취미가 아닙니다.

어렸을 때 저는 숲 가장자리에 있는 뒷길을 따라 우리가 큰 집(Big House)이라고 부르는 할머니와 이모가 사는 곳으로 걸어가곤 했습니다. 그곳은 가족이 모이는 곳이었고 매일 저녁 6시경 아빠와 저는 뉴스를 보곤 했습니다. 그것이 제가 미국이 피델 카스트로(Fidel Castro)를 전복시키려 했을 때 긴장으로 가득 찬 쿠바 미사일 위기와 피그스만(Bay of Pigs) 실패와 같은 사건의 세부 사항을 기억하는 방법입니다.

케네디 가문(Kennedys), 대통령과 그의 형제인 바비(Bobby) 그리고 저항과 항의 그리고 압력을 받는 침착함의 상징이었던 저의 영웅인 마틴 루터 킹 주니어의 암살을 기억합니다. 더욱이 킹의 목소리와 예리한 마음은 지금까지 미국 대중 담론에서 인정되지 않은 흑인의 자부심과 흑인의 힘을 의미했습니다. 킹은 진정한 공공 지식인이자 공공 신학자였습니다. 그의 사회 운동은 그의 교회 소속과 그의 지적 통찰력에서 성장했습니다.

저는 1968년 여름 소련(the Soviet Union)이 체코슬로바키아(Czechoslovakia)를 침공한 것을 기억하고 베트남전쟁에서 죽은 수천 명의 사진을 보았습니다. 저는 그 흑인 남녀들이 자유와 정의를 위해 셀마(Selma)와 버밍엄(Birmingham) 거리에서 행진하는 것을 지켜봤습니다. 저는 구타를 보았고, 개들이 늙은 흑인 남녀와 십 대들 그리고 어린 아이들을 공격하는 것을 보았습니다. 텔레비전 뉴스는 편집자와 경영진에 의해 삭제되었지만, 미국의 인종에 대한 시련의 사악함과 흑인들에 대한 증오를 세계의 눈에 띄게 했습니다.

저는 저녁 뉴스를 보며 자랐고, 이제 하루 24시간 뉴스가 방송되므로, CNN, CNBC, FOX, CBS를 시청합니다. 저는 BP가 소유한 석유 굴착기들이 걸프만(Gulf) 아래에서 수 마일 떨어진 곳에서 석유를 분출하여 물고기와 게를 죽이고 두꺼운 기름 폐기물로 루이지애나(Louisiana), 앨라배마(Alabama), 미시시피(Mississippi) 해안을 파괴하는 것을 봅니다. 그리고 이제 이 같은 사업가들이 미국 정부와 정치를 담당하고 있습니다.

주지사, 상원의원, 의회가 월가(Wall Street)의 탐욕을 끌어당기고, 부패와 주택 위기를 주도한 기업에 대해 형사 고발을 하려 한다고 하는 것에 대해 이야기하는 것을 들었습니다. 하지만 그들은 공교육, 공공주택, 공중보건, 가난한 사람들 그리고 주변화된 사람들에 대해 전혀 관심이 없습니다. 민주당원들과 공화당원들이 재선에 대해 걱정할 때, 우리는 소수의 사람들이 가난한 사람들과 억압받는 사람들을 돕는 데 말로만 봉사하는 것을 듣습니다.

그러나 흑인이고 가난한 것은 힘든 일입니다. 고등학교에 다닐 때까지 우리 가족에게 전기와 수도가 없었기 때문에 직접 체험으로 알고 있으며, 겨울에는 난방을 충분히 공급받지 못하였고 여름에는 에어컨이 없었습니다. 저는 별채, 침실용 변기, 발 욕조, 양동이 물로 자랐고, 주말에만 목욕을 했습니다. 그래서 매일 아침 일어나서 학교에 갈 수 있어서 기뻤고, 학교에서 따뜻한 점심을 제공하기 시작할 때, 거의 천국에 온 것 같았습니다. 이것은 본문을 읽고, 다시 읽고, 읽지 않는 것에 대한 저의 사랑을 설명할 수 있습니다. 삶은 배움이고 배움은 삶입니다.

TV와 신문은 뉴스로 가득 차 있지만, 좋은 소식은 아닙니다. 살해, 강간, 살인, 총기, 총알과 같은 나쁜 소식입니다. 라힘 드본(Raheem DeVaughn)은 그의 마빈 게이(Marvin Gaye)와 같은 리듬 앤 블루스 발라드곡 〈방탄〉(Bulletproof)[15]에서 정부와 지역 사회의 폭력에 대한 사회적 논평을 제공합니다.

15　Raheem DeVaughn의 세 번째 정규 앨범 *The Love and War MasterPeace* (RCA/Jive Records, 2010)의 "Bulletproof" 가사.

> 어떤 사람들은 기름 때문에 죽고, 땅 때문에 죽일 것입니다 …
> 우리는 장전하고, 당기고, 조준하고 쏩니다 … 방탄처럼 살고 있습니다.

나쁜 소식이 방송, 인터넷, 신문의 첫 페이지를 지배하지만 우리는 이미 그것을 알고 있습니다. 그것이 내가 회중에게 말해야 할 전부라면 집에 머물면서 역겨움과 수치심에 이불을 덮을 수도 있었을 것입니다. 그러나 그것이 내가 여기 있는 이유가 아닙니다. 저는 다른 이유, 다른 동기, 다른 정신 때문에 여기에 왔습니다.

이집트 포로 생활 400년 후, 예언자 이사야는 세상을 뒤흔들고 의식을 뒤흔드는 변혁의 좋은 소식을 전하기 위해 왔습니다. 나쁜 소식은 오고 갔습니다. 우리는 충분히 오랫동안 울었고 고통은 거칠고 힘들었으므로, 선지자가 와서 좋은 소식을 전했습니다.

> 주 여호와의 영이 내게 내리셨으니 이는 여호와께서 내게 기름을 부으사 가난한 자에게 아름다운 소식을 전하게 하심이라 나를 보내사 마음이 상한 자를 고치며 포로된 자에게 자유를, 갇힌 자에게 놓임을 선포하며 (사 61:1).

이사야서의 본문과 흑인 영가에 나오는 하나님의 왕국은 종말론적 왕국이 아니라 '현재적 왕국'입니다. 그 왕국을 살고 있습니다. 왕국은 다음 세상만큼이나 이 세상에 관한 것입니다. 왕국의 요구는 빈곤, 정의, 공정성, 억압받는 자의 해방 문제에 대한 권력과의 대결이 새로운 '새로움', 즉 연기할 수 없는 즉시성을 요구하는 시급한 사업이라는 것입니다. 즉시성은 그 자체로 해방의 구성 요소이며, 설교자는 현재적 하나님의 나라를 가져오는 임무에 부름받았습니다.

오늘날 이론과 실천으로서의 사회 정의는 하나님의 말씀에 근거한 거룩한 현상입니다. 이 기름 부음의 영은 가난한 사람들에게 좋은 소식을 전파하고 압제받는 사람들을 해방시키는 데 기초가 됩니다.

이사야 61:1-11에 나오는 선지자의 언어는 하나님의 본성과 뜻에 매우 필수적이어서 누가복음의 저자는 그 스스로를 설교자이자 주권자이신 주님의 대표자로서 이해한다는 증거로 이와 동일한 예언자적 말씀을 예수님의 입술에 두었습니다(참조. 눅 4:16-21).

설교자의 사명은 교회와 세상에 사회 정의와 변혁을 선포하고 가져오는 것입니다. 이것이 바로 설교자, 교회, 공동체가 거룩하고 기름 부음을 받고 영적이라는 의미입니다. 말씀의 선포자는 설교자와 인간으로서의 우리의 정체성이 전 세계의 가난하고 억압받는 사람들과 관련이 있다는 것을 이해하도록 불가피하게 부름받았습니다. 이것은 정의의 문제와 변혁을 위한 설교가 목회자가 되는 것의 일부라는 것을 의미합니다. 이 일, 이 사역, 이 부르심은 본질적으로 가난한 사람, 병든 사람, 저는 자, 권리를 박탈당한 사람, 낙담한 사람을 돕는 일입니다.

예언자적 목회자/설교자가 되는 것은 흑인들이 매일 직면하는 경제적, 인종적, 사회적 문제의 깊이를 이해해야 하는 인간사를 절충하는 것입니다. 설교자는 제국주의적이고 적대적인 환경에서 섬기도록 강요받고 있습니다. 그러므로 억압받고 가난한 사람들을 위한 또 다른, 더 희망적인 세상을 창조함으로써 자신의 사회적, 정치적 위치를 읽고, 해석하고, 다시 읽는 것은 설교자의 의무입니다.

예수님과 마틴 루터 킹 주니어의 정신에 입각하여, '인생을 재구성하는 것'은 흑인 설교자가 매 주일과 주중 매일 해야 할 일이라는 것을 모든 사람이 이해하는 것이 중요합니다. 이 언어는 '본문을 읽지 않음'을 말하는 또 다른 표현입니다.

이것은 오늘날 우리가 라디오와 텔레비전에서 신봉하는 설교자들에게서 듣는 것과 정반대입니다. 그들은 너무 자주 개인적인 번영과 이기적인 이득에 대해 이야기합니다. 온 교회와 지역 사회가 잘 산다면 번영하는 것도 괜찮지만, 당신의 교회와 공동체 안에 있는 평범한 성도들이 생계를 유지하기 위해서 애쓰는 동안 번영과 사치스럽게 사는 것을 설교하지는 맙시다. 사람들과 부를 나눕시다.

예수님이 그의 첫 공적 설교로 인용한 선지자 이사야의 말은 기독교 공동체가 존재하는 진정한 이유를 일깨워 줍니다.

…가난한 자에게 아름다운 소식을 전하게 하려 하심이라 나를 보내사 마음이 상한 자를 고치며 포로된 자에게 자유를, 갇힌 자에게 놓임을 선포하며. 여호와의 은혜의 해와 우리 하나님의 보복의 날을 선포하여 모든 슬픈 자를 위로하되(사 61:1-2).

이 말씀은 설교자/선지자의 임무의 개요를 놀랍도록 명확하고 단순하게 설명합니다.

딜레마와 어려움에 시달리는 세상에서, 회당, 교회, 사원은 시련 속에서 하나님께 신실한 가난하고 고통받는 사람들에게 좋은 소식을 전함으로써 하나님의 회복의 도구가 되도록 부름을 받았고, 그들의 경험으로 인해 짓밟히고 낙담한 사람들의 마음을 치유하고, 빈곤, 절망, 노예제도 및 다른 형태의 불의에 묶인 사람들에게 자유의 메시지를 나누고, 하나님께서 고난의 시기를 끝내시고 은혜를 통해 하나님의 의와 목적을 이루실 때가 왔다고 선포해야 합니다.

그것이 바로 복음입니다. 복음은 당신이 그것을 할 수 있다고 매우 강력하게 말합니다.

"당신은 고등학교와 대학교를 졸업할 수 있습니다."

"직장을 얻을 것이고 노숙자가 되지 않을 것입니다."

복음은 이렇게 말합니다(시 34:11-22).

10. 구두로 쓰여진 설교

아프리카계 미국인 설교는 종종 50명의 군중에게, 두 보이스(W. E. B. Du Bois)가 말하듯이, 1000명에게 하는 발화 사건입니다.[16] 그러나 설교자의 언어 과정에서 이런 현상은 설교자의 심리와 인격에 근거합니다. 이것이 내가 **영성** 또는 **미학**이라고 부르는 것을 선호하는 것이며, 이는 설교 과정의 필수적 부분입니다.

이것이 바로 사도 바울이 "성령의 나타나심과 능력으로"라고 일컫는 것이며, 이것에 대해 저는 저의 책, 『단순하게 만든 말씀』(*The Word Made Plain*)에서 해석으로서의 설교 행위라고 말한 것입니다.[17]

쓰여진 설교는, 설교자에 의해 **말해질** 때, 종종 논리의 법칙을 무시하고 영적 사업으로 변모합니다. 이것은 영적 특징을 품고 있으며 회중이 설교를 이해하고 인식하는 데 기여할 수 있는 설교의 언어적 전달인 **말함**입니다. 억양, 당김, 흉내, 몸짓(손뿐만 아니라 몸 전체) 그리고 음악적 전달이나 설교의 음조와 같이 부수적이고 부차적이라고 생각되는 요소들은 사실 중요하며 쓰여진 설교와 함께, 기록된 담론의 또 다른 예제가 아니라, 설교를 설교로서 지지하도록 도움을 줍니다.

이것들은 백인 설교자들이 종종 외면하지만 흑인 설교자들이 수용하는 설교의 새겨진, 외부적, 영적 표시들 중 일부입니다. 리쾨르 역시 "이런 의미에서 담론을 소외시키는 것으로 처음 나타난 외부 표식의 비문은 담론의 실제 영성을 나타낸다"고 말할 때 이 개념을 수용하는 것으로 보입니다.[18] 그 페이지에 쓰여진 단어는 우리를 영적 뭔가와 연결시킵니다.

---

16 참조. W. E. B. Du Bois, *The Souls of Black Folk* (New York: Dover), 1994.
17 참조. James Henry Harris, *The Word Made Plain* (Minneapolis: Fortress, 2006).
18 참조. Paul Ricoeur, "The Model of the Text: Meaningful Action Considered as Text," *Journal of Social Research* 38, no. 3 (Fall 1971): 535.

11. 요나서 VI: "신비와 기적"

> 하나님 여호와께서 박넝쿨을 예비하사 요나를 가리게 하셨으니 이는 그의 머리를 위하여 그늘이 지게 하며 그의 괴로움을 면하게 하려 하심이었더라 요나가 박넝쿨로 말미암아 크게 기뻐하였더니(욘 4:6).

우리는 우주에 관한 모든 것을 결코 이해하지 못할 것이며, 우리 자신과 하나님에 관한 모든 것을 이해하고 싶어도 이해하지 못할 것입니다. 의심할 여지없이 과학과 의학은 삶에서 모든 추측과 경이로움을 없애고 싶어 하지만 그런 방정식과 계산조차도 하나님의 엄청난 권능과 임재를 설명할 수 없으며 이해할 수도 없습니다.

현실을 직시합시다. 즉, 우리는 우리 자신의 꿈, 결정, 행동, 태도, 분노 및 불안을 이해할 수조차 없습니다. 우리는 우리가 아무것도 할 수 없는 것들, 즉 우리가 모든 것을 알고 있다고 생각하지만 거의 알지 못하는 것들에 대해 화를 냅니다.

저는 최근에 백인이 얼마나 폭력적이고 비인간적일 수 있는지를 보여주는 가장 매혹적인 영화인 〈혹성탈출〉(Dawn of the Planet of the Apes)을 봤습니다. 흑인은 백인이 되기를 갈망하고 백인은 인간이 되기 위해 몸부림친다는 프란츠 파농(Frantz Fanon)의 말조차도 삶의 목표가 자유와 정의가 아니라 지배와 전쟁일 때 인간이 되기 위한 투쟁이 없기 때문에 오류임이 판명되었습니다.

영화 속 유인원들의 폭력과 증오는 인간이 동물이라고 부르는 유인원들과 자신들이 분리되어 있기 때문에 평화를 가져오는 것을 믿을 수 없었던 인간들로부터 배웠습니다. 이 영화는 하나님의 창조 안에서 진정한 악당은 연민과 사랑과 평화에 대한 능력이 많지 않은 것처럼 보이는 인간들이라는 것을 보여 줍니다. 이 영화에서, 변절한 유인원 코바(Koba)도 우리

(a cage) 안에 갇힌 채 인간에게 잔인하게 취급당하면서 자신의 행동을 배웠습니다. 그리고 비극은 인간이 다른 종들을 나쁘게 대하는 것뿐만 아니라 인간이 서로를 나쁘게 대하는 것입니다.

영화 〈벨〉(Belle)을 보면, 주인공은 어머니가 흑인이고 아버지가 백인인 흑인 소녀입니다. 그 아이는 백인 아버지의 부모와 함께 화면에서 내가 본 어떤 저택보다 커 보이는 저택에서 살게 됩니다. 그곳은 대법원장의 집으로, 요나의 박넝쿨을 더 키 큰 수풀처럼 보이게 할 수 있는 나무 숲 사이에 위치한 웅장한 저택 농장 집입니다.

영화 〈혹성탈출〉과 마찬가지로, 영화 〈벨〉은 백인의 손에 의한 폭력으로 가득 차 있습니다. 아프리카 노예들로 가득 찬 노예선이 어느 항구에서도 정박하기를 거부하는 이유는 주인들이 노예선이 파선되기를 원했던 것인데, 그래야 주인들이 그들의 목숨을 희생시키면서 회사를 속여 보험회사로부터 보험금을 탈 수 있었기 때문입니다.

그리고 마크 트웨인(Mark Twain)과 뽀빠이(Popeye)가 말했듯이 그건 최악이 아닙니다. 이 흑인 소녀의 백인 가족은 그녀가 흑인이라는 것을 부끄러워했기 때문에 손님이 올 때마다 그녀가 그들과 저녁을 먹는 것을 허락하지 않았습니다. 이것 역시 인류의 마음과 정신에 있는 불의를 반영하는 것입니다.

요나 본문은 다음과 같이 말씀합니다.

> 하나님 여호와께서 박넝쿨을 예비하사 요나를 가리게 하셨으니 이는 그의 머리를 위하여 그늘이 지게 하며 그의 괴로움을 면하게 하려 하심이었더라(욘 4:6).

하나님은 우리 약속의 근원이십니다. 하나님은 설명할 수 없는 일, 우리의 제한된 이성이나 사고로는 설명할 수 없는 일을 가능하게 하십니다. 이 박넝쿨은 내가 "신성한 임무"라고 부르는 것을 가지고 있는데, 그것은 구체적이고 단기적입니다. 이것은 신비이고 기적입니다.

요나가 더위와 태양과 바람 속에서 성 동쪽에 앉아 있는 것을 기억하십시오. 왜냐하면, 요나가 니느웨 사람들에게 40일 안에 멸망하게 될 것이라고 예언한 것에 대해 하나님께서 마음을 바꾸셔서 여전히 하나님께 화를 내고 있기 때문입니다. 요나는 너무 화가 나서 죽고 싶었습니다.

그러나 그의 광기에도 불구하고, 그의 추함에도 불구하고, 그의 토라짐에도 불구하고, 그의 칭얼대는 것에도 불구하고, 하나님은 그에게 위로를 위한 넝쿨, 그의 머리를 가리고 태양으로부터 그를 보호할 박넝쿨을 주셨습니다.

하나님은 하나님의 백성을 보호하실 겁니다. 하나님은 보호하시는 하나님이십니다. 하나님께서 당신을 보호하시고 구원하실 것입니다. 하나님은 우리의 행동에도 불구하고, 우리의 죽고자 하는 욕망에도 불구하고, 우리의 질투에도 불구하고, 우리의 분노에도 불구하고 우리를 보호해 주셨습니다. 요나는 그 모든 것에 해당하지만 하나님은 그를 불편함에서 구해 주셨습니다.

하나님은 이런 우리 모습에도 불구하고 우리를 구원하십니다. 하나님께서 우리의 불편함을 느끼시기 때문이며, 하나님의 뜻은 우리를 위로해 주시는 것입니다. 하나님은 우리의 위로와 힘이 되십니다. 하나님은 "위로하라 내 백성을 위로하라"라고 이사야 선지자를 통해서 말씀하십니다 (사 40:1).

그리고 예수님은 마태복음에서 이렇게 말씀하십니다.

> 애통하는 자는 복이 있나니 그들이 위로를 받을 것임이요 (마 5:4).

요나의 태도와 행동에도 불구하고 하나님은 요나에게 위로를 주시고, 흑인들의 영성 가득한 노래가 증명하듯이 "하나님이 다른 사람들을 위해 행하시는 일을 하나님이 당신을 위해 하실 것입니다."

또한, 주님 안에는 행복이 있습니다. 어느 날 돋아났다가 다음날 사라지는 박넝쿨의 신성한 보호하심에서 본 하나님의 사랑은 요나를 매우 행복하게 만들었습니다. 책 전체에서 요나는 결코 행복하지 않았기 때문에 이것은 신비이자 기적입니다. 그는 반항적이었지만 행복하지는 않았습니다. 그는 물고기 배 속에서, "내 영혼이 내 속에서 피곤할 때에 내가 여호와를 생각하였더니 내 기도가 주께 이르렀사오며 주의 성전에 미쳤나이다"라고 말하며 하나님이 자신을 잊지 않기를 걱정하며 기도합니다. 그러나 요나는 행복하지는 않았습니다.

요나도 두 번째로 순종했습니다. 그는 하나님께서 니느웨 사람들에게 전하라고 하신 말씀을 선포했습니다. 그러나 그가 그것에 대해 기뻐했다는 암시는 없습니다. 다음은 요나가 기뻐했다는 첫 번째 표시입니다.

요나가 박넝쿨로 말미암아 크게 기뻐하였더니(욘 4:6).

이것이 **신비**, 하나님의 신비입니다. 이것은 하나님께서 하실 수 있는 기적입니다. 하나님은 우리의 찡그린 얼굴과, 주름진 이마를 미소로 바꾸실 수 있습니다. 하나님은 우리의 불평을 찬양으로 바꾸실 수 있습니다. 하나님은 우리의 반항을 하나님의 말씀을 전하는 것으로 바꾸실 수 있습니다. 하나님은 하나님의 마음을 바꾸실 수 있고, 당신의 마음을 바꾸실 수 있습니다.

하나님은 동풍이든, 작렬하는 태양이든, 질병이든, 실망이든, 악연이든, 혼란스럽고 방황하는 마음이든, 외로운 마음이든, 광적이고, 나쁜 태도든, 당신의 이글거리는 머리 위에 그늘을 드리우고 당신을 더위로부터 가릴 수 있습니다. 왜냐하면, 주님이 우리로 하여금 다른 날을 볼 수 있게 해 주신 것처럼 하나님께서 우리를 웃게 만들 수 있기 때문입니다.

첫 번째 글쓰기/설교

악마에게 대답하기

> 쓰여진 글은 악합니다.
>
> _애니 딜라드, "Talking Back to the Devil", *The Writing Life*

1. 요나서 VII: "더 큰 염려"

> 하나님이 벌레를 예비하사 이튿날 새벽에 그 박넝쿨을 갉아먹게 하시매 시드니라 해가 뜰 때에 하나님이 뜨거운 동풍을 예비하셨고 해는 요나의 머리에 쪼이매 요나가 혼미하여 스스로 죽기를 구하여 이르되 사는 것보다 죽는 것이 내게 나으니이다 하니라 하나님이 요나에게 이르시되 네가 이 박넝쿨로 말미암아 성내는 것이 어찌 옳으냐 하시니 그가 대답하되 내가 성내어 죽기까지 할지라도 옳으니이다 하니라 여호와께서 이르시되 네가 수고도 아니하였고 재배도 아니하였고 하룻밤에 났다가 하룻밤에 말라 버린 이 박넝쿨을 아꼈거든 하물며 이 큰 성읍 니느웨에는 좌우를 분변하지 못하는 자가 십이만여 명이요 가축도 많이 있나니 내가 어찌 아끼지 아니하겠느냐 하시니라 (욘 4:7-11).

우리 중 많은 사람이 삶의 사소한 일을 중요하게 생각합니다. 우리의 세계관과 상상력은 너무나 작고 국지적이어서 이웃들에 둘러싸인 삶의 막다른 길에서 살아온 것처럼 보입니다. 맞습니다. 우리는 이웃에서 일어

제4장 첫 번째 글쓰기/설교   183

나는 일에 몰두하며 살아갑니다.

우리는 오래된 텔레비전 쇼 〈아내는 요술쟁이〉(Bewtiched)의 크라비치(Kravitz) 부인과 같습니다. 그녀는 이웃인 타비타(Tabitha), 대린(Darrin), 또는 사만다(Samantha)가 하는 이상한 일에 대해 남편인 애브너(Abner)를 항상 걱정했습니다. 우리도 그와 별반 다르지 않습니다.

우리의 관심은 너무 좁고, 작으며, 편협하고, 내부적이며, 우리 자신의 자아와 이기적 이익에 근거합니다. 우리는 '나의' 세대, 즉 큰 필요와 욕구는 있지만, 아이디어와 관심사가 거의 없는 세대입니다. 우리는 요나의 복사품들입니다. 우리는 변덕스럽고 비논리적인 행동과 부적절하고, 잘못되고, 그릇된 분노의 과잉인 요나주의(Jonah-isms)로 고통받고 있습니다. 들어보십시오. 우리는 이런 행동을 보아 왔고 또한 그렇게 살아왔습니다. 이것은 데자뷰(Déjà vu)입니다.

우리는 얼마나 많이 요나가 고함치고, 슬퍼하고, 칭얼대고, 죽고 싶다고 울부짖는 소리를 들어야만 합니까?

그는 죄인과 배신자 모두에게 베풀어지는 하나님의 은혜와 선하심에 대해서가 아니라, 화를 가라앉히거나 옳은 일에 분노할 필요가 있습니다.

이 특별한 본문은 우리가 작은 일에 신경을 쓰는 데 우리의 시간과 에너지를 낭비할 수 없다는 것을 가르쳐 줍니다. 우리는 우리가 할 수 없는 일에 관한 걱정에 너무 많은 시간을 소비합니다. 하나님께서 요나에게 말씀하십니다.

> 네가 수고도 아니하였고 재배도 아니하였고 하룻밤에 났다가 하룻밤에 말라 버린 이 박넝쿨을 아꼈거든(욘 4:10).

그렇습니다. 요나가 박넝쿨을 아끼는 것은 좋은 일입니다. 이것은 하나님께서 요나에게 하나님의 관점을 이해시키는 것을 보여 줍니다. 요나가 박넝쿨을 걱정하는 것처럼, 하나님께서도 니느웨 사람을 걱정하십니다.

2. 마귀에게 대답하기: 예수 그리스도를 설교하라

> 예수께서 성령의 충만함을 입어 요단 강에서 돌아오사 광야에서 사십 일 동안 성령에게 이끌리시며 마귀에게 시험을 받으시더라 이 모든 날에 아무것도 잡수시지 아니하시니 날 수가 다하매 주리신지라(눅 4:1-2).

이것은 지혜와 의지의 싸움입니다. 선과 악의 세력 사이의 서사시적 전투입니다. 이것은 예수님과 마귀 사이의 싸움이며, 사탄과 하나님의 아들 사이의 싸움입니다. 예수님은 사실 예루살렘으로 가는 길에서 베드로에게 말씀하신 것처럼, "사탄아, 내 뒤로 물러가라"(마 16:23)고 말씀하고 계십니다.

누가는 성경의 이 극적 에피소드에서 유혹자를 "마귀"라고 부릅니다. 이것은 두 왕국 사이의 싸움, 즉 하나님과 악의 세력 사이의 싸움입니다. 마귀는 자신의 통치에 복종하는 사람들에 대한 진정한 힘과 권세를 가지고 있습니다.

저는 모든 사람, 특히 흑인들에 대해 많이 걱정합니다. 아들들에 대해 걱정하는 것은 자연스러운 삶의 방식입니다. 우리는 아이들의 안전과 복지에 대해 걱정합니다. 우리는 누군가가 그들의 친절함, 순진함, 미숙함, 사람들을 믿고 의지하는 열망을 이용하지 않을까 걱정합니다. 우리는 종종 우리가 사랑하는 사람들, 즉 가족, 친구, 교회 및 지역 사회에 대해 걱정합니다.

마귀는 예수님이 육체적으로 배고프다는 것을 알고 있습니다. 광야에서 40일을 지낸 후, 마귀는 인간의 육체적 굶주림을 만족시키기 위해 예수님을 유혹하려고 합니다. 마귀는 말합니다.

> 네가 만일 하나님의 아들이어든 이 돌들에게 명하여 떡이 되게 하라(눅 4:3).

예수님은 대답을 통해서 자신의 욕망을 다스리십니다.

> 기록된 바 사람이 떡으로만 살 것이 아니라 하였느니라(눅 4:4).

그렇습니다. 인간은 필요와 욕구가 있습니다. 일부는 육체적, 즉 성욕과 식욕인데, 이런 욕망들은 연약하고 피곤하고 지친 육체와 그것의 만족과 관련이 있습니다. 이 경우 마귀는 돌을 언급하지만 이는 인간의 육체적 욕망을 충족시키는 모든 것에 대한 은유입니다. 우리는 음식, 사랑 그리고 물이 필요합니다. 우리는 몸을 즐겁게 해야 합니다. 배고픔을 채우려면 빵이 필요합니다. 이것은 우화가 아닙니다.

그러나 이것은 은유적이며 환유적이기도 합니다. 그렇습니다. 빵은 실제적이고 만족스러운 것을 상징합니다. 광야를 여러분이 익숙한 것들에 접근할 수 없는 곳으로 생각하십시오. 이것은 마치 40일 동안 담배를 피우지 않거나 술을 마시지 않는 것과 같습니다. 금연 구역에서의 40일, 광야에서의 40일, 금주의 40일, 유행가가 없는 40일, 만족이 없는 40일, 아델(Adele), 믹 재거(Mick Fagger), 오티스 레딩(Otis Redding)이 없는 40일.

마귀는 당신이 특정한 투쟁과 고통에서 벗어날 수 있는 힘이 있다면, 무엇이든 해도 된다고 제안합니다. 당신의 욕구, 필요, 원함, 욕망을 만족시킬 수 있는 힘, 돈, 과시, 랩, 절제력, 말 또는 설득력이 있다면 돌을 떡으로 바꾸시면 됩니다. 당신은 방금 돈을 받았습니다. 가능하다면 클럽에 가십시오. 힘이 있다면 돌을 떡으로 만들어 배고픔을 해결하고 욕망을 채우십시오. 긴장을 완화하기 위해서 시가에 불을 붙이십시오.

우리 중 일부는 실제로 '떡'으로만 삽니다. 오늘을 즐기고 지금 당장 자신의 욕망을 채웁니다. 미래가 아니라 오늘을 위해 삽니다. 그러나 떡만으로는 충분하지 않습니다. 마귀는 똑똑하고 영리하기 때문에 당신은 그에게 다시 말해야 합니다. 이 교활한 마귀는 여러분의 가장 취약한 부분, 여러분 자신의 능력을 의심하게 하는 편리한 상황들을 이용합니다. 예수님은 토라를 인용하여 마귀에게 대답했습니다.

> 사람이 떡으로만 사는 것이 아니요(신 8:3b).

> 마귀가 또 예수를 이끌고 올라가서 순식간에 천하만국을 보이며 이르되 이 모든 권위와 그 영광을 내가 네게 주리라 이것은 내게 넘겨 준 것이므로 내가 원하는 자에게 주노라 그러므로 네가 만일 내게 절하면 다 네 것이 되리라 예수께서 대답하여 이르시되 기록된 바 주 너의 하나님께 경배하고 다만 그를 섬기라 하였느니라(눅 4:5-8).

우리는 하나님을 경배하도록 부름받았습니다. 그리고 하나님만을 경배하십시오. 우리는 다른 어떤 신, 다른 권세를 섬기지 않도록 부름받았습니다. 그렇게 하는 것은 우상 숭배입니다. 그 다른 대상이나 힘이 무엇인지는 중요하지 않습니다. 예수님은 이 세상의 모든 나라의 소유와 정치 권력에 대한 이 약속을 거부합니다.

영광과 권세, 그것이 우리 설교자들이 종종 갈망하는 것입니다. 우리에게는 예수님과 같은 설교자가 많지 않은데, 왜냐하면 설교자들은 만국과 권력을 사랑하는 것처럼 보이기 때문입니다. 큰 교회와 감독 지위 그리고 이 세상의 나라들을 사랑하는 것처럼 보입니다.

예수님은 모세가 이스라엘에게 다른 신들을 따르지 말 것이며 주님을 잊지 말 것을 경고한 신명기 6:12-14 말씀을 인용하십니다. 다시 토라를 인용하시면서 예수님은 예배는 하나님께 드리는 것이며, 하나님 한 분만 경배하는 것이라고 말씀하셨습니다. 목회자나 감독이 아닙니다. 성가대가 아닙니다. 교회가 아닙니다. 건물이 아닙니다. 집과 땅의 소유가 아닙니다. 우리의 업적이나 우리가 가진 적은 돈과 권력이 아닙니다. 아닙니다. 오직 하나님만을 경배하십시오.

우리의 신학과 철학은 마귀에게 다음과 같이 말해야 합니다.

"너는 나에게 아무것도 줄 수 없다. 나에게 아무것도 약속할 수 없다. 나에게 충분한 것을 지불할 수 없다. 나를 설득할 수 없다. 그 어떤 사람도, 어떤 정치인도 나를 하나님으로부터 멀어지게 할 수 없다. 예배는 오직 하나님께 속한 것이니 오직 하나님만을 섬길 것이다."

이 마귀는 포기하지 않으며, 그 사실 때문에 본문은 우리가 마귀를 대할 때 언행에 주의해야 한다고 가르칩니다. 마귀는 영리합니다. 마귀도 성경을 인용할 수 있으므로 성경을 인용하는 모든 사람이 거룩하거나, 성화되거나, 구원받은 것은 아닙니다.

이 유혹의 처음 두 부분에서 마귀는 예수님께 "만약 당신이 하나님의 아들이라면, 이렇게 하라"라는 하나의 서사를 구성합니다. 그리고 매번 예수님은 마귀의 유혹적 제안에 대응하기 위해 성경 말씀을 인용하십니다. 이제 마귀는 예수님께 하나님 말씀을 인용함으로써 궁극적 속임수로 자신의 게임을 시작합니다.

시편 91편 11-12은 다음과 같이 약속합니다.

> 그가 너를 위하여 그의 천사들을 명령하사 네 모든 길에서 너를 지키게 하심이라 그들이 그들의 손으로 너를 붙들어 발이 돌에 부딪히지 아니하게 하리로다(시 91:11-12).

마귀는 성경이 예루살렘 성전 꼭대기와 같이 높은 곳에서 예수님이 뛰어내리시면 천사들이 그를 받쳐 준다는 것을 의미한다고 그릇되게 해석해 말합니다. 그러나 예수님은 그에게 다음과 같이 말씀하십니다.

> 주 너의 하나님을 시험하지 말라(눅 4:12).

예수님은 그가 하나님을 조종할 권리가 없다는 것을 알고 계시며 우리도 마찬가지입니다. 하나님을 시험하지 마십시오. 하나님을 신뢰하되 개인적 목적을 위해 하나님을 시험하지 마십시오.

이제 텔레비전 카메라의 화려함과 각광을 사랑하는 오늘날 많은 설교자에게, 이것은 문자 그대로의 '믿음에 의한 점프'와 '극적 장면을 위해 만들어진 순간'임을 주장할 수 있는 완벽한 기회였을 것입니다. 분명히 마귀의 이런 도전은 화려함, 영광 그리고 다른 사람들보다 자신이 돋보이는 것을 추구하는 사람들에게 '축복 받고 크게 은혜를 받는' 표시로 환영받았을 것입니다.

마귀는 천하 만국과 떡 그리고 예루살렘 성전 꼭대기에서 뛰어내리면 천사들이 그를 붙잡아 줄 것이라는 약속으로 예수님을 유혹한 후, 곧 퇴각했으나 다시 나타납니다.

> 마귀가 모든 시험을 다 한 후에 얼마 동안 떠나니라(눅 4:13).

마귀는 바쁘게 돌아다닙니다. 매일, 매 시간 우리의 자녀들과 젊은이들을 두고 싸움이 벌어지고 있으며, 어른들도 유혹자의 올무에서 면제되지는 않습니다.

3. 요나서 VIII: "하나님께서 기도에 응답하실 때"

> 요나가 물고기 뱃속에서 그의 하나님 여호와께 기도하여 이르되 내가 받는 고난으로 말미암아 여호와께 불러 아뢰었더니 주께서 내게 대답하셨고 내가 스올의 뱃속에서 부르짖었더니 주께서 내 음성을 들으셨나이다(욘 2:1-2).

우리가 구원을 위해 기도하지 못할 정도로 끔찍하거나, 너무 경이롭거나, 너무 절망적이거나, 너무 웅장한 상황은 없습니다. 우리 자신의 연약함과 우리의 한계를 하나님께 맡기는 경향 때문에, 저는 우리가 때때로 하나님은 자족하신다는 것을 인정하기보다는 오히려 하나님은 우리의 반영이라고 생각한다는 것을 압니다.

하나님은 어떤 속성도 부족하지 않으시는데, 이는 하나님이 우리를 필요로 하지 않는다는 것을 의미합니다. 그러나 우리에게는 하나님이 정말로 절실히 필요합니다. 오늘날 세계에서의, 세인트 루이스(St. Louis)에서의, 미주리(Missouri)에서의, 바로 여기 미국에서의 혼란의 예를 살펴보면, 내가 지금 꿈을 꾸고 있는 것인가, 데자뷰인가 하는 경험을 전에 한 적이 있지 않습니까?

흑인 소년과 남성은 이제 마크 트웨인(Mark Twain)의 소설인 『허클베리 핀의 모험』(Adventures of Huckleberry Finn)에 등장하는 미시시피강이 여전히 노예와 자유의 변증법적 상징이 되는 남부와 중부 전역에서 우리 도시의 새로운 불 코너(Bull Connors)에 의해 쫓기고 죽임을 당하고 있습니다. 서사적 비율의 변증법입니다.

저는 여기 미국의 젊은 흑인 남성들에게 그들이 증오로 가득 찬 경찰에게 불의를 경험하게 됐을 때, 경찰에게 흑인들은 돼지처럼 죽이거나 사냥하고 죽인 다음 청교도적 금법(the Blue wall of law) 뒤에 숨을 이유를 주어선 안 된다고 말합니다. 미국의 경찰은 결코 흑인의 편에 서지 않았으며, 그들을 보호해 준 적이 없습니다.

그리고 제 조언은 경찰들은 흑인들을 죽이고 그것에서 벗어나는 방법을 알고 있기 때문에 그들을 전화해서 부르기 전에 우리가 열심히 생각하고 기도할 필요가 있다는 것입니다. 얼마 전에는 경찰이 뉴욕에서 흑인 남성을 살해하더니, 세인트루이스 외곽에서 흑인 청소년을 살해하는 사건이 일어났습니다. 흑인은 다른 흑인에게 습격을 당하거나 경찰의 총에 맞지 않고서는 길에 다닐 수 없습니다. 이것은 흑인이 매일 깨어나는 삶과 죽음 사이에 존재하는 "사이적"(metaxological, 윌리엄 데스몬드의 '사이 형이상학'의 개념으로 다수의 중재, 아가페적 이해와 관련된다.-역주)의 구현입니다. 오늘날 흑인들은 노예처럼 법을 적으로만 알 수 있습니다.

시민권 그리고 마틴 루터 킹 주니어, 로사 파크스(Rosa Parks), 패니 루 해머(Fannie Lou Hamer)가 투쟁한 모든 것이 계속해서 대부분의 흑인에게 적용되지 않는 것 같습니다. 다른 힘없는 집단은 시민권과 인권을 위한 투쟁과 국가가 서로에 대해 더 인간적이 되도록 강요하는 법으로부터 더 많은 혜택을 누리고 있습니다. 법은 여전히 경찰과 종종 그들의 형제와 자매들에 의해 총에 맞고 있는 흑인 남성을 제외한 모든 사람에게 더 인도적입니다. 수천 명의 흑인이 인간적 대우를 받을 권리를 위해 행진하고, 항의하고, 목숨을 잃었지만 그 꿈은 아직도 실현되지 않았습니다.

90년대 초반에는 위협, 강도, 총에 맞거나 살해를 당하지 않고 버지니아주 리치몬드에 있는 아이들우드 애비뉴(Idlewood Avenue)와 메도우 스트리트(Meadow Street)를 거의 걸을 수 없었던 때가 있었습니다.

그러나 오늘날 아이들우드 애비뉴나 메도우 스트리트와 같은 랜돌프(Randolph) 지역에 백인들이 거주하기 시작하면서 갑자기 안전한 곳이 되었습니다. 랜돌프의 거리와 웨스트 엔드(West End) 근처는 이제 안전하기 때문에 밤에 백인, 아시아인, 인도인들을 볼 수 있습니다. 처치 힐(Church Hill)과 카버(Carver) 지역과 다른 지역과 도시 전역에서도 마찬가지입니다. 그러나 현실을 직시하면, 그것은 여전히 흑인, 특히 흑인 남성에게는 안전하지 않습니다. 그래서 요나와 같이 기도에 대해 아는 우리 민족에게는 이것이 늘 기도 제목이기도 합니다.

요나는 흑인입니다. 그는 끊임없이 하나님과 씨름하고 있습니다. 그는 자신과의 싸움을 하고 있습니다. 그는 바다 깊숙한 곳, 스올의 깊은 곳, 지하 세계에 있었습니다. 스올은 죽은 자를 위한 곳, 어둠의 장소를 의미합니다. 그것은 지옥입니다. 흑인들은 지옥에 대해 어느 정도 알고 있으며 우리는 그것을 경험하기 위해 지중해 깊은 곳으로 갈 필요가 없었습니다. 대서양을 건너 미국 남부 해안에 이르기까지 흑인들은 지옥에 왔습니다.

요나는 주님을 피해 도망하다가 폭풍우가 몰아치는 바다에 갇히게 되었습니다. 흑인 남성은 어쨌든 자주 살해당하기 때문에 생존을 위한 헛된 노력으로 경찰이나 이웃의 감시단으로부터 도망쳐야 합니다.

본문에서 요나는 한 배에서 다른 배로 이동합니다.

물고기의 배 속, 바다의 배 속(스올의 배 속), 지옥의 깊은 곳에서 물고기의 배 속에 있을 때까지. 바다의 배 속에 있는 것과 물고기의 배 속에 갇혀 있는 것에는 차이가 있습니다. 요나는 자신이 한때 지옥의 배 속에 있었고 지금은 물고기 배 속에 있다는 것을 기억합니다.

그는 슬픔에서 감사로 옮겨 갔습니다. 그는 물고기 배 속에 있는 것을 기뻐합니다. 요나는 지옥 깊은 곳에 있는 것과 물고기 배 속에 있는 것의 차이를 알고 있습니다. 그는 기도하고 하나님은 그의 기도에 응답하십니다.

4. 요나서 IX: "하나님께서 돌이키실 때"

> 하나님이 그들이 행한 것 곧 그 악한 길에서 돌이켜 떠난 것을 보시고 하나님이 뜻을 돌이키사 그들에게 내리리라고 말씀하신 재앙을 내리지 아니하시니라(욘 3:10).

따뜻하고 화창한 날에 요나의 이야기는 버지니아 비치(Virginia Beach), 마이애미 비치(Miami Beach), 멜리아 나소 비치(Meliá Nassau Beach), 또는 자메이카(Mamaica)의 해변, 세인트 토머스(St. Thomas), 또는 세인트 마틴(St. Martin)과 같은 해변 어딘가에 있는 이미지를 떠올리게 합니다. 요나는 큰 물고기(종종 고래로 특징지어짐)에게 뱉어진 후에, 지중해 해변에 있는 자신을 발견합니다.

그는 하나님의 지시에 불순종하고 완전히 완고하게 반응해 왔고, 그는 이제 기도하고 있는 자신과 처음에 하나님이 그에게 하라고 명하신 일을 하고 있음을 알게 됩니다. 하나님께서 그에게 원하셨던 유일한 일, 즉 그에게 하라고 요구하신 유일한 일은 그 악한 도시인 니느웨로 가서 하나님께서 그에게 주신 메시지를 '선포하거나 설교'하는 것이었습니다.

하지만 그는 하나님께서 말씀하셨던 일을 하기를 거부하였고, 결국 '지옥과 그 너머'에 가게 되었습니다. 이 모든 일이 있은 후, 그는 이제 하나님께서 그에게 말씀하신 일을 하는 것이 더 낫다고 결심합니다.

그래서 이 본문을 읽으면서 저는 요나가 회개하는 부분을 봅니다. 그는 자신의 잘못된 행동에서 돌아섭니다. 오늘날 많은 사람이 해야 하는 것처럼 그는 방향을 바꿉니다. 만약 여러분이 요나처럼 하나님이 여러분에게 지시하신 일에도 불구하고 여러분이 하고 싶은 일을 하기로 결심하고, 당신 자신에게 너무 몰두하여 당신의 길이 하나님의 방법보다 낫다고 결심한다면, 때때로 하나님은 하나님이시고 우리는 그렇지 않다는 것을 보여 주실 방법을 가지고 계십니다.

하나님은 탕자의 비유에 나오는 동생처럼 우리가 스스로 행동하고, 판단력을 발휘하고, 방향을 결정하고, 잘못된 길을 가고, 우리가 정신을 차릴 수 있을 정도로 오랫동안 잘못된 일을 하도록 허락하십니다(참조. 눅 15:11-32).

우리 중 일부는 심각한 곤경에 처했을 때 우리가 할 수 있는 모든 일을 해 왔습니다. 담보대출금으로 도박, 자녀 양육비 지불 거부, 매주 주말에 음주, 술에 취해 혼미한 상태, 밤을 새며 클럽에서 음주와 가무하기 등의 일 말입니다.

우리의 깊은 문제는 마치 바다 밑바닥에 있는 큰 물고기인 고래의 배 속에 있는 것과 같았습니다. 우리 역시 스올, 즉 이러저러한 지옥에서 우리 삶을 통제할 수 없는 상태에 빠져 있습니다. 우리 모두는 '요나 증후군'으로 고통받고 있습니다. 즉, 우리가 하고 싶은 일을 하고, 말하고 싶은 말을 하고, 가고 싶은 곳으로 갑니다. 하나님께서 우리에게 가라고 하신 곳으로부터 최대한 멀리 갈 때까지 하나님의 말씀을 듣지 않는다는 의미입니다. 니느웨는 하나의 장소이고 욥바는 니느웨에서 멀리 떨어져 있습니다.

우리의 행동은 하나님이 보고 들으시며, 우리의 행동은 하나님에 의해 보여지고 들려지며, 우리의 행동은 하나님께 영향을 미칩니다. 우리가 우리의 악함을 회개할 때 하나님은 돌이키십니다. 하나님은 기뻐하십니다. 하나님은 우리의 회개를 공감하시고 우리가 악에서 돌이킬 때 우리에 대한 하나님의 마음을 바꾸십니다.

니느웨 사람들은 악합니다. 불행하게도, 침례교 교인들, 장로교 교인들, 성공회 교인들, 감리교 교인들 중 일부는 악합니다. 이들의 친척들도 악합니다. 리치먼드 사람들, 볼티모어 사람들, 보스턴 사람들은 악합니다. 이러한 복음주의자들, 선교사들, 성가대원들, 안내원들은 모두 악한 행실을 가지고 있습니다. 이들은 나약함과 이기심이 동일합니다.

우리 모두는 니느웨 사람들입니다!

그러나 선지자 요나가 "사십 일이 지나면 니느웨가 무너지리라"라고 말씀을 선포했을 때(욘 3:4) 니느웨 사람들은 그들의 길을 돌이켰습니다. 그들은 회개했고, "하나님이 그들이 행한 것 곧 그 악한 길에서 돌이켜 떠난 것을 보시고" 뜻을 돌이키셔서 재앙을 내리지 않으셨다고 본문은 전합니다(욘 3:10).

정말 멋집니다!

하나님은 처벌을 조정하실 수 있고, 은혜를 베푸시는 분이며, 우리는 우리의 방식을 바꿀 수 있는 백성입니다. 백성으로서, 도시로서, 교회 공동체로서, 가족으로서 우리 안에 존재하는 커다란 가능성들을 보십시오.

사랑하는 형제자매 여러분!

잘 들으세요. 사람은 변할 수 있고, 사람은 변화합니다. 요나서에서, 그것은 갑작스럽고 급작스럽습니다. 대격변적이고 변혁적입니다. 니느웨 사람들은 멸망의 메시지를 듣고 마음과 생각과 행동을 돌이킬 수 있는 40일의 시간이 있음을 깨닫고 회개합니다.

그들은 오랫동안 악을 행해 왔습니다!
그들은 오랫동안 죄를 지었습니다!
그들은 오랫동안 추악하고 폭력적이었습니다!

그러나 그들은 하나님의 말씀을 듣고 회개했습니다.

저는 당신이 얼마나 오랫동안 악행을 저질렀는지 상관하지 않습니다. 저는 여러분이 정의와 의를 추구하기보다 쾌락을 추구하며 얼마나 오랫동안 잘못된 일을 하고, 잘못된 삶을 살고, 잘못된 말을 하며 살아왔는지 관심 없습니다. 하나님은 형벌과 고통을 약속하셨지만 우리가 우리의 악한 길을 돌이킬 때, 세상의 길에서 돌이킬 때, 우리가 회개할 때, 방향을 바꾸고 하나님의 심판이 장난이 아님을 깨달을 때, 하나님은 그만큼 강력하십니다.

하나님은 그만큼 은혜로우십니다!
하나님은 그만큼 크십니다!
하나님은 그만큼 관대하십니다!
하나님은 그만큼 자비로우십니다!

하나님께서는 하겠다고 하신 일을 돌이키시고 하지 않으실 만큼 사랑이 많으십니다. 이 본문에서 하나님의 행동은 우리의 행동에 달려 있는 것 같습니다.

하나님은 우리처럼 원한을 품지 않으십니다!

하나님은 지키지 못할 선언과 약속은 하지 않으시지만, 하나님의 백성이 하나님의 말씀을 듣고 주의를 기울인다면 기꺼이 약속을 이행하지 않기도 하십니다.

제5장 다시 쓰기/설교

새로운 해석 방법

> 다가올 세상에서
> 새로운 보상이
> 주어질 것입니다
> _돈 L. 리, *We Walk the Way of the New World*

1. 설교와 내러티브

한 사람의 개인적 서사는 수많은 목격자에 둘러싸여 있지만 우리 모두의 의식에서 벗어나는 허구에 의해 영향을 받고 있다고 저는 믿습니다. 즉, 우리는 다른 사람에게 거짓말을 할 뿐만 아니라 먼저 우리 자신에게 거짓말을 합니다. 이것은 자기 기만의 기술입니다.

그럼에도 우리의 개인적 이야기는 정치나 독해와 작문의 윤리와 신학처럼 다양한 것에 대해 우리의 경험, 우리의 말하기, 다시 말하기 그리고 글쓰기를 억제합니다. 우리의 개인적 이야기, 즉 우리 삶의 이야기를 말하는 것도 서사적 해석학과 계시의 의미에 대한 연습입니다.

우리의 이야기를 함에 있어서, 우리는 자아에 대한 윤리적 토론과 자아에 대한 허구의 글쓰기에 참여하고 있습니다. 예를 들어, 제가 수업의 처음 며칠 동안 학생들에게 한두 단어로 자신들을 묘사하라고 하면, 그들은 고의적으로 그리고 의도적으로 진실의 상당한 부분을 피합니다. 사실 이것은 자아에 대한 생각 부족으로 인한 비의도성을 가질 수도 있습니다.

그들은 변증법적이거나 다차원적인 자아의 한 부분만을 제시하며, 그 부분은 이상적이고 긍정적인 단어나 언어 그리고 "나는 사랑스럽고, 친절하고 열정적인 사람이다" 또는 "나는 강하고, 자애로우며, 평화로운 사람이다"와 같은 문장으로 묘사합니다. 항상 긍정적이고 허구적입니다.

그리고 제가 그들에게 그들의 자기 묘사에서 허구가 일상적이며 자신에 관해서는 꽤 훌륭한 소설가라고 말하면 그들은 놀라는 것 같습니다. 그뿐만 아니라 그런 해석이나 분석에 화를 냅니다. 사실 저는 그저 단지 그들이 사용하는 단어와 언어가 그들의 신학에 중요하고 그들의 서사가 자아에 대한 보다 복잡하고 명확하며 진실한 이해에 근거해야 하는 윤리적 담론의 한 유형이라는 것을 이해시키려고 노력합니다.[1]

아담 재커리 뉴턴(Adam Zachary Newton)의 언어로 된 우리의 서사와 개인적 이야기들은 "단순히 윤리로서 서사를 의미합니다. 이야기를 서술하고 사람을 허구화하는 윤리적 결과 그리고 그 과정에서 상호적 주장은 구속력이 있는 말하는 사람, 듣는 사람, 목격자 그리고 독자를 포함합니다."[2] 제임스 볼드윈(James Baldwin)과 조라 닐 허스턴(Zora Neale Hurston)보다 나은 사람은 없습니다.

우리 자신과 다른 사람들에 대한 우리의 이야기는 우리가 특히 우리 자신에 대해 진실을 말하고 있다고 생각하고 믿고 있음에도 불구하고 일반적으로 윤리적 주장을 하고 있습니다. 때로 우리의 말과 언어는 다른 사람의 해석에서 증명되듯이 진실과는 거리가 멉니다. 우리는 항상 우리가

---

1 참조. Carl Jung, *The Undiscovered Self* (New York: Signet, 2006).
2 Adam Zachary Newton, *Narrative Ethics* (Cambridge, MA: Harvard University Press, 1995), 11.

자기 자신을 해석하는 것보다 다른 렌즈, 유약을 바른 렌즈를 통해 타자를 해석합니다. 따라서 자아에 관해서는 정직과 공정성에 대한 기억과 진실이 우리의 의식을 흐릿하게 쥐고 있습니다.

저는 이번 장에서 내 자신의 독서 생활에 대한 간략한 이야기를 보여 준 다음 다시 읽기와 읽지 않기에 대한 토론으로 나아가고, 마지막으로 이 두 개념을 작문의 개념과 연관시키고자 하는데, 특히 요한복음 8:1-11에서 보여 준 것처럼, 예수님이 땅에 글을 쓰신 것과 연관시킵니다. 저는 또한 예수님의 다음 말씀을 보면, 예수님은 성경 본문을 읽기와 읽지 않기를 하셨다고 주장합니다.

> 또 … 너희가 들었으나 나는 너희에게 이르노니 … (참조. 마 5:27-28).

여기서 저의 주장은 나 자신의 개인적 이야기와 읽기와 읽지 않기의 해석학 사이에 복잡한 상관관계가 있으며, 나 자신의 이야기와 나와의 관계는 성경 본문을 이해하고 설명하는 능력을 가능하게 하거나 금지한다는 것입니다. 자신의 지평을 넓혀 자기 삶의 경험을 해석하는 데 더 능숙해 짐에 따라, 더 큰 인식이 가능해지고, 그로 인해 설교자는 성경, 회중, 공동체와 같은 다른 본문을 이해하기 시작할 수 있습니다.

그러나 이 모든 것은 자기 자신과 자기 이해가 평생의 과정이자 프로젝트라는 인식에서 시작됩니다. "자신을 알라"라고 말한 소크라테스는 그런 지식은 이해하고 실천하기는커녕 거의 (그런 지식을) 얻기가 불가능하다는 것을 이해하면서 말합니다. 자아에 대한 이야기(서사적 자아)는 우리 자신의 자아 의식, 즉 자아 이해와 너무도 거리가 있기 때문에 해석학의 시작입니다.

흑인 시인 돈 L. 리(Don L. Lee)는 독자에게 이렇게 말합니다.

가려운 데서 시작하면 흠집이 없을 것이니 자신을 연구하라.[3]

이것은 설교자가 변혁적이고 해방적인 설교학적 담론을 추구하기 위해 본문을 풀어내기 시작하면서 그 설교자에게 중요하다고 내가 생각하는 자아 현상학의 한 유형입니다. 이 모든 것이 방법과 전통적 주석보다 우선합니다. 그러나 그것은 방법과 해석의 일부입니다.

모든 설교자에게 설교 구조와 명확성, 즉 일관성을 부여하는 데 도움이 되는 설교 준비 방법이 필요합니다. 설교 구성의 명확한 방법이 없다면, 설교자는 설교를 쓰고 전달할 준비가 되어 있지 않고 무계획적이게 될 수 있습니다. 강력한 변혁적 설교는 설교학적 방법과 신학적/철학적 엄격함에 기반을 두고 있습니다.

2. 자기 서사적 해석학

저는 가난의 의미에 대한 명확한 의식 없이 태어났습니다. 이것은 제 자신의 역사에서 사회 문화적 순간입니다. 저는 영적으로 풍성했고 건강의 복도 받았습니다. 그러나 학교에 가서 우리가 교실에서 옆에 앉은 아이들보다 경제적으로 가난하다는 것을 이해했습니다. 물질적으로 부족함이 입증되었습니다.

학교 버스 창문 너머로 집들을 보았습니다. 일부는 우리 집 만큼이나 낡았지만 다른 집들은 간이 차고 또는 구식 농가 그리고 차고가 딸린 캘리포니아 스타일의 포스트모던적 벽돌집이었습니다. 그와 정반대로, 우리는 아버지와 어머니가 직접 지은 방 두개 짜리 판잣집에서 살았습니다.

---

3 참조. Don L. Lee, *We Walk the Way of the New World* (Detroit: Broadside, 1970), 65.

나중에 네 개의 방으로 확장되었습니다. 제가 10학년이던 1968년까지 실내 배관도 전기도 없었습니다. 우리는 총 열 식구였고, 출생 순서로 보면 저는 윌리엄 데스몬드(William Desmond)가 "사이적"(metaxological)이라고 불렀던, 우리 남매의 중간, 시작과 끝 사이에 낀 다섯째였습니다.

저는 삶의 목적의 진정성과 명확성을 찾기 위해 항상 진실의 모습을 파헤쳤습니다. 저는 스스로가 부과한 높고 고상한 이상에 완전히 또는 절대적으로 부응할 수 없었습니다. 그러나 이 실용적 이상을 찾는 저의 재능은 대부분 독서에서 기인할 수 있습니다.

적어도 이것은 저의 이야기이며 저의 서사적 윤리입니다. 저의 기억이 정확하다면, 아무도 공식적으로 단어나 문장을 읽는 법을 가르쳐 주지 않았다는 의미에서, 저는 "독서를 위해" 태어났습니다. 음표를 가진 가수처럼, 저는 페르디난드 드 소쉬르(Ferdinand de Saussure)가 만든, 랑그와 파롤과 같은, 언어학적 용어에 대한 지식 없이도, 글자를 단어로, 단어를 문장으로 만들 수 있었습니다.

의미론과 수사학적 재능은 저의 선물이었습니다. 고등학교 내내 말하기, 읽기, 쓰기에 대해 어려움을 겪은 후, 저는 17세에 졸업하고 여름에는 담배 공장에서 노동자로 일했고, 가을에는 대학에 들어갔습니다. 3년 반 만에 대학을 졸업하고 버지니아유니온대학교(Virginia Union University) 신학대학원에 입학하게 되었습니다. 저는 그 이후로 어떤 식으로든 학교와 연관되어 왔습니다.

저는 바깥 그룹에 있으면서, 교회와 공동체의 실제적이고 근면하고 고된 일과 설교, 문학, 실천 신학, 철학적 신학 그리고 철학 분야에서 젊은이와 나이가 있는 졸업생 및 학부생을 가르치는 균형을 맞추려고 노력했습니다. 제 개인적 프로젝트는 이론과 실천, 즉 교회 행정과 예배, 교회와 아카데미 현장 사이의 연결을 만들고 구축하는 것이었습니다. 학생과 교회 구성원 모두 그것에 대한 그들의 인식이 무엇이든 현상을 유지하기 위한 노력으로 발로 차고 소리를 지릅니다.

저는 버지니아주 노퍽에 있는 매우 자원이 풍부하고 지지적인 교회의 목사로 처음 부름을 받았고, 그곳에서 흑인과 가난한 사람들을 옹호하고 정치에 참여하면서 지역 사회 정의 운동가가 되고 배울 수 있는 기회가 주어졌습니다. 저는 노퍽 시의회 선거에 낙선했지만, 주택 프로젝트 안에 거주하거나 외곽 지역 또는 문화의 혜택을 누리지 못하는 곳에 살았던, 가난하고 권리를 박탈당한 많은 흑인의 마음을 얻었습니다.

교회에서는 그 도시에서 처음으로 여성이 설교할 수 있는 자격을 얻도록 싸웠는데, 당시에는 그런 문화가 익숙하지 않았기에, 그것은 목회 성공뿐만 아니라, 육체와 정신적 안정에 위협을 가할 수도 있었습니다.

저는 실천신학의 모든 분야를 가르쳤고, 그로 인해 저는 '철학적인' 것을 '실천적인' 것으로, '실천적인 것'을 '철학적인 것'으로 다시 생각하게 되었고, 사회과학과 인문학에 설교학을 접목시켰습니다. 저는 실천적인 것을 완전히 뒤집어서 생각하고 역사적으로 갈라진 것과 신학 교육의 전통적 명명법에서 여전히 남아 있는 것 사이의 '아포리아'(aporias, 그리스어로 난제, 모순을 의미한다-역주) 또는 그 간극을 어떻게 메울 수 있는지 알아내려고 노력했습니다.

저는 실용적인 지식인, 즉 성찰적 실천가가 되기 위해 애씁니다. 지식인은 대학이나 대학원 학위를 가지고 있거나 그렇지 않을 수도 있고 또는 석사 및 박사 학위를 가진 학자가 그다지 지식인이 아닐 수도 있기 때문에 학자와 지식인은 반드시 같은 것은 아닙니다.

이 구체적인 언급의 유일한 이유는 설교자가 불필요하지만 매우 실제적인 변증법 사이의 연결을 촉진하는 방식으로 타자와의 관계에서 자아를 발전시키려고 노력한다면 교회와 지역 사회에 잘 봉사할 수 있다고 말하는 것입니다. 제 학생들은 독서에 대한 관심을 넓히기 위해 많은 독서를 하도록 요구받고 있는데, 이것은 그들의 설교가 예언적이고 변혁적일 수 있도록 본문을 읽지 않기 방법을 배우도록 하고, 세상을 다시 설명하고 가난하고 억압받는 사람들을 위한 새로운 세상을 만들어 줄 것입니다.

설교자의 노력은 또한 자신을 사랑하는 만큼 교회와 공동체의 사람들을 사랑하는 법을 배우는 것입니다. 아가페 사랑이 아닌 다른 것, 즉 명성, 인기, 또는 호평에 의해 움직이는 설교자는 쉽게 그리고 일찍이 실망하게 될 것입니다. 설교하는 자아의 얽힌 존재론은 자아는 말할 것도 없고, 문화(bildung)와 삶의 맥락에 의해 영원히 형성되고 있는 '존재의 변증법'에 근거하고 있습니다.

사랑은 자기 유익을 구하지 않는다(고전 13:5)고 사도 바울은 말합니다. 너무 많은 설교자와 신학교 교수가 교인들에 대해 혐오감, 반감, 심지어 경멸감을 키우는 것 같습니다. 이것은 우리 모두가 경계해야 할 것입니다. 이것이 가장 저속하고 자본주의적인 형태로 표현되는 자본 문화의 본질입니다. 흑인 교회를 호도하는 유형입니다.

이런 의미에서 그리고 저는 여기서 너무 성급하거나 공리적인 것을 의도하려는 것이 아니라, 설교는 그 궁극적 목표나 목회의 목적을 물질적 번영으로 할 수 없고 그래서도 안 됩니다. 설교는 모방의 한 유형이지만 다른 설교자의 모방은 아닙니다.

설교는 주일마다 다시 하나님의 말씀을 재현하고, 재구성하고, 다시 말하고, 다시 읽고, 읽지 않는 창조적 행위입니다. 설교는 창조적 차원, 사회적 상상력 안에 있으며, 이로써 존재의 어떤 한계적 요소를 다른 것 즉 새로운 것 또는 적어도 다른 사고 방향으로 변혁시키는 힘을 가집니다. 다른 방향의 행동이며, 새로운 세계를 창조합니다.

설교의 이 창조적 차원은 하나님께서 저의 위치, 저의 상황, 저의 존재와 존재 자체에 대해 새롭게 말씀해 주시기를 매일 기도한다고 여러분에게 말할 수 있게 해 줍니다. 하나님의 이 신성한 창조적 음성을 들을 때, 새로운 설교를 창조하는 저의 능력은 점점 더 하나님의 창조적 능력에 기반을 두게 되고, 세상에서 그것의 인도함을 얻기 위해 애쓰는 연약한 자아에 점점 덜 의지하게 됩니다. 설교자는 항상 새로운 세계, 즉 사랑과 정의와 평화의 세계를 만들기 위해 미지의 수사학적, 언어적 해안에 도달하려고 노력하고 있습니다.

설교자는 성경에서 압제자와 억압받는 자의 의미를 해독하는 데 중점을 둔 성경 해석의 애호가이자 학자로 부름받았습니다. 성경 해석은 본문의 저자보다 설교자, 독자, 청중의 맥락과 의식에 기반을 둔 신학적, 철학적, 사회학적, 정치적, 실용주의적 실천입니다.

작가 애니 딜라드(Annie Dillard)가 말하는 것처럼 성경 본문의 글을 포함한 모든 구어나 문어에는 내재된 약점이 있습니다.[4] 언어는 우리와 마찬가지로 취약합니다. 다시 말하면, 다음과 같습니다.

> 본문은 단순히 하나의 '신학적' 의미를 드러내는 단어들의 행들로 이루어지는 것이 아니라, **'그중 어떤 것도'** 본래적이지 않은 다양한 글쓰기가 뒤섞이고 충돌하는 다차원적 공간입니다. 본문은 문화의 수많은 핵심들로부터 나온 인용들로 만들어진 조직체입니다.[5]

그러나 본문은 또한 생성적 조직체입니다. 롤랑 바르트는 이것을 분명히 합니다.

> 본문은 직물을 뜻합니다. 그런데 지금까지 사람들은 이 직물을 그 뒤에 다소간의 의미(진리)가 감추어져 있는 하나의 산물, 완결된 베일로 간주해 왔습니다. 이제 우리는 이 직물에서 지속적 짜임을 통해 본문이 만들어지

---

4   Annie Dillard, *The Writing Life* (New York: Harper Perennial, 2013).
5   Roland Barthes, *Image-Music-Text* (New York: Hill and Wang, 1977), 146, 강조된 부분 추가.

며 작업하는 생성적 개념을 강조하고자 합니다. 이 직물, 이 짜임새 안으로 사라진 주체는 마치 거미줄을 만드는 분비액을 토해 내며 약해지는 한 마리의 거미와 같이 자신을 해체합니다.[6]

그러므로 약하고 시들어진 쓰여지고 말해진 말 또는 본문을 강화하는 것은 설교자의 책임입니다. 이런 강화는 설교를 통한 이해와 설명을 향한 여정과 투쟁에서 설교학적 실천으로 본문을 읽고 읽지 않음으로써 발생할 수 있습니다.

프랑스 문학 이론가 롤랑 바르트가 본문은 "인용문의 조직체"라고 말한 것이 옳다면, 그것은 분명히 핵심에서 독창적이지 않으며, 더욱이 우리는 이런 뒤섞이고 충돌하는 인용문의 저자가 누구인지 모릅니다. 그러나 이 정보를 아는 것은 본문을 읽고 읽지 않음으로써 본문 앞에 서는 데 거의 도움이 되지 않기 때문에 알 필요가 없습니다.

본문을 설명하는 것은 서력 기원이 시작된 이래로 많은 기독교 신자가 보여 준 것처럼 잠재적으로 억압적이고 심지어 인종차별적일 수 있는 저자의 언어와 추정된 의도를 읽지 않기 위해 읽고 다시 읽어야 한다는 것을 이해하는 것입니다. 이것은 본문을 읽지 않는 것이 단순히 읽기의 행위가 아니라, 본문의 읽지 않기가 명확해질 때까지 읽기와 읽지 않기의 진보된 저항적 행위임을 의미합니다.

그러므로 본문의 명확성은 이 과정을 통해 가려지지 않고 펼쳐집니다. 따라서 일부 흑인 설교자들의 말을 반영하듯, 폴 리쾨르가 의미란 청중의 필요를 짚어 주는 사회적, 문화적 표현이라고 주장하는 것은 이런 의미에서 옳습니다.

---

6   Barthes, *The Pleasure of the Text* (New York: Hill and Wang, 1973), 64.

본문을 읽지 않는 것은 특히 흑인과 일반적으로 억압받는 사람들의 필요를 다루는 한, 재해석으로서의 궁극적인 강력한 해석의 실천입니다. 더 구체적으로, 읽지 않기를 하지 않은 본문은 헤게모니적이기 때문에 읽지 않기 과정을 통해서만 흑인 삶에서 '진지하게 다뤄져야' 할 문제들을 볼 수 있습니다. 문화적, 사회적 표현과 개성은 사과나 보복의 두려움 없이 흑인의 정체성을 주장하는 행위입니다.

의미는 공동체와 그 사람들의 투쟁에서 분리된 고립된 현상이 아닙니다. 의미는 맥락적인데, 그런 본문적 의미 또는 해석은 사람들로 하여금 기도하고 저주하게 하고 기쁨이 없고 슬픔과 고통이 심한 곳에서 울게 만드는 무의미한 악의 행위를 이해하려고 합니다. 이 변증법적 존재론은 다른 어떤 것이 사람의 성격을 특징지을 수 있음에도 불구하고 흑인의 본질입니다.

> 본문을 설명한다는 것은 주로 본문을 특정한 사회문화적 요구의 표현으로, 시간과 공간 안에 위치한 특정한 당혹감들에 대한 반응으로 간주하는 것을 의미합니다.[7]

그리고 흑인의 역사적, 현재적 고통과 아픔을 둘러싼 의식 부족보다 더 당혹스러운 것은 일부는 자해했다는 것이고, 다른 일부는 노예제도에서 현재까지 현상을 유지하는 설계자 및 지지자들에 의해 가해졌다는 것입니다. 그 현상 유지는 역사적으로 전통적인 유럽 자유주의 신학과 윤리에 의해 지지되고 실천되는 흑인 인류에 대한 침해를 의미했습니다. 그리고 백인 교회(개신교와 가톨릭 모두 포함한)는 인종차별과 종교적 실천에 있

---

7 Paul Ricoeur, *Interpretation Theory* (Fort Worth: Texas Christian University Press, 1976), 90.

어서 교회와 사회에서의 인종차별, 불의, 증오 그리고 악에 맞서는 데 사회적 의식과 정의와 사랑에 대한 헌신이 결여된 불경건과 무관심을 반영합니다.

주지했듯이, 흑인의 고통은 즉각적으로 언론에 노출되는 현시대에 대부분의 백인과 심지어 일부 흑인에게도 관심을 받지 못하는 것처럼 보이고, 법과 질서에 대한 은유와 환유로서의 '백인 경찰관'은 카메라가 굴러다니고 뒷좌석에 앉은 아기가 비명을 지르며 또 다른 흑인 남성을 살해하는 동안 그는 그가 페이스북(Facebook)과 트위터(Twitter)에서 생중계되고 있다는 것을 걱정하지 않습니다.

또는 털사(Tulsa)의 테렌스 크러처(Terence Crutcher)의 경우처럼 손을 들고 걸어가는 흑인 남성에 대해서, 경찰은 "그는 뭔가를 잡으려고 손을 뻗고 있었습니다"라고 말했습니다. 총도 아니고, 무기도 아닙니다. 그러나 이는 하늘을 향해 별을 향해 손을 뻗은 것에 더 가깝습니다. 이것이 트라우마의 의미입니다. 소셜 미디어는 그래선 안 됩니다. 법은 실제로 노예제도 시대부터 현재까지 흑인의 편이 아닙니다.

흑인의 필요에 대한 표현과 응답은 지역 교회, 대학 및 더 넓은 지역 사회에서 설교, 책, 영화, 강의 및 대화에서 요구되는 것임이 분명합니다. 말씀은 보편적이지 않기 때문에 저는 성경 본문에 대한 보편적 설명을 가지고 있지 않습니다. 그것은 특별하고 맥락적이며 지역적입니다. 그것은 또한 독창적이지 않으며 상호 본문적입니다.

다시 말하지만, 여러분의 설교는 여러분 자신의 것이어야 하며 다른 주석가, 다른 설교자, 인터넷 자료 설교닷컴(sermons.com)과 같이 다른 사람에 의해 만들어진 것은 안 됩니다. 그리고 나를 휘감은 힘도 마찬가지로 공간과 시간에 국한되어 있습니다. 이것이 지역 교회가 거주할 수 없는 곳, 살기 힘든 정글과 같은 곳, 전쟁 지역, 무관심을 낳는 안락한 지역이 아닌 사람이 거주 할 수 있는 장소로 변화시키는 데 도움을 주는 변화와 방법을 가지고 있는 이유입니다.

본문을 설명하는 것은 **말해진 것을 말하지 않을 수** 있는 것이고 반대로 말해지지 않은 것을 말하는 것입니다. 마찬가지로 본문을 설명하는 것은 읽지 않은 것을 읽는 것이고 이미 읽은 것을 읽지 않는 것입니다. 본문을 읽지 않는 것이 최고의 읽기 형식입니다.

다시 말하지만, 읽지 않는 것이 정말 최고의 읽기 형식입니다. 이것이 자유와 해방의 본질인데, 왜냐하면 저는 더 이상 제가 읽은 어떤 것이나 제가 말한 어떤 것에 얽매이지 않기 때문입니다. 저는 자유합니다. 주님을 찬양합니다. 저는 자유합니다. 이미 읽은 본문을 읽지 않을 자유가 있습니다.

저의 설교학 강의는 일종의 '보여 주기', 시연을 포함하는 경향이 있는데, 왜냐하면 저는 종종 약한 서면 담화를 구어와 혼합하고 병합하려고 하기 때문입니다. 이것이 설교자가 하는 일입니다. 설교자는 설교를 작성하고 그 설교를 청중의 마음에 전달합니다. 쓰여진 설교와 말해진 설교의 결합은 단순히 쓰여진 설교나 말해진 설교보다 더 큰 힘을 가지고 있습니다.

이것은 전통적 지혜에 직면할 수 있지만, 저는 말해진 설교가 설교의 발전 중에 두 번째 부분이며, 첫 번째 부분은 쓰여진 담화라고 생각합니다. 설교를 작성하는 것은 말해진 것이 서곡으로 쓰여지지 않을 때 종종 말해진 설교를 벗어나는 일정한 정확성과 훈련을 요구합니다.

이것은 제한하고 억제하려는 것이 아니라 오히려 자유의 궁극적 표현, 쓰여진 글과 말해진 것의 결합 및 병합을 목적으로 합니다. 설교 과정의 두 번째 단계로서 설교를 쓰는 것은 설교자를 본문의 의미론과 설교의 깊은 의미론의 '중간 사이에 죽은 상태'로 만듭니다. 설교는 세상을 재창조하고 다시 묘사하는 예언적 말씀이어야 합니다. 이 낡은 세상을 새로운 것, 즉 완전히 새로운 세상으로 변혁시키는 것은 본문에 근거한 설교적 담론입니다.

읽지 않음은 해석학적 의심과 설교학적 전복의 행위입니다. 그것은 계몽주의에 의해 우리에게 전해진 낡은 해석과 같은 것이 아니라 현대성 그리고 후기 현대성을 반영해야 하는 엄청난 상상력과 창조성의 행위입니다.

토머스 홉스(Thomas Hobbes), 르네 데카르트(René Descartes), 토머스 로크(Thomas Locke), 임마누엘 칸트(Immanuel Kant)가 서양 철학의 거점을 대표하듯이, 계몽주의에 대한 대립으로 미국의 노예제도를 언급하지 않는 철학은 사실 계몽되지 않고 불경건하며, 정의와 의와 하나님의 사랑의 친절을 말하는 본문 또는 토라와 복음을 고의적이고 체계적으로 회피하는 것이라고 저는 주장합니다.

우리의 설교가 우상 숭배적이고 휴지처럼 얄팍하게 되는 일이 없게 합시다. 얄팍함은 일부 성경적 본문에서 그리고 종종 정기적으로 흑인과 백인 교회를 휘감고 있는 설교학적 담론에서 만연합니다. 백인 교회는 복음 메시지를 인종과 정의 문제와 연관시키는 데 거의 또는 전혀 관심이 없는 것 같습니다.

마틴 루터 킹 주니어는 현재 예언적 고전이 된 그의 글,〈버밍엄 감옥에서 보낸 편지〉(Letter from Birmingham City Jail)에서 백인 교회를 지나가다가 하늘을 향해 나선형으로 솟아 있는 교회의 첨탑을 보고 누가 그들의 신인지 궁금하다고 말합니다.

본문 읽지 않기를 하면 지배적 본문에 대한 반대 본문이 드러납니다. 그리고 설교는 그것이 기억되고 실천되는 '경험'이든, 월터 부르그만(Walter Brueggemann)이 묘사한 것처럼, 그 주요 본문이 힘을 잃게 되는 여부에 관계 없이 그 주요 본문에 대한 표현과 행동이어야 합니다.[8]

---

[8] Walter Brueggemann, *The Word that Redescribes the World* (Minneapolis: Fortress, 2006), 3-19.

미국의 복음주의자들에 의한 도널드 트럼프의 당선은 다른 일을 하지 않는다면 흑인들로 하여금 그들의 학대와 불 그리고 400년 노예제도의 사슬과 족쇄를 기억할 수 있게 해야 합니다. 소저너 트루스(Sojourner Truth), 해리엇 터브먼(Harriet Tubman), 자레나 리(Jarena Lee), 패니 루 해머(Fannie Lou Hamer), 즉 매일 주님의 이름을 부르는 자들의 손에 죽은 자유 투사들의 투쟁을 상기시켜야 합니다.

이 기억에는 인간 정신을 패배시키고 암울함을 해소하는 행동과 희망이 수반되어야 합니다. 우리가 기억과 희망 모두에 마음을 여는 한, 우리는 더 명확하고 확신 있게 설교할 수 있습니다. 우리는 교회, 학교, 지역사회, 가족 또는 더 넓은 공적 영역에서 자신과 권력에 더 담대하게 설교할 수 있습니다.[9]

3. 본문 읽기와 읽지 않기

롤랑 바르트는 글쓰기의 진정한 장소는 글 읽기라고 말하지만 저는 가난하고 억압받는 사람들에게 글쓰기의 진정한 장소는 글 읽기가 아니라 읽지 않는 것이라고 말합니다.[10] 저자는 자신이 읽기를 마치고 읽지 않기를 시작할 때 글을 씁니다. 읽지 않기는 억압받는 사람들을 위한 자유와 해방의 행위이며 설교 과정의 세 번째 단계입니다. 설교 과정은 읽기, 다시 읽기, 읽지 않기, 글쓰기 그리고 다시 쓰기입니다.

실제로 이 단계에서 글을 쓴다는 것은 읽지 않는 능력의 발현입니다. 글쓰기는 읽지 않기 다음에 옵니다. 읽지 않는 것은 저항의 행위, 의심 그

---

9 Frank Thomas, *How to Preach A Dangerous Sermon* (Nashville: Abingdon Press, 2018).
10 참조. Barthes, *Image-Music-Text*, 140.

리고 자유의 행위입니다. 사랑과 마찬가지로 읽지 않는 것은 혁명입니다.[11] 이것은 수 세기 동안 유럽 중심의 자아를 반영하는 이미지를 가진 신(주로 유럽 중심의 자아)을 구성하고 성경과 성경의 규범에서 이런 이해를 구체화하고자 하는 학자들과 해석자들에 의해 본문 위에 놓여진 헤게모니적 후광을 평가함에 있어서 비판적 해석이자 주해적 연습입니다.

읽기와 읽지 않기를 결합하는 것은 문화와 일련의 성경 본문에 내재된 권력과 주권의 내재적 가정을 정면으로 마주하는 방법입니다. 마이클 J. 고먼(Michael J. Gorman)은 성경 주석을 논하면서 발전되고 확장되기를 간청하는 중요한 진술을 합니다.

> 본문은 압제를 밝히고 거기에서 해방되는 수단으로 읽혀지고 난 다음 '읽혀지지 않는다'.[12]

바로 그겁니다. 본문을 읽지 않는 것은 성경 본문에 내재된 헤게모니적 영향을 인식하는 것입니다. 이러한 제국주의와 식민주의 이데올로기의 영향력은 확인되고, 도전되고, 직면될 필요가 있으며, 이는 비판적으로 읽고, 다시 읽고, 그 다음에 의심과 불신, 비평적 분석의 명확한 렌즈를 통해 본문에 의문을 제기하거나 도전함으로써만 성취될 수 있습니다.

이로 인해 본문을 읽지 않는 결과로 이어지는데, 이는 가난하고 억압받는 사람들이 자유로워지려 한다면 반드시 해야 하는 본문에 대한 동정심 있는 심문의 한 유형입니다. 그것은 본문의 규정된 언어에 직면하고 변경하는 것입니다. 그것은 본문의 상호 본문성을 인식하는 것입니다.

---

11 참조. Søren Kierkegaard, *Fear and Trembling, and the Sickness Unto Death* (Garden City, NY: Doubleday, 1954).
12 Michael J. Gorman, *Elements of Biblical Exegesis: A Basic Guide for Students and Ministers* (Grand Rapids, MI: Baker Academic, 2009), 22.

모든 본문은 그 자체가 아닌 다른 것에 의해 방해를 받습니다. 여러분이 보고 읽는 것 이외의 것 말입니다. 아프리카계 미국인 설교자들은 투쟁과 도전 없이 자발적으로 그들을 해방시키기 위해 쓰여진 본문이나 그 어떤 용어에도 의존할 수 없습니다. 자유를 얻기 위한 이런 몸부림은 읽지 않기를 포함한 사회적, 문화적 주해와 해석 과정의 일부입니다.

현상 유지에 완고한 일부 사람들은 이것을 '아이세지시스'(*eisegesis*, 본문의 의미보다는 해석자 자신의 생각에 의존한 성경 해석 방법-역주)라고 부르는 것을 선호할 수 있으며, 이는 주석이 진실과 정직과는 거리가 먼 순수하고 전제가 없는 일종의 열성이라고 제안하려는 의도입니다. 사실 진실에서 더 멀어지는 것은 아닙니다. 성경이나 신학의 어떤 것도 전제가 없이 순수한 것은 없습니다.

저는 주석 자체가 주해와 이전의 많은 해석자의 경험을 통해 축을 만드는 한 구조화된 아이세지시스의 한 유형이라고 주장합니다. 그리고 흑인과 백인을 막론하고 성서 학자들이 석의를 수행하는 방식은 현상 유지를 영속화하고 새로운 세계를 발전시키기보다는 과거에 특권을 부여하는 경향이 있습니다.

읽기와 다시 읽기는 읽지 않기에 필요한 전제 조건이며, 이것은 본문을 잘 읽어야 읽지 않는 것이 창의적이고 해방된다는 것을 의미하며, 이는 내가 **첫 번째 읽기**와 **첫 번째 쓰기**라고 부르는 것에 의해 가능합니다. 다른 말로 하면, 설교자는 이미 말해진 것을 명확하게 말할 수 있는 것처럼 이미 읽혀진 것을 읽지 않을 수 있습니다. 이것은 독자가 의심해야 할 본문이 너무 많고 성경 말씀도 예외는 아니기 때문에 중요합니다. 의심이란 회의적이며 어떤 것도 의심 없이 받아들이려 하지 않는 것을 의미합니다.

읽지 않기는 본문을 보다 완전하고 창의적으로, 문화적으로, 맥락적으로 이해하기 위한 주해적, 설교학적, 신학적 해석 도구가 됩니다. 읽지 않기는 본문을 언어로 이해하는 것이며 또는 작가의 '휴지처럼 얄팍한' 단어보다는 유명론적 스크린(개인의 인식과 상징적 행동을 결정하는 언어 체계의 인정-역주)으로 이해하는 것, 즉 의미와 이해를 강조하는 자신의 쓰여진 그리고 말해진 방법으로 이해하는 것입니다.

읽지 않기는 회의, 의심, 의문의 지점까지 반복해서 읽기를 통해 축을 만든 차원 높은 보다 창의적인 독서 형태입니다. 이것들은 본문의 의미를 이해하고 결정하는 데 필요한 전제 조건입니다. 사실 이것은 설교자가 일부 흑인 설교자들이 능숙하게 해낸 방식으로 본문 앞에 서도록 도와줍니다.

일반적인 전통적 주석은 제가 주장하는 것처럼 주로 본문 앞이 아니라 본문 뒤에 서도록 설계되었습니다. 이것은 과거의 유리한 시점이나 뒤에서 변혁을 옹호하고 구현하는 것이 사실상 불가능함을 의미합니다. 본문을 읽지 않는 것은 본문을 과거의 잘못으로부터 자유롭게 하거나 이런 잘못을 인식하고 맞서게 하며, 설교자가 변화와 자유의 도구로서 본문에 대한 진보적 비전을 추구할 수 있게 합니다. 이것은 본문을 신선하고 형성적으로 유지하며, 거의 모든 새로운 맥락과 새로운 세대의 설교자와 말씀의 해석자를 위해 항상 되어 가고, 창조하고, 재창조하는 과정에 있는 본문 유형으로 접근합니다.

읽지 않기는 말콤 엑스(Malcolm X)의 정신으로 필요한 모든 수단을 통해 본문의 억압적 언어에 저항하는 것인데, 말씀에 대한 사랑과 자유를 향한 마음으로 본문을 해체하고, 재맥락화하고, 재구성하고, 재형성하고, 다시 설명하는 것입니다. 그래서 실천으로서 설교자가 본문 앞에 서기 위한 가장 비제한적이고 실용적인 방법 중 하나는 본문이 처음부터 그것의 공시적 구조를 형성했던 헤게모니적 요소들로부터 벗어날 수 있도록 하는 방법으로 본문을 읽어 내는 것입니다.

4. 성경 본문을 읽지 않는 방법

본문을 읽지 않는 것은 읽기의 대립이 아닙니다. 오히려 그것은 무한히 다시 읽은 후 읽기의 '초월성'입니다. 본문을 처음 읽고 다시 읽는 것을 넘어서, 읽지 않기는 선택된 본문을 특정화하는 데 있어서 독자라면 누구나 할 수 있는 궁극적 읽기 형식이 됩니다. 이것은 일반화에 관한 것이 아니라 오히려 고전적 해석가들, 특히 히브리인들과 그리스인들의 억울함에 도움이 되며 본문 자체를 해석하는 데 도움을 주는 것에 관한 것입니다.

본문의 보다 깊은 의미는 억압받는 사람들이 본문을 다시 말하거나 다시 언어화하는 데서 나타나는 읽기 않기에서 본문이 자신을 드러내도록 허용될 때 성취됩니다. 흑인 설교자와 흑인 교회는 기존의 정경적 또는 패권적 형태나 기존의 어원학적, 의미론적 그리고 신학적으로가 아니라 본문에 대한 헌신을 지속합니다.

본문의 핵심 단어는 핵심 개념으로 이어지며, 이는 설교자가 선택된 본문의 모든 핵심 단어를 식별해야 함을 의미합니다. 이 키워드는 크거나 작을 수 있으며 각각의 '의미'가 헤게모니, 식민지, 억압, 불의 또는 인종차별의 언어를 구성하는지 확인해야 합니다. 우리는 이런 본문들에 부정적 요소들이 내재되어 있을 것이라고 추측할 수 있습니다.

저는 설교학자와 언어학 철학자의 언어를 사용하고 있습니다. 버지니아유니언대학교 교수들인 보이스킨 샌더스(Boykin Sanders), 로버트 와파나카(Robert Wafawanake), 김영석(Yung Suk Kim)과 같은 성서학자들이 예수님의 언어와 논리가 토라의 연속이라고 주장합니다. 특히, 마태복음에서 예수님이 다음과 같이 말씀하실 때입니다.

> 또 네 이웃을 사랑하고 네 원수를 미워하라 하였다는 것을 너희가 들었으나 나는 너희에게 이르노니 너희 원수를 사랑하며 너희를 박해하는 자를 위하여 기도하라(마 5:43-44).

샌더스는 예수님의 이 언어가 토라를 강화하고 논리적이고 책임감 있는 결론에 이르게 한다고 말하고 싶어 합니다. 그러나 저는 다른 가능성과 다른 기대가 있다고 말하고 있습니다. 그리고 설교자는 전통적이고 수용된 해석이나 주석에 얽매이지 않을 자유와 상상력, 심지어 의무가 있습니다.

예수님은 제가 말하는 '본문 읽지 않기' 모델을 제공하시는데, 이는 마태복음과 누가복음 그리고 요한복음 전반에 걸쳐서 볼 수 있습니다. 예수님 자신의 가르침과 설교는 종종 토라 읽지 않기, 다시 읽기 그리고 다시 쓰기입니다. 우리는 마태복음 전체에서 예수님께서 사람들이 들었던 것이나 읽었던 것을 인용하시는 것을 발견합니다. 예를 들어, 마태복음 5장에서 다음과 같이 말씀하십니다.

> 또 눈은 눈으로, 이는 이로 갚으라 하였다는 것을 너희가 들었으나 나는 너희에게 이르노니 악한 자를 대적하지 말라 … 또 네 이웃을 사랑하고 네 원수를 미워하라 하였다는 것을 너희가 들었으나 나는 너희에게 이르노니 너희 원수를 사랑하며 너희를 박해하는 자를 위하여 기도하라 이같이 한즉 하늘에 계신 너희 아버지의 아들이 되리니 이는 하나님이 그 해를 악인과 선인에게 비추시며 비를 의로운 자와 불의한 자에게 내려 주심이라 (마 5:38-39, 43-45)

마찬가지로 누가복음 6:35에서 예수님은 우리에게 원수를 사랑하라고 격려하십니다.

> … 원수를 사랑하고 선대하며 아무것도 바라지 말고 꾸어 주라 그리하면 너희 상이 클 것이요 또 지극히 높으신 이의 아들이 되리니 … (눅 6:35).

티나 터너(Tina Turner)는 메가 트리플 플래티넘 히트곡 〈사랑이 그것과 무슨 상관인데?〉(What's Love Got to Do With It)를 통해서 비꼬고 있었습니다. 성경에 따르면 사랑은 모든 것과 관련이 있습니다.

"원수를 사랑하라"라는 예수님의 말씀은 모순적이고, 불공평하며, 비논리적인 진술처럼 들립니다. 원수를 사랑하십시오. 왜냐하면, 우리는 "네 이웃을 네 몸과 같이 사랑하라"라는 사랑의 계명에 너무나 익숙하기 때문입니다.

그런데 그것조차 불가능해 보이지 않습니까?

이웃을 사랑한다는 것은 종종 공간 근접성과 연결되어 있다고 생각됩니다. 길 건너에 사는 사람, 옆집에 사는 사람, 이들 모두 우리의 이웃입니다.

그런데 우리 자신을 사랑하는 것과 같은 방식으로 그들을 사랑할 수 있습니까?

제 친구 중 한 명이 제게 전화했습니다. 같은 거리에 사는 이웃이 제 친구 남편의 직장에 전화를 걸어 그의 업무 차량이 집 앞 공간을 너무 많이 차지했다고 말했답니다. 그래서 어떻게 해야 하는지 제게 물었던 것입니다. 그 이웃은 친구 남편의 상사를 그 일에 끌어들였는데, 그것은 그의 이기주의에 근거한 문제, 그를 이웃으로부터 배제하는 일입니다.

그리고 며칠 후, 그 이웃은 그의 집 진입로에서 너무 가까이 주차되어 있으니 이동해 달라는 메모를 차에 붙여 놨습니다. 그들은 이웃에게 괴롭힘을 당한다고 느꼈기 때문에 저에게 전화했습니다. 저는 제 친구에게 그 이웃에게 가서 몇 번이고 길거리는 모든 시민에게 동등하게 속한 공공 소유라는 것을 알리라고 전해 주었습니다. 그 이웃은 서로 참고 존중하는 법을 배워야 합니다.

책임감 윤리가 우리에게 가르치는 황금률처럼 그들이 서로 사랑해야 한다고 말하지 않았다는 점에 주목하십시오.

"네 이웃을 네 몸과 같이 사랑하라."
 하지만 기다려 보십시오. 그것은 어렵습니다. 그것은 매우 어렵습니다. 그것은 정말 도전입니다. 우리는 이웃을 사랑하는 데 어려움을 겪습니다. 우리는 이웃이 진정 누구인지 결정할 수 없으며, 그들을 사랑하는 것은 더더욱 아닙니다. 그러나 이웃을 사랑하는 것이 어렵다고 생각한다면, 이렇게 말씀하는 본문을 생각해 보십시오.

> 오직 너희는 원수를 사랑하고 선대하며 아무것도 바라지 말고 꾸어 주라 그리하면 너희 상이 클 것이요 또 지극히 높으신 이의 아들이 되리니 그는 은혜를 모르는 자와 악한 자에게도 인자하시니라 너희 아버지의 자비로우심 같이 너희도 자비로운 자가 되라 (눅 6:35-36).

 황금률은 충분하지 않습니다. 왜냐하면, 예수님이 토라 읽지 않기의 새로운 윤리적, 사회적 기준을 제시하시기 때문입니다. "네 이웃을 네 몸과 같이 사랑하라" 계명은 지키기 힘든 만큼 그 자체로 충분하지 않습니다. 예수님이 새로운 해석을 하셨습니다.

> 오직 너희는 원수를 사랑하고 … (눅 6:35).

 키에르 케고르가 "사랑은 혁명이다"라고 말한 것이 옳다면, 그것은 사랑의 의미입니다. 예수님은 토라의 새로운 읽기, 다시 읽기 그리고 읽지 않기를 제공하십니다.
 말보다 실천이 중요합니다. 당신을 미워하는 자들에게 선을 행하십시오. 싫어하는 사람들에게 사랑을 보여 주십시오. '증오심'이 선을 행하는 데 방해 되지 않도록 하십시오. **증오**는 강한 단어이지만, 사람들이 당신을 미워할 때, 그들이 당신에 대해 말할 수 있는 유일한 것이 부정적인 것일 때, 그들에게 선을 행하십시오. 그들이 아플 때, 그들을 방문하십시오. 그들이 추천서를 요청할 때 좋게 써 주십시오. 그들이 당신의 등을 찌르면, 단검을 빼고 상처를 꿰매고 계속 선을 행하십시오.

여러분을 저주하는 자를 축복하고, 여러분을 멸시하는 자를 위하여 기도하십시오. 이것이 예수님이 요구하시는 것입니다.

만약 당신이 교회에서, 길거리에서, 학교에서, 지역 사회에서 사람들에게 미움을 받는다면, 그들을 사랑하십시오. 당신이 경멸을 당하고, 구설수에 오르고, 욕을 먹고, 저주를 받는다면 (당신이 정말 미움을 받는다면) 사랑하고, 사랑하고, 또 사랑하십시오.

마티나 맥브라이드(Martina McBride)의 인기곡인 〈애니웨이〉(Anyway)에서 그녀는 이렇게 노래합니다.

> 모든 정당한 이유로 온 마음을 다해 누군가를 사랑할 수 있습니다
> 그들은 물러갈 것입니다
> 어쨌든 그들을 사랑하십시오

어쨌든 우리는 사랑해야 합니다.

당신을 사랑하는 사람들을 사랑하는 것만으로는 충분하지 않습니다. 다른 사람이 당신의 등을 찌른다고 해서 누군가의 등을 찌르는 것은 좋지 않습니다. 이에는 이, 눈에는 눈, 축복에는 축복을 하는 것은 충분하지 않습니다. 아닙니다.

그것이 무슨 의미가 있겠습니까?

죄인들도 그렇게 할 수 있습니다.

사랑하는 여러분!

여러분의 기준은 황금률이 아닙니다. 여러분의 기준은 당신 자신이 아니며, 최소한의 윤리도 아닙니다. 당신의 기준은 하나님이 하고자 하시는

만큼 하는 것입니다.

5. 예수님: 땅에 쓰기와 읽지 않기

> 서기관들과 바리새인들이 음행 중에 잡힌 여자를 끌고 와서 가운데 세우고 예수께 말하되 선생이여 이 여자가 간음하다가 현장에서 잡혔나이다 선생은 어떻게 말하겠나이까 그들이 이렇게 말함은 고발할 조건을 얻고자 하여 예수를 시험함이러라 예수께서 몸을 굽히사 손가락으로 땅에 쓰시니 그들이 묻기를 마지 아니하는지라 이에 일어나 이르시되 너희 중에 죄 없는 자가 먼저 돌로 치라 하시고 다시 몸을 굽혀 손가락으로 땅에 쓰시니(요 8:1-11).

우리 모두는 죄가 적지 않은 사람, 즉 암시적으로 우리보다 더 의롭지 않은 사람들에 의해 비난을 받는 것이 무엇을 의미하는지 이해합니다. 우리가 하나님의 형상대로 창조되었지만, 우리를 하나님으로부터 분리시키는 틈과 잘못으로 인해 실패할 정도로 결점이 있는 것은 인간의 본성입니다.

우리는 간음이 성경과 사회 모두에서 중범죄와 경범죄 중 하나라고 말하는 윤리를 알고 있으며 이에 동의합니다. 사람들은 그것을 용서할 수 없는 것, 타협할 수 없는 것, 결혼한 부부 사이의 마지막 지푸라기 중 하나로 취급하지만 이 본문에서 간음은 예수님의 토라 읽지 않기와 땅에 쓰기의 결과로 은혜, 자비, 사랑으로 압도됩니다.

우리는 너무 독선적이어서, 독선으로 가득 차 있어서, 우리 자신에게 그것은 참을 수 없는 법이 됩니다. 어떤 의미에서 우리는 모두 거짓말쟁이이자 속이는 자입니다. 우리는 잠재적으로 다른 사람들처럼 부정직하고 음해할 수도 있습니다. 죄는 죽음을 통하지 않고는 우리가 피할 수 있는 것이 아닙니다.
그러나 그와 같은 점에서 우리가 은혜를 피할 수 없습니다.

> 죄가 더한 곳에 은혜가 더욱 넘쳤나니(롬 5:20).

제가 증인이며 죄와 은혜의 변증법의 살아 있는 증거입니다.
우리 모두가 그렇습니다!
저는 예수님이 율법과 은혜의 체현이며 완성이심을 믿습니다. 여기에 우리의 희망과 두 번째 기회가 놓여 있습니다. 그리고 이 말씀은 우리의 읽기, 읽지 않기, 쓰기 그리고 다시 쓰기에 대한 예를 제공합니다.
저는 우리 모두가 교회에서, 가정에서, 문화에서, 너무나 독선적이고 주권적인 자아가 되어 '남들보다 내가 더 거룩하다'고 생각하는 잘못된 위선적 성결의 자아가 자녀들과의 관계와 결혼의 종식을 가져왔다는 사실에 마음이 괴롭고 편치 않습니다.
"그는 나를 속였습니다."
"그녀는 나를 속였습니다."
"그는 우리의 신성한 서약과 결속을 어겼습니다."
"그녀는 나를 배신했습니다."
그리스 극작가이자 소포클레스(Sophocles)의 동료인 에우리피데스(Euripides)는 남편이 결혼 계약을 위반했기 때문에 그를 죽이고 달아난 한 여성의 비극을 극화했습니다. 〈메데이아〉(*Medea*)는 배신한 남편에게 그의 신부가 될 사람의 죽음, 시아버지의 죽음, 심지어 가장 행복한 시간에 남편과 함께 낳은 자식들의 죽음으로 복수해서 멸시받는 한 여인에 대한 이야기입니다.
성경을 자주 읽으십시오. 말씀을 연구하십시오. 설교자에게 귀를 기울이고, 설교를 듣고, 당신 자신의 그리스, 빅토리아 그리고 낭만주의 이데올로기를 넘어서려고 노력하십시오.

이 요한복음 본문에서 서기관들과 바리새인들(설교자들, 집사들, 재단 이사들, 교회의 장로들)은 "간음 중에 잡힌" 여인을 벌거벗기고 머리 위에 옷을 얹어 예수님께 데리고 옵니다. 놀랍게도 본문은 그녀의 애인에 대해 아무 말도 하지 않습니다. 가부장제가 만연하고, 그 남자는 그 자리에서 피했고, 고발당한 적이 없다고 우리는 추론할 수 있습니다.

그러나 본문에 나오는 이 이름 없는 여자는 모세 율법에 따라 그녀에게 생명이나 죽음을 선고받도록 예수님께 끌려 왔습니다.

"선생님, 이 여자가 간음하다가 현장에서 잡혔습니다. 모세는 율법에서 이런 여자를 돌로 치라 명하셨습니다. 선생님은 어떻게 말하겠습니까?"

예수님은 아무 말도 하지 않으십니다. 그러나 그분의 묵묵부답 속에는 모든 답이 있습니다. 예수님은 중얼거리지 않으십니다. 언성을 높이지도 않으십니다. 윤리적 법조항을 들먹이지 않으십니다. 법률, 위반 및 법규 목록, 충실함과 믿음 그리고 잘못과 실패에 대한 연설을 하지 않으십니다. 말씀하시거나, 설교하거나, 징벌하지 않으십니다. 비난도 하지 않으십니다. 공동체 밖으로, 법정으로, 결혼 및 가족 치료사에게로, 중독 상담사에게로 보내지 않으십니다. 예수님은 이혼 명령도, 별거 서류도, 율법의 반복도, 도덕성에 관해서도, 스트레스와 긴장감도 주지 않으십니다.

예수님은 한마디도 하지 않으십니다. 아무 말도 하지 않으십니다. 대신에 "몸을 굽혀 손가락으로 땅에 쓰셨습니다." 예수님이 땅 위에 글을 쓰시는 것은 주권적 침묵의 행위이며, 그 자체가 본문 읽지 않기입니다. 이런 상징은 중요합니다. 몸을 굽혀 땅 위에 쓰시는 것은 정통한 율법을 읽지 않는 행위입니다. 예수님이 땅에 "그 남자는 어디에 있는가" 또는 "정의는 어디에 있는가" 또는 "공정은 어디에 있는가"라고 쓰셨을 수도 있습니다. 레위기 20:10 그리고 신명기 22:23-24이 말하고 있는 것이기도 합니다.

저는 다양한 신약성경 본문에서 예수님이 율법을 폐하러 오신 것이 아니라 완성하러 오셨다고 말씀하신 것을 알고 있습니다(참조. 마 5:17-20).

그럼에도 저는 예수님이 몸을 굽혀 땅에 쓰신 말씀이 어떤 의미에서 율법을 폐지하는 것이라고 어느 정도의 회의와 확신을 가지고 (그리고 학식 있는 성서학자들에 대한 넘치는 존경심을 가지고) 말합니다.

율법의 재구성의 유형, 율법의 구성이 토라 다시 읽기이자 율법 읽지 않기이며, 레위기 20:10 읽지 않기입니다. 이것은 바로 예수님이 율법을 체화하시기 때문에 율법을 다시 쓰시는 것입니다. 그분이 율법과 은혜의 변증법을 의인화한다는 사실은 그분으로 하여금 율법(이 경우에는 레위기 본문)을 읽지 않고 바로 그 자리에서, 율법의 신성함을 전달하는 사람들이 보는 앞에서 성전 바닥에 율법을 다시 쓸 수 있게 합니다.

이것은 놀랍고, 급진적이고, 변혁적이고, 격변적이며, 혁명적입니다. 이것이 해석과 복음 전파의 의미입니다. 이것은 행동하는 철학적, 신학적 해석학입니다. 그것은 토라 말씀을 취하여 그것을 읽지 않은 다음 이러한 재구성, 즉 포스트모던 해체를 두 번째 읽기로 구체화하는 것인데, 바로 다시 읽기, 새롭게 읽기, 새로운 해석, 현재 모든 실천적 목적을 위해 토라 본문 읽지 않기입니다.

그리고 예수님이 몸을 굽히신 것은 심오하거나 형식적이거나 또는 그 모두인 의미 있고 극적인 뭔가를 가리키는 기호학과 상징주의로 가득 찬 신체적 행동입니다. 어느 쪽이든 예수님의 행동은 의미로 가득 차 있으며 땅에 글을 쓰는 힘은 본문을 읽지 않고 다시 쓰는 행위입니다.

> 예수께 말하되 선생이여 이 여자가 간음하다가 현장에서 잡혔나이다. 모세는 율법에 이런 여자를 돌로 치라 명하였거니와 선생은 어떻게 말하겠나이까. … 예수께서 몸을 굽히사 손가락으로 땅에 쓰시니. 그들이 묻기를 마지 아니하는지라 이에 일어나 이르시되 너희 중에 죄 없는 자가 먼저 돌로 치라 하시고. 다시 몸을 굽혀 손가락으로 땅에 쓰시니 (요 8:4-8).

예수님은 율법 교사인 서기관과 바리새인들에 대한 도전에 이어 두 번째로 땅에 글을 씁니다. 여러분 중 누구라도 돌로 쳐서 그 여인의 죽음에 가장 먼저 참여할 수 있습니다. 그들이 그녀를 고발하면서 그녀를 대중 앞에 서게 했다는 것을 기억하십시오. 그러나 예수님의 지시는 여기서 한 단계 더 나아가 자신의 평결과 행동을 스스로 결정해야 하는 배심원단을 투표하는 것과 같았습니다.

더 이상 대중 뒤에 숨지 마십시오. 집단 심리학은 괴물이며, 정체성을 약화시키고 책임감을 모호하게 합니다. 예수님의 말씀은 서기관들과 바리새인들이 서로 자신을 숨기고 있는 것을 드러내셨습니다. 사람들은 저마다 자기 자신의 마음과 영혼을 살펴야 합니다. 왜냐하면, 예수님이 처음에 몸을 굽혀 땅에 쓰신 후, 조롱과 심문을 받으신 후 자신이 쓴 것을 해석하기 위해 자신이 쓴 것을 읽고 읽지 않기로 작정하셨기 때문입니다.

예수님은 조건부 진술(if-then), 논리적 삼단 논법을 제공하십니다.

 만약에 A라면 B입니다.
 만약에 A가 아니라면, B도 아닙니다.

이 진술은 자아에 대한 탐색, 불의하고 거룩하지 않은 자아에 대한 파악, 자아가 그 여자에게 행했던 동일한 심문을 받을 것을 요구했습니다. 그 진술은 날카롭고 분명합니다. 그것은 당신을 당신의 궤도에서 멈춰 세우고 당신을 새로운 수준의 의식으로 충격을 주며 무하마드 알리(Muhammad Ali)의 레프트 훅처럼 머리를 거꾸로 때립니다.

땅에 쓰신 예수님의 글은 자만심과 판단적 성격을 가진 율법 교사와 서기관들에 대한 무관심의 몸짓입니다. 그들도 역시 흙, 곧 땅의 먼지에서 왔습니다. 그것은 어떤 의미에서 그들의 율법 해석과 그들의 해석학적 오만함에 대한 근본적인 반항 행위이며, 현대의 율법 교사 일부, 설명의 이론들이 제게는 상당히 혼란스러운 성서학자들의 머리 위에 여전히 맴돌고 있는 오만함입니다.

더 정확히 말해서, 요한복음 8:1-11에 대한 저의 해석에 도움이 될 만한 문헌은 거의 없습니다. 사실 성서학자들과 주석자들은 이 본문이 요한복음에 속하지 않는다고 대담하게 주장하며 해설에서 이 본문을 생략하는데, 이와 같은 일은 멀리해야 합니다.

스탠리 B. 멜로우(Stanley B. Marrow)는 다음과 같이 주장합니다.

> 요한복음 8:1-11은 초막절에서 예수님의 담론을 방해할 뿐인 요한복음 7:52과 8:12 사이보다 누가복음 21:38 뒤에 더 깔끔하게 들어맞는다.[13]

그들은 그들이 원하는 것을 말할 수 있습니다. 앞서 언급했듯이 우리는 주석을 있는 그대로 다 받아 들여서는 안 됩니다.

매튜 헨리(Matthew Henry)의 『성경 주석, 해석자의 성경 주석』(Bible Commentary, the Interpreter's Bible Commentary)의 노예가 되는 한, 여러분은 결코 스스로 생각하지 않을 것입니다.

> 너희 중에 죄 없는 자가 먼저 돌로 치라 하시고(요 8:7).

예수님의 이 말씀은 판단적 자아(예수님이 제시하신 말씀에 의해 꿰뚫어지기 전까지는 자신을 알 수 없는)의 과도하고 비할 데 없이 대담한 대립으로 자아를 해칩니다. 그 말씀은 예수님을 검사이자 변호사로 만듭니다.

이것이 예수님이 손가락으로 땅에 쓰신 것일 수 있습니까?

---

[13] 참조. Stanley B. Marrow, *The Gospel of John: A Reading* (New York: Paulist, 1995), 124.

이것이 율법을 읽고, 다시 읽고, 읽지 않고, 쓰고, 다시 쓰는 것과 레위기와 신명기 본문을 읽지 않기를 구현한 것이 될 수 있습니까?

예수님이 이 말씀을 하신 후 다음과 같이 하셨다고 성경 본문은 기록하고 있습니다.

> 다시 몸을 굽혀 땅에 무엇인가 쓰시니(요 8:8).

이는 마치 그들을 모두 침묵시킨 것과 같습니다. 그들의 비난과 중얼거림과 투덜거림의 소음이 완전히 사라졌습니다. 예수님은 새로운 확신의 결과로 그들을 조용하게 만드셨습니다. 새로운 윤리입니다. 새로운 신학과 새로운 세계의 창조입니다.

이 두 번째 글은 예수님이 처음 쓰신 것을 편집한 것일 수 있습니다. 그것은 첫 번째 글의 삭제일 수 있습니다. 그분은 그것을 통해 선을 그을 수 있었습니다. 엄포를 놓으실 수도 있었고, 그들의 이름을 하나씩 적으실 수도 있었고, 그들이 생각했을 때 숨겨져 있고 알려지지 않았다고 생각하는 것들을 적으셨을 수도 있습니다.

예수님이 땅에 무엇을 쓰셨든 간에, 그것은 분명히 매우 강력하고 날카롭고 고통스럽게 폐부를 찔렀습니다.

> 그들이 이 말씀을 듣고 양심에 가책을 느껴 어른으로 시작하여 젊은이까지 하나씩 하나씩 나가고 … (요 8:9).

여기서 핵심은 두 번째로 땅에 쓴 글이라고 생각합니다.

> 다시 몸을 굽혀 손가락으로 땅에 쓰시니(요 8:8).

다른 말로 하면, 이것은 그들을 해산하게 하는 읽지 않기이며, 다시 쓰기입니다. 그렇습니다. 그들은 예수님의 말씀을 들었지만 움직이지 않았습니다. 그들이 그 자리를 떠나기 시작한 것은 그가 두 번째로 몸을 굽혀 땅에 글을 쓴 후였습니다. 바로 이 두 번째 글에서 말입니다. 이 특정한 글을 들은 사람들은 떠나기 시작했습니다. 이것은 너무나 놀라운 일입니다. 이것은 거의 비현실적입니다.

율법에 헌신한 사람들, 즉 토라에 헌신한 사람들, 서기관들과 바리새인들은 율법을 가르치고, 해석하고, 지키는 데 능한 자들이었습니다. 명확하게 명시된 율법은 다음과 같습니다.

> 너희는 그들을 둘 다 성읍 문으로 끌어내고 그들을 돌로 쳐죽일 것이니(신 22:24).

> 누구든지 남의 아내와 간음하는 자 … 간음한 두 남녀는 함께 반드시 사형에 처해야 한다(레 20:10).

그러나 예수님 앞에서는 아무도 그녀에게 돌을 던질 수 없었습니다. 이 율법의 실천자들은 그들 자신의 율법 위반을 목격한 자들입니다. 요한복음 8:1-6에서 그들이 그녀를 간음하는 현장에서 붙잡았다고 말하는 것을 기억하십시오. 그래서 진리는 분명히 모든 사람, 즉 여자, 율법 교사, 바리새인, 서기관 그리고 예수에 의해 규정되고 논쟁의 여지가 없었습니다. 논란의 여지가 없습니다. 진리로 이해하십시오. 율법에 따른 진리인데도 그들은 그들이 소중히 여기고 실천한 바로 그 율법을 수행할 수 없었습니다. 본문은 그들이 그 자리를 떠나갔다고 말씀합니다. 떠나갔습니다. 사라졌습니다. 침묵했습니다. 땅 위에 글을 쓰면서 혼란스러워졌습니다. 그것은 사랑과 용서의 손가락으로 땅에 쓰여진 글이었습니다. 예수님의 평화와 이해의 손가락으로 쓰여진 글입니다. 예수님의 투명하고 평온한 손가락으로 쓰여진 글입니다.

　제 삶과 여러분의 인생의 **죄책감**과 **수치심** 같은 단어를 잘라 낸 숙련된 편집자에 의해 편집된 땅 위에 쓰여진 글입니다. 땅 위에 글을 쓰시면서, 예수님은 우리의 죄를 삭제하시고, 그것들을 통해 선을 그으시고, 유죄 판결이라고 쓰여진 곳에 '무죄'라고 기록하십니다. 증오가 있는 곳에 '사랑'이라고 적으셨습니다. 약점이 있는 곳에 '강함'이라고 적으셨습니다. '질병'이 있는 곳에 '나음을 받았다'라고 쓰셨습니다.

　그들의 잘못과 실패 때문에 그들을 판단하는 것에서 벗어납시다. 군중 속에서 누군가의 잘못을 정죄하려는 사람들에게서 멀어집시다. 그 글은 벽이 아니라 바닥 위에 있습니다.

　예수님이 여자에게 말씀하셨습니다.

　　　가서 다시는 죄를 범하지 말라(요 8:11).

오늘부터 앞으로 나아가, 여러분의 인생에서 뭔가를 하십시오.
가서, 믿음으로 서십시오.
가서, 다른 사람에게 자비를 베푸십시오.
가서 **그리고**… 아무 일도 없었던 것처럼 그냥 가지 마십시오.
마치 은혜를 받은 적이 없는 것처럼 그냥 가지 마십시오.
가서, 재정비 하십시오.
가서, 하나님의 사랑, 자비 그리고 은혜의 증인이 되십시오.

 **부록 A** 다의적 의미를 가능하게 하는 '읽지 않기'에 대한 구약성경 본문

창세기

- 1:26-28   남자와 여자를 동등하게 창조하심
- 2:18-25   남자와 여자를 동반자로 창조하심
- 16:1-16   하갈, 사라, 아브라함 중 누가 권력을 휘두릅니까?
- 19장   롯의 딸들. 누가 지배하고 있습니까?
- 20:1-18   아브라함과 아비멜렉
  거짓말은 언제 제재를 받습니까?
- 22:1-24   이삭의 결박
  당신은 그렇게 하시겠습니까?
- 30:24-23   야곱이 라반을 속이다
- 38장   유다와 다말
  억울한 여자의 복수!
- 39:1-23   요셉과 보디발의 아내
  착한 소년과 나쁜 여주인?

출애굽기

- 1-2장   국가가 승인한 살인과 모세의 탄생

- 32:1-29 황금 송아지
             누구에게 책임이 있으며 그 이유는 무엇입니까?

레위기

- 18-19장 참으로 가증스러운 것은 무엇입니까?
             율법을 골라서 지켜야 합니까?

민수기

- 22-24장 발람 이야기
             누가 지배하고 있습니까?

신명기

- 7:1-16 헤렘(herem) 율법
            누가 파괴되어야 합니까?
            거룩한 전쟁의 문제
- 22-23장 더 많은 법적 명령에 대해

여호수아

- 2:1-7   라합
            그녀는 누구 편입니까?
            그녀는 여주인공입니까 아니면 배신자입니까?
- 2:1-11:23 여호수아의 서사를 어떻게 읽어야 합니까?

사사기

- 4-5장   속임수를 통한 살인이 정당합니까?
            폭력은 기념되고 '복받은' 것이라고 불려야 합니까?
- 11:1-40 입다의 딸과 성급한 서약

우리도 그래야 합니까?
- 13:1-16:31   삼손과 그의 식욕
  그를 어떻게 읽어야 하겠습니까?
- 19:1-30   레위 사람의 이름 없는 첩과 그녀에게 행해진 폭력
  도덕성이란 무엇입니까?

룻기

- 3:1-18   나오미, 룻, 보아스
  어떻게 읽어야 하겠습니까?
  과연 무슨 일이 있었던 것입니까?

사무엘상

- 13:1-23   사울의 배척
  그가 정말 그럴 자격이 있었습니까?
  다윗은 어떠합니까? (삼하 11-12)
- 15:1-35   사울, 아말렉 그리고 거룩한 전쟁 이념
  이것이 우리를 위한 도덕적 지침입니까?

사무엘하

- 1:17-27   사울과 요나단을 위한 다윗의 추도
  왜 그가 그렇게 신경 써야 했습니까?
- 11:1-12:30   탐심, 간음, 속임수, 살인 …
  다윗이 여전히 왕인 이유는 무엇입니까?

열왕기상

- 11:1-41   솔로몬의 죄와 왕국의 분열

· 21:1-29	솔로몬이 그렇게 전설적이었습니까? 이세벨이 나봇을 살해함 왕은 어디에 있었습니까?

열왕기하

· 11:1-20	이세벨은 이스라엘의 여왕? 그 여자는 어떻게 보입니까? 다른 여왕들은 어디에 있습니까?
· 21:1-26	므낫세와 같은 정말 악한 왕들이 그토록 오랫동안 통치하는 이유는 무엇입니까?
· 22-23장	요시야 같은 정말 좋은 왕들이 왜 그렇게 일찍 죽습니까?

역대상

· 10:1-14	사울의 왕권에 대한 평가 그는 그렇게 나빴습니까?

역대하

· 5:11-7:7	성전 봉헌식 왜 그렇게 의식적입니까?
· 33:1-15	므낫세는 결국 그렇게 악하지 않았습니까?

에스라

· 1:1-6:22	유배 생활에서 귀환 누가 자금을 지원하고 지배합니까?

느헤미야

- 10-13장　느헤미야의 율법과의 동화 문제
　　　　　우리는 무엇을 해야 합니까?
- 13:1-31　느헤미야는 분리주의자입니까 아니면 개혁가입니까?
　　　　　우리를 위한 도덕적 지침?

에스더

- 1:1-21　페르시아 연회에서
　　　　　우리는 무엇을 배울 수 있습니까?
　　　　　누가 먹고 누가 먹지 않습니까?
- 1:1-2:23　와스디와 에스더
　　　　　그들을 어떻게 읽습니까?

토비트

　　　　　우리는 어떻게 환대와 친절한 행동을 나타냅니까?

유딧기

- 12-15장　홀로페르네스의 살인
　　　　　속임수와 살인이 과연 정당화될 수 있습니까?
- 16:1-25　폭력 행위를 기념해야 합니까?
　　　　　유딧은 여주인공입니까 아니면 살인자입니까?

욥기

- 1:1-2:13　선한 사람들에게 나쁜 일이 일어날 때
　　　　　욥의 아내는 어떠하였습니까?
- 42:1-17　이 이야기의 교훈은 무엇입니까?

시편

- 51-71편 우리는 애통하는 시편을 어떻게 해야 합니까?
  우리는 무엇을 배울 수 있습니까?
- 137편 우리는 저주하는 시편을 어떻게 여겨야 합니까?
  종교적으로 용인된 폭력?

잠언

- 4:1-27 두 가지 길
  매혹적인 문화에서 우리는 어떻게 선택합니까?
- 31:10-31 이상적 아내
  누구의 이상입니까?
  누구의 아내입니까?
  그녀는 뭐라고 말합니까?

전도서

- 1:1-2:26 우리가 하는 모든 일은 참으로 헛되고 무가치한 것입니까?
- 11:7-12:1-8 젊음과 노년에 대해 무엇을 배울 수 있습니까?
  이것이 지혜입니까?

솔로몬의 노래

- 1:5-6 솔로몬의 신부는 피부색이 무슨 색이었습니까?
  번역은 무엇을 말합니까?
  왜 그렇습니까?
- 1-8장 우리는 사랑으로 가득 찬 본문을 어떻게 설교합니까?
  이 책이 정경으로 지정된 이유는 무엇입니까?

솔로몬 지혜서

이 책에서 스토아 철학과 플라톤 철학적 원리의 영향은 무엇입니까?

시락 지혜서

- 22:1-27 여성에 대한 시락의 견해는 오늘날에도 유효합니까?
          그는 여성 혐오자였습니까?
- 25:10-26 여성에 대한 시락의 이야기
          정말입니까?
- 42:1-25 여성에 대한 시락의 이야기
          놀랍습니다!

이사야

- 7-8장   임마누엘 표징의 의미
          그것은 무슨 뜻이었고, 무엇을 의미합니까?

예레미야

- 7:1-15 성전 설교
          우리는 합당한 예배에 대해 무엇을 배우게 됩니까?
          종교적으로 충분합니까?
- 26:1-6 성전 설교
          예배와 사회적 책임에 대해 또 무엇을 배우게 됩니까?

예레미야 애가

- 1-5장   애통에 대해 무엇을 배울 수 있습니까?
          폭력적이고 적과 같은 하나님을 어떻게 대해야 합니까?

에스겔

- 14:12-20   개인의 책임
             성경은 또 뭐라고 말합니까?
- 37:1-14   마른 뼈의 골짜기
             우리에게는 어떤 희망이 있습니까?

바룩서

- 1:1-22   우리는 여전히 죄를 고백합니까?
             형벌은 항상 죄로 인한 것입니까?

호세아

- 1-3장   어떤 종류의 하나님이 이런 행동과 이름을 제재합니까?

요엘

- 2:28-29   누가 예언하거나 설교를 해야 합니까?
             왜 일부 교회에서는 여성을 안수하지 않습니까?

아모스

- 5:18-24   올바른 예배란 무엇입니까?
             우리는 어떻게 예배합니까?
             정의와 공의란 무엇입니까?

오바댜

             적의 몰락을 축하해야 할까요?
             적들은 보편적입니까?

요나
- 1:2-2:11 누구에게 전파를 해야 할지 선택할 수 있습니까?
  우리는 외국인을 혐오합니까?

미가
- 6:6-8 주님께서 실제로 요구하시는 것은 무엇입니까?

나훔
- 1:1-8 우리는 여호와의 진노를 어떻게 다뤄야 합니까?
  폭력은 정당합니까?

하박국
- 2:2-3 기록하여 밝히는 환상은 무엇입니까?

스바냐
- 1:1-2:3 여호와의 날은 유다에게 어떤 의미였습니까?
  우리에게는 어떤 의미입니까?

학개
- 1:1-11 성전 건축이 지연된 이유는 무엇입니까?
  우리의 우선 순위는 무엇입니까?

스가랴
- 8:1-8 회복된 도시와 백성에 대한 환상
  현실적입니까?

말라기

· 3:8-10	오늘날 우리는 어떻게 하나님의 것을 도적질하고 있습니까?

다니엘

· 1:1-21	우리는 제국에 몸을 굽혀야 합니까?
· 1-6장	하나님은 여전히 우리를 압제에서 구하실 수 있습니까?
· 7-12장	다니엘의 묵시적 환상에서 압제당하는 사람들에게 어떤 희망이 있습니까?

마카베오상

· 2:1-70	그리스도인들은 마카베오와 마사다 유대인처럼 제국에 저항해야 합니까?

마카베오하

· 6:18-7:42	순교는 실행 가능한 선택입니까?
	오늘날 그것은 무엇을 의미합니까?
	성경과 우리 세상에서 종교와 정치의 연관성은 무엇입니까?
	그 둘은 결합합니까?
	현대적 맥락에서 고대 종교 본문과 개념을 어떻게 읽어야 합니까?
	그것들은 우리에게 충분한 도덕적 지침입니까?
	어떻게 읽어야 합니까?
	오늘날 이 본문들은 얼마나 권위가 있습니까?

다의적 의미를 가능하게 하는 '읽지 않기'에 대한 신약성경 본문

방법론: NRSV 번역판으로 성경 구절들을 읽고, 다시 읽고, 읽지 않습니다. 본문에 대한 성공적인 다시 읽기는 독자가 읽지 않기를 가능하게 합니다. 이는 말씀으로부터 상상력, 비전 그리고 급진주의를 도약시키는 받침대를 만듭니다. 읽지 않기는 본문/성경의 의도로부터 자유를 얻을 수 있게 해 줍니다.

마태복음

- 10:19   활동가들의 준비
  훈련은 십자가에 못박히기 전에 자신을 박해한 자들에 대한 그리스도의 반응에 대한 농성 또는 점술과 같은 것이었습니까?
- 18:20   "말씀"이신 그리스도는 하나 되게 하시므로 (하나를 개별로 둘이 되게도 하심) 우리는 결코 혼자가 아닙니다. 또는 삼위일체(성부, 성자, 성령)가 셋이 되심으로 ("나는") 그리스도는 항상 존재합니다.

마가복음

- 5:21-34   본문에 나오는 그리스도의 형상은 누구입니까?
  이 본문이 양성 평등과 어떻게 관련될 수 있습니까?

- 14:7   이 본문은 언뜻 보기에 가난한 사람들에게 영원한 지위를 부여하는 부조리의 패러다임입니다.

누가복음

- 10:25-37   이것은 사마리아인의 '선함'이나 다른 사람들의 '악함'을 강조하는 예였습니까?

    사마리아 공동체의 맥락적 관계를 생각하면 사마리아인조차 '선한 적'이었습니다. 이 본문에 포함된 '선함'과 '악함'의 일시적 특성을 설명합니다.

    제사장과 레위인은 단순히 자원(힘)이 부족하여 도울 수 없었습니까?

    자원의 고용을 통한 본질적인 능력이 있습니까?(예: **데나리온**, 붕대, 기름/포도주, 동물/운송수단, 여관 주인을 통한 공동체의 영향력에 대한 확신)

요한복음

- 10:16   기독교인들은 다른 신앙 전통과 어떤 관계를 맺어야 합니까? 기독교의 쇠퇴는 어떻게 더 포용적인 환경을 만들 수 있습니까?

- 14:13-14   "**무엇이든**"은 전부가 아닙니다. 여기에서 차이점에 대해 설명하십시오. 여기 "무엇이든"에 고유하게 남아 있는 매개변수가 있습니다.

- 20:29   **믿음** 대 **증거**를 살펴보십시오.

    이 본문은 그리스도와의 맹목적 아니면 무계획적 제자도를 암시하고 있습니까?

    이것이 믿음 내에서 계층 구조를 설정하고 있습니까?

사도행전

- 5:1-11   아나니아와 그의 아내에 관한 이 이야기 읽지 않기

  진실성과 정직은 인간의 생명보다 중요합니다.

  이 본문은 은혜, 자비 및/또는 용서를 나타내는 것입니까? 본문에서 은혜는 어디에 있습니까?

  베드로는 왜 그녀에게 미리 경고하지 않았습니까?

  그녀(아내)를 도와줄 '교회 공동체'는 어디에 있었습니까?

  4:36-37을 포함하여 이 이야기는 바나바가 사도에 대한 존경심의 '탐심'을 위치시킵니다.

로마서

- 9:16   구원은 보편적입니까?

고린도전서

- 1:13-15; 10:23; 14:22   그리스보와 가이오가 바울에게 세례를 받았기 때문에 다르게 반응할 수 있다는 것을 이해해야 합니까?
- 14:33b-36   여자의 복종

갈라디아서

- 5:1-15   그리스도인의 자유의 본질은 무엇입니까?

  백인의 인종차별적 사회에서 흑인의 자유는 무엇입니까?

에베소서

- 6:5, 9   노예제도는 예수 그리스도의 복음과 양립할 수 있습니까?

빌립보서

· 4:8, 4:13	어떤 좋은 것이 우리 생각의 중심이 되어야 합니까?

디모데전서

· 6:1	노예 문제

빌레몬서

· 1:10	오네시모를 풀어 달라는 바울의 감옥에서의 간청

히브리서

· 13:5	물질주의 문화에 대한 반응

야고보서

· 5:12	"예" 또는 "아니오"라고 말할 수 없다면 어떻게 자유로울 수 있습니까?

베드로전서

· 2:13	인간 정부의 권위

요한일서

· 2:7-8	사랑하라는 계명

요한계시록

· 21:1-8	새 하늘과 새 땅에 대한 환상 우리는 기독교적 사회 변혁을 어떻게 구상해야 합니까?

참고 문헌

Adler, Mortimer J. *How to Read a Book: The Classic Guide to Intelligent Reading*. New York: Touchstone, 1972.

Arendt, Hannah. *Eichmann in Jerusalem: A Report on the Banality of Evil*. New York: Penguin Books, 1963.

Austin, John L. *Philosophical Papers*. Oxford: Clarendon, 1961.

_____. *Sense and Sensibilia*. London: Oxford University Press, 1962.

Baldwin, James. *Go Tell It on the Mountain*. New York: Vintage Books, 1952.

Barthes, Roland. *Image-Music-Text*. New York: Hill and Wang, 1977.

_____. *The Pleasure of the Text*. New York: Hill and Wang, 1975.

_____. *The Rustle of Language*. Berkeley: University of California Press, 1986.

Benjamin, Walter. *Illuminations: Essays and Reflections*. New York: Schocken Books, 1968.

Bonhoeffer, Dietrich. *The Cost of Discipleship*. New York: Macmilllian, 1959.

Booth, Stephen, ed. *Shakespeare's Sonnets*. New Haven, CT: Yale University Press, 2000.

Bouchard, Larry. (Professor, Religious Studies, University of Virginia), in discussion with the author, July 20, 2011.

Bruce, F. F. *Hard Sayings of Jesus*. Downers Grove, IL: InterVarsity, 1983.

Cone, James H. *The Cross and the Lynching Tree*. Maryknoll, NY: Orbis Books, 2011.

Cosgrove, Charles H., and W. Dow Edgerton. *In Other Words: Incarnational Translation for Preaching*. Grand Rapids, MI: Eerdmans, 2007.

Craddock, Fred B. *Preaching*. Nashville: Abingdon Press, 1985.

Derrida, Jacques, and T. Patrick Mensah, trans. *Monolingualism of the Other; or The Prosthesis of Origin*. Stanford: Stanford University Press, 1998.

———, and Anne Dufourmantelle, trans. *Of Hospitality*. Stanford: Stanford University Press, 2000.

Dickinson, Emily, and E. Martha Dickinson Bianchi. *The Complete Poems of Emily Dickinson*. Boston: Little, Brown and Company, 1924.

Didion, Joan. *Blue Nights*. New York: Vintage International, 2011.

Eliot, T. S. *Four Quartets*. New York: Harcourt, Brace and Company, 1943.

Fagles, Robert T., trans. *Homer: The Odyssey*. New York: Penguin, 2006.

Forster, E. M. *A Passage to India*. New York: Harcourt, Brace and Company, 1924.

Gorman, Michael J. *Elements of Biblical Exegesis*. Grand Rapids, MI: Baker Academic, 2009.

Gutiérrez, Gustavo. *A Theology of Liberation*. Maryknoll, NY: Orbis Books, 1973. Hanh, Thich Nhat. *The Art of Communicating*. New York: Harper One, 2013.

Harris, James H. *No Longer Bound*. Eugene, OR: Cascade Books, 2013.

———. *Preaching Liberation*. Minneapolis: Fortress, 1996.

———. *The Word Made Plain*. Minneapolis: Fortress, 2006.

Hicks, H. Beecher. *Preaching Through a Storm*. Valley Forge, PA: Judson, 1976.

Hurston, Zora Neale. *Jonah's Gourd Vine*. New York: Harper Perennial, 1934.

Iser, Wolfgang. *The Act of Reading: A Theory of Aesthetic Response*. Baltimore: Johns Hopkins University Press, 1978.

———. *Prospecting: From Reader Response to Literary Anthropology*. Baltimore: Johns Hopkins University Press, 1989.

Jakobson, R. "Linguistics and Poetics." *Style in Language*. Ed. T. Sebeok. Cambridge: Massachusetts Institute of Technology Press, 1960, 350–377.

Jasper, J. R. "*De Sun Do Move.*" *Reverend John Jasper*. Trans. John Bryan. Richmond: Charles Creek Pub., 2008.

Kafka, Franz. *The Metamorphosis and Other Stories*. New York: Dover, 1996.

Kaiser, Otto. *Isaiah 1–12*. The Old Testament Library. Philadelphia: Westminster, 1983.

Kierkegaard, Søren. *Fear and Trembling, and the Sickness Unto Death*. Garden City, NY: Doubleday, 1954.

LaRue, Cleophus. *The Heart of Black Preaching*. Louisville: Westminster John Knox, 2000.

Levine, Lawrence W. *Black Culture and Black Consciousness: Afro-American Folk Thought From Slavery to Freedom*. Oxford: Oxford University Press, 1977.

Limburg, James. *Hosea–Micah*. Interpretation: A Biblical Commentary for Teaching and Preaching. Louisville: Westminster John Knox, 1988.

Long, Thomas G. *Hebrews*. Interpretation: A Bible Commentary for Teaching and Preaching. Louisville: Westminster John Knox, 1997.

Melville, Herman. *Bartleby and Benito Cereno*. New York: Dover, 1990.

Mitchell, Henry H. *Black Preaching*. Nashville: Abingdon Press, 1990.

Muller-Volmer, Kurt. *The Hermeneutics Reader*. New York: Continuum, 2000.

The New Interpreter's Study Bible: New Revised Standard Version with the Apocrypha. Nashville: Abingdon Press, 2003.

Nussbaum, Martha. *Love's Knowledge: Essays on Philosophy and Literature*. New York: Oxford University Press, 1990.

Ochs, Peter. (Professor, Modern Judaic Studies, University of Virginia), in discussion with the author, October 13, 2016.

Parfit, Derek. *Reasons and Persons*. New York: Oxford University Press, 1984. Peebles, James W., ed. *Winston's Original African Heritage Study Bible: Encyclopedia Concordance*. Nashville: James C. Winston, 1996.

Richards, I. A. *Beyond*. New York: Harcourt Brace Jovanovich, 1973.

_____. *How to Read a Page: A Course in Efficient Reading with an Introduction to 100 Great Words*. Boston: Beacon, 1959.

Ricoeur, Paul. *From Text to Action: Essays in Hermeneutics, II*. Evanston: Northwest- ern University Press, 2017.

_____. *Hermeneutics and Human Sciences*. Cambridge: Cambridge University Press, 1981.

_____. *Interpretation Theory: Discourse and the Surplus of Meaning*. Fort Worth: Texas Christian University Press, 1976.

_____. "The Model of the Text: Meaningful Action Considered as a Text." *New Literary History* 5 (1973): 91–117.

_____. *Time and Narrative*, Vol. 1. Chicago: University of Chicago Press, 1984. Riddick, Dwight Shawrod II. *Dealing with Delay: Successful Living During Life's Layovers*. Suffolk: Final Step, 2016.

Robinson, Marilynne. *Gilead*. New York: Farrar, Straus and Giroux, 2004.

Segovia, Fernando F., and Mary Ann Tolbert, eds. *Reading from this Place, Vol. 1, Social Location and Biblical Interpretation in the United States*. Minneapolis: Fortress, 1995.

Shakespeare, William. *Hamlet*. Ed. Ann Thompson and Neil Taylor. New York: Bloomsbury, 2006.

Simmons, Martha J., and Frank A. Thomas, eds. *Preaching with Sacred Fire: An Anthology of African American Sermons, 1750 to the Present*. New York: Norton, 2010.

Smith, Patricia. *Incendiary Art: Poems*. Evanston: Northwestern University Press, 2017.

Stapleton, John Mason. *Preaching in Demonstration of the Spirit and Power*. Philadelphia: Fortress, 1988.

Thomas, Frank A. *How to Preach a Dangerous Sermon*. Nashville: Abingdon Press, 2018.

Thompson, Lisa L. *Ingenuity: Preaching as an Outsider*. Nashville: Abingdon Press, 2018.

Tillich, Paul. *The Eternal Now*. New York: Charles Scribner's Sons, 1963.

Valdes, Mario J., ed. *A Ricoeur Reader: Reflection and Imagination*. Toronto: University of Toronto Press, 1991.

Whitehead, Alfred North. *Process and Reality*. New York: Free Press, 1978. Wilmore, Gayraud. *Black Religion and Black Radicalism: An Interpretation of the Religious History of African Americans*.

Maryknoll, NY: Orbis Books, 1983. Wilson, Walter E., ed. *The Selected Writings of W. E. B. Du Bois*. New York: New American Library, 1970.

Wright, Richard. *Black Boy*. New York: Harper Perennial, 1945. Young, Robert. *Untying the Text*. New York: Routledge, 1990.